Strafrecht BT I

Hemmer/Wüst/Berberich

Juristisches Repetitorium hemmer

LERNEN MIT DER HEMMER-METHODE

UNSERE HAUPTKURSE ZIVILRECHT - ÖFFENTLICHES RECHT - STRAFRECHT

Ab dem 5. - 6. Semester werden Sie sich erfahrungsgemäß für unsere Examensvorbereitungskurse interessieren. Hören Sie kostenlos Probe und besuchen Sie unsere Infoveranstaltungen.

IM REPETITORIUM GILT DANN: LERNEN AM EXAMENS-TYPISCHEN FALL! WIR ORIENTIEREN UNS AM NIVEAU DES EXAMENSFALLS.

Gemäß unserem Berufsverständnis als Repetitorinnen und Repetitoren vermitteln wir Ihnen nur das, worauf es ankommt: Wie gehe ich bestmöglich mit dem großen Fall, dem Examensfall, um. Aus diesem Grund konzentrieren wir uns nicht auf Probleme in einzelnen juristischen Teilbereichen. Bei uns lernen Sie, mit der Vielzahl von Rechtsproblemen fertig zu werden, die im Examensfall erkannt und zu einem einheitlichen Ganzen zusammengesetzt werden müssen ("Struktur der Klausur"). Verständnis für das Ineinandergreifen der Rechtsinstitute und die Entwicklung eines Problembewusstseins sind zur Lösung typischer Examensfälle notwendig.

Ausgangspunkt unseres erfolgreichen Konzepts ist die generelle Problematik der Klausur oder Hausarbeit: Der Bearbeiter steht bei der Falllösung zunächst vor einer Dekodierungs- (Entschlüsselungs-) und dann vor einer (Ein-) Ordnungsaufgabe: Der Examensfall kann nur mit juristischem Verständnis und dem entsprechenden Begriffsapparat gelöst werden. Damit muss Wissen von vornherein unter Anwendungsgesichtspunkten erworben werden. Abstraktes, anwendungsunspezifisches Lernen genügt nicht.

Man hofft auf die leichten Rezepte, die Schemata und den einfachen Rechtsprechungsfall. Die unnatürlich klare Zielsetzung der Schemata lässt aber keine Frage offen und suggeriert eine Einfachheit, die im Examen nicht besteht. Auch bleibt die der Falllösung zugrunde liegende juristische Argumentation auf der Strecke. Mit einer solchen Einstellung wird aber die korrekte, sachgerechte Lösung von Klausur und Hausarbeit verfehlt.

ERSTELLER ALS „IMAGINÄRER GEGNER"

Der Ersteller des Examensfalls hat auf verschiedene Problemkreise und ihre Verbindung geachtet. Diesen Ersteller muss der Student als imaginären Gegner bei seiner Falllösung berücksichtigen. Er muss also versuchen, sich in die Gedankengänge, Annahmen und Ideen des Erstellers hineinzudenken und dessen Lösungsvorstellung wie im Dialog möglichst nahe zu kommen. Dazu gehört auch der Erwerb von Überzeugungssystemen, Denkmustern und ethischen Standards, die typischerweise und immer wieder von Klausurenerstellern den Examensfällen zugrunde gelegt werden.

Wir fragen daher konsequent bei der Falllösung:
Was will der Ersteller des Falls („Sound")?
Welcher „rote Faden" liegt zugrunde („main-street")?
Welche Fallen gilt es zu erkennen?
Wie wird bestmöglicher Konsens mit dem Korrektor erreicht?

Wer sich überwiegend mit Grundfällen und dem Auswendiglernen von Meinungen beschäftigt, dem fehlt zum Schluss die Zeit, Examenstypik einzutrainieren. Es droht das Schreckgespenst des „Subsumtionsautomaten". Examensfälle zu lösen ist eine praktische und keine theoretische Aufgabe.

SPEZIELLE AUSRICHTUNG AUF EXAMENSTYPIK

Die Thematik der Examensfälle ist bei uns auffällig häufig vorher im Kurs behandelt worden. Auch in Zukunft ist damit zu rechnen, dass wir mit Ihnen innerhalb unseres Kurses die examenstypischen Kontexte besprechen, die in den nächsten Prüfungsterminen zu erwarten sind.

Schon beim alten Seneca galt: „Wer den Hafen nicht kennt, für den ist kein Wind günstig". Vertrauen Sie auf unsere Expertenkniffe. Seit 1976 analysieren wir Examensfälle und die damit einhergehenden wiederkehrenden Problemfelder. Problem erkannt, Gefahr gebannt. Die „hemmer-Methode" setzt richtungsweisende Maßstäbe und ist Gebrauchsanweisung für Ihr Examen.

Das Repetitorium hemmer ist bekannt für seine Spitzenergebnisse. Sehen Sie dieses Niveau als Anreiz für Ihr Examen. Orientieren Sie sich nach oben, nicht nach unten.

Unsere Hauptaufgabe sehen wir aber nicht darin, nur Spitzennoten zu produzieren: Wir streben auch für Sie ein solides Prädikatsexamen an. Regelmäßiges Training an examenstypischem Material zahlt sich also aus.

GEHEN SIE MIT DEM SICHEREN GEFÜHL INS EXAMEN, SICH RICHTIG VORBEREITET ZU HABEN. GEWINNEN SIE MIT DER „HEMMER-METHODE".

www.repetitorium-hemmer.de

Mergentheimer Str. 44 / 97082 Würzburg
Tel.: 0931 - 7 97 8 2 30 / repetitorium@hemmer.de

  @byhemmer

juris by hemmer.
Jetzt noch einfacher suchen.

hemmer Kursteilnehmerinnen und Kursteilnehmer nutzen **juris by hemmer** 6 Monate kostenlos.*

■ Über 900.000 Entscheidungen, juris PraxisKommentar zum BGB und Fachzeitschriften – genau auf den Bedarf Ihrer Ausbildung abgestimmt.

■ Nutzen Sie die digitale Recherche für die Scheine, den Abruf neuester Entscheidungen vor dem Examen, die Vorbereitung auf die mündliche Prüfung, das Nachlesen der Originalentscheidung passend zur Life&LAW sowie den hemmer Skripten. Im Referendariat ist die Online-Recherche unentbehrlich. Im Anwaltsberuf oder im Staatsdienst ist der schnelle Zugriff obligatorisch.

■ Recherchieren Sie bequem von überall – ob zuhause, im Zug oder in der Uni.

www.juris.de/hemmer

* Teilnehmende des hemmer Haupt-, Klausuren- oder Individualkurses bzw. des Assessorkurses, die sich während der Kursteilnahme anmelden und gleichzeitig hemmer.club-Mitglied sind, nutzen juris by hemmer 6 Monate lang kostenfrei.

KURSORTE IM ÜBERBLICK

AUGSBURG
Wüst
Mergentheimer Str. 44
97082 Würzburg
Tel.: (0931) 79 78 230
Fax: (0931) 79 78 234
Mail: augsburg@hemmer.de

BAYREUTH
Daxhammer/d´Alquen
Parkweg 7
97944 Boxberg
Tel.: (07930) 99 23 38
Fax: (07930) 99 22 51
Mail: bayreuth@hemmer.de

BERLIN-DAHLEM
Gast
Schumannstraße 18
10117 Berlin
Tel.: (030) 240 45 738
Fax: (030) 240 47 671
Mail: mitte@hemmer-berlin.de

BERLIN-MITTE
Gast
Schumannstraße 18
10117 Berlin
Tel.: (030) 240 45 738
Fax: (030) 240 47 671
Mail: mitte@hemmer-berlin.de

BIELEFELD
Lück
Salzstr. 14/15
48143 Münster
Tel.: (0251) 67 49 89 70
Fax.: (0251) 67 49 89 71
Mail: bielefeld@hemmer.de

BOCHUM
Schlömer/Sperl
Salzstr. 14/15
48143 Münster
Tel.: (0251) 67 49 89 70
Fax.: (0251) 67 49 89 71
Mail: bochum@hemmer.de

BONN
Ronneberg/Clobes/Geron
Meckenheimer Allee 148
53115 Bonn
Tel.: (0228) 91 14 125
Fax: (0228) 91 14 141
Mail: bonn@hemmer.de

BREMEN
Hemmer/Wüst
Mergentheimer Str. 44
97082 Würzburg
Tel.: (0931) 79 78 257
Fax: (0931) 79 78 240
Mail: bremen@hemmer.de

DRESDEN
Weber
Täubchenweg 83
04317 Leipzig
Tel.: (0175) 93 13 967
Mail: leipzig@hemmer.de

DÜSSELDORF
Ronneberg/Clobes/Geron
Meckenheimer Allee 148
53113 Bonn
Tel.: (0228) 91 14 125
Fax: (0228) 91 14 141
Mail: duesseldorf@hemmer.de

ERLANGEN
Grieger/Tyroller
Mergentheimer Str. 44
97082 Würzburg
Tel.: (0931) 79 78 230
Fax: (0931) 79 78 234
Mail: erlangen@hemmer.de

FRANKFURT/M.
Geron/Hahn/Bold
Dreifaltigkeitsweg 49
53489 Sinzig
Tel.: (02642) 61 44
Fax: (02642) 61 44
Mail: frankfurt.main@hemmer.de

FRANKFURT/O.
Gast
Schumannstraße 18
10117 Berlin
Tel.: (030) 240 45 738
Fax: (030) 240 47 671
Mail: mitte@hemmer-berlin.de

FREIBURG
Behler/Rausch
Rohrbacher Str. 3
69115 Heidelberg
Tel.: (06221) 65 33 66
Fax: (06221) 65 33 30
Mail: freiburg@hemmer.de

GIEßEN
Sperl
Parkweg 7
97944 Boxberg
Tel.: (07930) 99 23 38
Fax: (07930) 99 22 51
Mail: giessen@hemmer.de

GÖTTINGEN
Schlömer/Sperl
Kirchhofgärten 22
74635 Kupferzell
Tel.: (07944) 94 11 05
Fax: (07944) 94 11 08
Mail: goettingen@hemmer.de

GREIFSWALD
Lück
Knieperstraße 20
18439 Stralsund
Tel.: (03831) 26 27 17
Fax: (03831) 26 27 28
Mail: greifswald@hemmer.de

HALLE
Weber
Täubchenweg 83
04317 Leipzig
Tel.: (0175) 93 13 967
Mail: halle@hemmer.de

HAMBURG
Schlömer/Sperl
Steinhöft 5-7
20459 Hamburg
Tel.: (040) 317 669 17
Fax: (040) 317 669 20
Mail: hamburg@hemmer.de

HANNOVER
Daxhammer/Sperl
Matzenhecke 23
97204 Höchberg
Tel.: (0931) 400 337
Fax: (0931) 404 3109
Mail: hannover@hemmer.de

HEIDELBERG
Behler/Rausch
Rohrbacher Str. 3
69115 Heidelberg
Tel.: (06221) 65 33 66
Fax: (06221) 65 33 30
Mail: heidelberg@hemmer.de

JENA
Weber
Täubchenweg 83
04317 Leipzig
Tel.: (0175) 93 13 967
Mail: halle@hemmer.de

KIEL
Onoszko/Lück
Knieperstraße 20
18439 Stralsund
Tel.: (03831) 26 27 17
Fax: (03831) 26 27 28
E-Mail: kiel@hemmer.de

KÖLN
Ronneberg/Clobes/Geron
Meckenheimer Allee 148
53113 Bonn
Tel.: (0228) 91 14 125
Fax: (0228) 91 14 141
Mail: koeln@hemmer.de

KONSTANZ
Kaiser
Hindenburgstr. 15
78467 Konstanz
Tel.: (07531) 69 63 63
Fax: (07531) 69 63 64
Mail: konstanz@hemmer.de

LEIPZIG
Weber
Täubchenweg 83
04317 Leipzig
Tel.: (0175) 93 13 967
Mail: leipzig@hemmer.de

MAINZ
Geron
Dreifaltigkeitsweg 49
53489 Sinzig
Tel.: (02642) 61 44
Fax: (02642) 61 44
Mail: mainz@hemmer.de

MANNHEIM
Behler/Rausch
Rohrbacher Str. 3
69115 Heidelberg
Tel.: (06221) 65 33 66
Fax: (06221) 65 33 30
Mail: mannheim@hemmer.de

MARBURG
Sperl
Parkweg 7
97944 Boxberg
Tel.: (07930) 99 23 38
Fax: (07930) 99 22 51
Mail: marburg@hemmer.de

MÜNCHEN
Wüst
Mergentheimer Str. 44
97082 Würzburg
Tel.: (0931) 79 78 230
Fax: (0931) 79 78 234
Mail: muenchen@hemmer.de

MÜNSTER
Schlömer/Sperl
Salzstr. 14/15
48143 Münster
Tel.: (0251) 67 49 89 70
Fax: (0251) 67 49 89 71
Mail: muenster@hemmer.de

OSNABRÜCK
Fethke
Liebknechtstr. 35
99086 Erfurt
Tel.: (0541) 18 55 21 79
Mail: osnabrueck@hemmer.de

PASSAU
Rath/Wenzl
Mergentheimer Str. 44
97082 Würzburg
Tel.: (0931) 79 78 247
Fax: (0931) 79 78 260
Mail: passau@hemmer.de

POTSDAM
Gast
Schumannstraße 18
10117 Berlin
Tel.: (030) 240 45 738
Fax: (030) 240 47 671
Mail: mitte@hemmer-berlin.de

REGENSBURG
Daxhammer/d´Alquen
Parkweg 7
97944 Boxberg
Tel.: (07930) 99 23 38
Fax: (07930) 99 22 51
Mail: regensburg@hemmer.de

ROSTOCK
Burke/Lück
Knieperstraße 20
18439 Stralsund
Tel.: (03831) 26 27 17
Fax: (03831) 26 27 28
Mail: rostock@hemmer.de

SAARBRÜCKEN
Bold/Hein/Issa
Preslesstraße 2
66987 Thaleischweiler-Fröschen
Tel.: (06334) 98 42 83
Fax: (06334) 98 42 83
Mail: saarbruecken@hemmer.de

TRIER
Geron
Dreifaltigkeitsweg 49
53489 Sinzig
Tel.: (02642) 61 44
Fax: (02642) 61 44
Mail: trier@hemmer.de

TÜBINGEN
Kaiser
Hindenburgstr. 15
78465 Konstanz
Tel.: (07531) 69 63 63
Fax: (07531) 69 63 64
Mail: tuebingen@hemmer.de

WÜRZBURG
- ZENTRALE -
Mergentheimer Str. 44
97082 Würzburg
Tel.: (0931) 79 78 230
Fax: (0931) 79 78 234
Mail: wuerzburg@hemmer.de

Wer in vier Jahren sein Studium abschließen will, kann sich einen Irrtum in Bezug auf Stoffauswahl und -aneignung nicht leisten. Hoffen Sie nicht auf leichte Rezepte und den einfachen Rechtsprechungsfall. Hüten Sie sich vor Übervereinfachung beim Lernen. Stellen Sie deswegen frühzeitig die Weichen richtig.

Die Skripten **Strafrecht BT I/II** wollen Verständnis schaffen für die Zusammenhänge des Strafrechts. Strafrecht ist gut erlernbar. Eine zweistellige Punktzahl ist immer im Bereich des Möglichen. Gerade im Strafrecht ist es wichtig, die Klassiker genau zu kennen. Hier wird Ihre Belastbarkeit getestet: Innerhalb kurzer Zeit müssen relativ viele Problemkreise „abgehakt" werden. Von den über 250 Tatbeständen des Besonderen Teils des StGB sind immer die gleichen Problemfelder Gegenstand von Prüfungsklausuren. Die Skripten basieren auf der genauen Beobachtung von prüfungsrelevanten Themen. Bei den Klassikern Diebstahl, Raub, Betrug einschließlich Computerbetrug, Erpressung, Hehlerei, Untreue (BT I) und Totschlag, Mord und den Körperverletzungsdelikten, Aussagedelikten, Urkundsdelikten und Straßenverkehrsgefährdungsdelikten (BT II) sollte man sich keine Fehltritte leisten.Die **hemmer-Methode** vermittelt Ihnen die **erste richtige Einordnung** und das **Problembewusstsein**, welches Sie brauchen, um an einer Klausur bzw. dem Ersteller nicht vorbeizuschreiben. Häufig ist dem Studierenden nicht klar, warum er schlechte Klausuren schreibt. Wir geben Ihnen **gezielte Tipps**! Vertrauen Sie auf unsere **Expertenkniffe**.

Durch die ständige Diskussion mit unseren Kursteilnehmerinnen und Kursteilnehmern ist uns als erfahrenen Repetitoren klar geworden, welche **Probleme** die Studierenden haben, ihr **Wissen anzuwenden**. Wir haben aber auch von unseren Kursteilnehmerinnen und Kursteilnehmern profitiert und von ihnen erfahren, welche **Argumentationsketten** in der Prüfung zum Erfolg geführt haben.

Die **hemmer-Methode** gibt **jahrelange Erfahrung** weiter, erspart Ihnen viele schmerzliche Irrtümer, setzt richtungsweisende Maßstäbe und begleitet Sie als **Gebrauchsanweisung** in Ihrer Ausbildung:

1. Grundwissen:

Die **Grundwissenskripten** sind für die Studierenden in den ersten Semestern gedacht. In den Theoriebänden Grundwissen werden leicht verständlich und kurz die wichtigsten Rechtsinstitute vorgestellt und das notwendige Grundwissen vermittelt. Die Skripten werden durch den jeweiligen Band unserer **Reihe „Die wichtigsten Fälle"** ergänzt.

2. Basics:

Das Grundwerk für Studium und Examen. Es schafft schnell **Einordnungswissen** und mittels der hemmer-Methode richtiges Problembewusstsein für Klausur und Hausarbeit. Wichtig ist, **wann und wie** Wissen in der Klausur angewendet wird.

3. Skriptenreihe:

Vertiefendes Prüfungswissen: Über 1.000 Klausuren wurden auf ihre „essentials" abgeklopft.

Anwendungsorientiert werden die für die Prüfung nötigen Zusammenhänge umfassend aufgezeigt und wiederkehrende Argumentationsketten eingeübt.

Gleichzeitig wird durch die **hemmer-Methode** auf **anspruchsvollem Niveau** vermittelt, nach welchen Kriterien Prüfungsfälle beurteilt werden. Mit dem Verstehen wächst die Zustimmung zu Ihrem Studium. Spaß und Motivation beim Lernen entstehen erst durch Verständnis.

Lernen Sie, durch Verstehen am juristischen Sprachspiel teilzunehmen. Wir schaffen den „background", mit dem Sie die innere Struktur von Klausur und Hausarbeit erkennen: **„Problem erkannt, Gefahr gebannt".** Profitieren Sie von unserem **strategischen Wissen**. Wir werden Sie mit unserem know-how auf das Anforderungsprofil einstimmen, das Sie in Klausur und Hausarbeit erwartet.

Die Theoriebände Grundwissen, die Basics, die Skriptenreihe und der Hauptkurs sind als **modernes, offenes und flexibles Lernsystem** aufeinander abgestimmt und ergänzen sich ideal. Die **studentenfreundliche Preisgestaltung** ermöglicht den **Erwerb als Gesamtwerk**.

4. Hauptkurs:

Schulung am examenstypischen Fall mit der Assoziationsmethode. Trainieren Sie unter professioneller Anleitung, was Sie im Examen erwartet und wie Sie bestmöglich mit dem Examensfall umgehen.

Nur wer die Dramaturgie eines Falles verstanden hat, ist in Klausur und Hausarbeit auf der sicheren Seite! Häufig hören wir von unseren Kursteilnehmenden: **„Erst jetzt hat Jura richtig Spaß gemacht".**

Die Ergebnisse unserer Kursteilnehmerinnen und Kursteilnehmer geben uns Recht. Maßstab ist der Erfolg. Die Examensergebnisse zeigen, dass unsere Kursteilnehmenden überdurchschnittlich abschneiden.

Die Examensergebnisse unserer Kursteilnehmerinnen und Kursteilnehmer können auch Ansporn für Sie sein, intelligent zu lernen: Wer nur auf vier Punkte lernt, landet leicht bei drei.
Lassen Sie sich aber nicht von diesen Supernoten verschrecken, sehen Sie dieses Niveau als Ansporn für Ihre Ausbildung.

Wir hoffen, mit unserem Gesamtangebot bei der Konkretisierung des Rechts mitzuwirken und wünschen Ihnen **viel Spaß beim Durcharbeiten** unserer Skripten.

Wir würden uns freuen, mit Ihnen in unserem Hauptkurs und mit der **hemmer-Methode** gemeinsam Verständnis an der Juristerei zu trainieren. Nur wer erlernt, was ihn im Examen erwartet, lernt richtig!

So leicht ist es, uns kennenzulernen: Probehören ist jederzeit in den jeweiligen Kursorten möglich.

Karl-Edmund Hemmer & Achim Wüst

Strafrecht BT I

Hemmer/Wüst/Berberich

Hemmer/Wüst Verlagsgesellschaft
Hemmer/Wüst/Berberich, Strafrecht BT I

ISBN 978-3-86193-967-2

14. Auflage 2020

gedruckt auf chlorfrei gebleichtem Papier
von Schleunungdruck GmbH, Marktheidenfeld

Kommentare:

Fischer	Strafgesetzbuch (zitiert: FISCHER)
Lackner/Kühl	Strafgesetzbuch mit Erläuterungen (zitiert: LACKNER/KÜHL)
Rudolphi/Horn/Günther	Systematischer Kommentar zum Strafrecht Band II, Loseblattsammlung, (zitiert: SK-BEARBEITER)
Schönke/Schröder	Strafgesetzbuch (zitiert: SCH-SCH-BEARBEITER)

Lehrbücher:

Haft	Strafrecht Besonderer Teil (zitiert: HAFT)
Krey	Strafrecht Besonderer Teil Band 2 (zitiert: KREY, BT-2)
Wessels/HettingerEngländer	Strafrecht Besonderer Teil/1, Straftaten gegen Persönlichkeits- und Gemeinschaftswerte (zitiert: WESSELS, BT-1)
Wessels/Hillenkamp/Schuhr	Strafrecht Besonderer Teil/2, Straftaten gegen Vermögenswerte (zitiert: WESSELS, BT-2)

Weitere Literatur in den Fußnoten

![BGB AT I cover on tablet — Hemmer / Wüst / Tyroller — BGB AT I — Die Entstehung des Primäranspruchs — Das Prüfungswissen — für Studium und Examen — KLAUSURTYPISCH · ANWENDUNGSORIENTIERT · UMFASSEND]

eBooks: Die gesamte hemmer Skriptenreihe für mobile Geräte und PC

■ EBOOKS - ab 9,90 €

HEMMER SKRIPTENREIHE

In den eBooks, die mit unserer hemmer-Skriptenreihe identisch sind, werden die für die Prüfung nötigen Zusammenhänge umfassend aufgezeigt und wiederkehrende Argumentationsketten eingeübt. Nutzen Sie die eBooks als Ihre ortsunabhängige Bibliothek. Sie sind klausurorientiert und zahlreiche Beispielsfälle erleichtern das Verständnis.

So wird Prüfungswissen auf anspruchsvollem Niveau vermittelt.

- ✔ Grundwissen
- ✔ Die wichtigsten Fälle
- ✔ Basics
- ✔ Hauptskripte
- ✔ Schwerpunkt

- ✔ Steuerrecht
- ✔ Assessorskripte
- ✔ WiWis, BWLer & Steuerberater
- ✔ Philsoph.-psycholog. Ratgeber

Erhältlich über unseren hemmer-shop
www.hemmer-shop.de

§ 1 EINLEITUNG

Vermögensdelikte

Unter den Oberbegriff der Vermögensdelikte fallen Straftaten, die sich gegen fremdes Vermögen als Ganzes oder gegen einzelne Vermögenswerte richten.

Die Bezeichnung „Vermögensdelikt" wird in einem *engeren* und einem *weiteren* Sinn gebraucht: Ein Vermögensdelikt im engeren Sinn liegt vor, wenn der Eintritt eines Vermögensschadens zu den Voraussetzungen der Strafbarkeit gehört, während dies bei den Vermögensdelikten im weiteren Sinn nicht vom Tatbestand vorausgesetzt wird.

Vermögensdelikte i.e.S.

Zu den *Vermögensdelikten im engeren Sinn* zählen insbesondere der Betrug (§ 263[1]), die Erpressung (§ 253) und die Untreue (§ 266). Sie unterscheiden sich in erster Linie durch die unterschiedlichen Angriffsrichtungen: § 263 schützt das Vermögen gegen eine durch „Täuschung" herbeigeführte Minderung, während eine Erpressung die Anwendung von „Gewalt oder Drohungen" voraussetzt. § 266 greift dagegen vor allem in den Fällen, in denen dem Täter eine besondere Verfügungsmöglichkeit über fremdes Vermögen eingeräumt wurde („Vermögensbetreuungspflicht").

Vermögensdelikte i.w.S.

Zu den *Vermögensdelikten im weiteren Sinn* gehören insbesondere die *Eigentumsdelikte*: Diebstahl (§ 242), Unterschlagung (§ 246) und Raub (§ 249) betreffen die Entziehung, die Sachbeschädigungstatbestände der §§ 303 ff. dagegen die Beschädigung und Zerstörung des Eigentums. Taugliches Tatobjekt ist hier demnach immer eine „fremde Sache".

Darüber hinaus werden auch die Straftaten gegen *sonstige spezialisierte Vermögenswerte*, wie etwa Gebrauchsmöglichkeiten (z.B. § 248b, § 248c, § 290), Aneignungsrechte (z.B. die §§ 292 ff.) und Gläubigerrechte (z.B. die §§ 288, 289) zu den Vermögensdelikten im weiteren Sinn gezählt.[2]

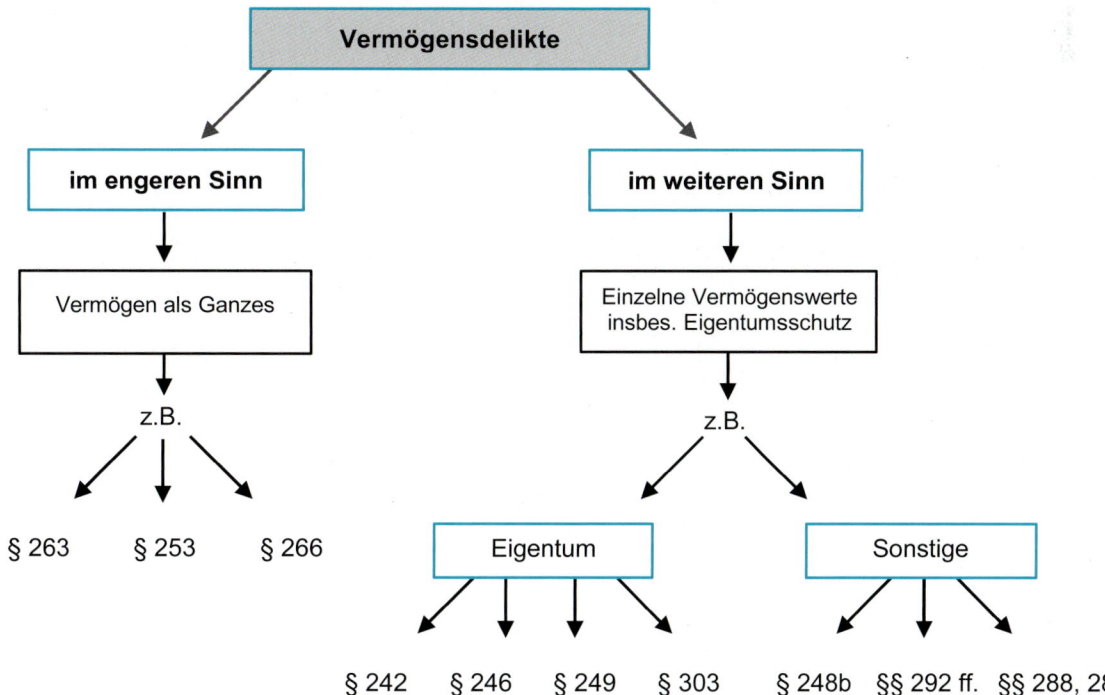

---

[1] §§ ohne Gesetzesangabe sind solche des Strafgesetzbuches (StGB).

[2] Die beschriebene Einteilung der Vermögensstraftaten ist nicht frei von Überschneidungen. Gleichwohl hat sie sich durchgesetzt.

hemmer-Methode: Lernen Sie effektiv: Systematisieren Sie gedanklich die Vermögensdelikte! Mit einer klaren gedanklichen Struktur finden Sie im „Ernstfall" sofort zu den einschlägigen Vorschriften. Beachten Sie: Als Bestandteil des Vermögens wird z.B. i.R.d. § 263 auch das Eigentum gegen einen Verlust durch Täuschung geschützt. Wer die Struktur der Vermögensdelikte kennt, kann auch schwierige Abgrenzungsfälle in den richtigen Gesamtzusammenhang stellen. Ein klassischer Fall ist etwa die Abgrenzung der „Vermögensverfügung" i.R.d. Betrugs, § 263, zur „Wegnahme" i.S.d. Diebstahltatbestands, § 242 (vgl. hierzu Rn. 134 ff.).

§ 2 STRAFTATEN GEGEN DAS EIGENTUM

I. Diebstahl, § 242

Prüfungsschema zu § 242 I

I. Tatbestand

   1. Objektiver Tatbestand

      a) Fremde bewegliche Sache (Tatobjekt)

      b) Wegnahme (Tathandlung)

   2. Subjektiver Tatbestand

      a) Vorsatz (bzgl. aller objektiven Tatbestandsmerkmale)

      b) „Absicht, sich oder einem Dritten die Sache rechtswidrig zuzueignen"

         aa) Zueignungsabsicht

         bb) Rechtswidrigkeit der beabsichtigten Zueignung (objektiv)

         cc) Vorsatz bzgl. der Rechtswidrigkeit der beabsichtigten Zueignung

II. Rechtswidrigkeit

III. Schuld

IV. Evtl. § 243 (Strafzumessungsregel)

V. Evtl. § 247 bzw. § 248a (Strafantragserfordernis)

> **hemmer-Methode:** Schemata können immer nur eine Gedächtnisstütze sein. Bedenken Sie die Gefahr schematischen Lernens: Der Überblick und der Sinn für das Wesentliche im konkreten Einzelfall können verloren gehen. Vor allem müssen Sie erkennen, bei welchem Prüfungspunkt ein Auslegungsproblem besteht und dieses anhand juristischer Argumentationstechnik nachvollziehbar lösen.
>
> Gerade im Besonderen Teil des Strafrechts ist dafür jedoch Voraussetzung, dass Sie den Aufbau der einzelnen Delikte sicher beherrschen: Der Korrektor erwartet von Ihnen eine richtige Einordnung. Die Ausführlichkeit und die Gewichtung müssen allerdings an den Problemen des konkret zu lösenden Falls orientiert sein.

1. Taugliches Tatobjekt

Fremde bewegliche Sache

Taugliches Tatobjekt des Diebstahls ist eine *„fremde bewegliche Sache"*.

a) Sache

Sachen sind nur körperliche Gegenstände (vgl. § 90 BGB).[3] Auf den Aggregatzustand kommt es nicht an, solange die Sache von der Außenwelt abgrenzbar ist.

   Bsp.: *Gas in einer Gasflasche.*

Tiere

Der Sachbegriff ist nach dem Zweck des StGB und seinem natürlichen Wortsinn auszulegen, so dass z.B. auch ein Tier eine Sache im strafrechtlichen Sinn ist.[4]

2

---

[3]   RG 29, 111.

[4]   Siehe dazu Graul, Zum Tier als Sache, JuS 2000, 215 - 220.

Argumentieren lässt sich insoweit auch mit dem Wortlaut des § 324a I Nr. 1, der von „Tiere ... oder *andere* Sachen" spricht. Vor allem spricht für eine Einordnung von Tieren als Sachen i.S.d. Strafrechts, dass diese sonst faktisch schutzlos wären. Nach Sinn und Zweck des Strafrechts sind somit Tiere als Sachen i.S.d. StGB anzusehen.

> **hemmer-Methode: Machen Sie sich klar, dass der strafrechtliche und zivilrechtliche Sachbegriff nach diesem Verständnis nicht identisch sind. Gem. § 90a S. 1 BGB sind Tiere (anders als im Strafrecht) gerade keine Sachen, auch wenn sie weitgehend als solche behandelt werden.**

Körperteile

Ob der Körper eines *lebenden* Menschen Sachqualität hat, ist umstritten. Es handelt sich dabei um einen fest umrissenen Gegenstand, so dass vertretbar ist, auch insoweit die Sachqualität grundsätzlich zu bejahen. Jedoch ist dann eindeutig aufgrund der Grundrechte die Eigentumsfähigkeit eines lebenden Menschen zu verneinen.

Im Einzelnen ist hier vieles umstritten. Generell kann man auch zwischen *natürlichen Körperteilen des lebenden Menschen*, die mit Abtrennung zu Sachen werden (Arm des Unfallopfers) und *künstlichen Implantaten* (Rippe), die jedenfalls vor Einpflanzung oder nach Entnahme Sachqualität haben, unterscheiden.

Menschliche Leiche

Ebenso kontrovers diskutiert wird die Frage, ob ein *Leichnam* taugliches Tatobjekt i.S.d. § 242 sein kann. Die h.M.[5] bejaht jedenfalls den Sachcharakter, lehnt aber das Merkmal der „Fremdheit" ab, weil der leblose Körper zunächst herrenlos und insofern nicht eigentumsfähig sei.[6] Eine Ausnahme wird etwa dann zugelassen, wenn die Sorgeberechtigten bezüglich des Toten zu Forschungszwecken die Überführung des Leichnams an ein Institut der Anatomie angeordnet haben und der Tote zur Überführung ausgehändigt wurde.[7]

b) Beweglichkeit der Sache

Beweglich

Beweglich ist eine Sache, wenn sie tatsächlich fortbewegt werden kann. Darunter fallen auch Teile von unbeweglichen Sachen i.S.d. Zivilrechts, sobald sie abgelöst wurden (z.B. ausgegrabener Baum). Voraussetzung ist demnach lediglich die *faktische Transportfähigkeit* des Gegenstandes.

3

c) Fremdheit der Sache

Fremd

Eine Sache ist *fremd*, wenn sie im Allein-, Mit- oder Gesamthandseigentum eines anderen steht. Für die Beurteilung der Eigentumsverhältnisse sind die zivilrechtlichen Vorschriften über den Erwerb und Verlust des Eigentums maßgeblich.[8] Bei der Feststellung der Fremdheit sind zwei Fragenkreise auseinander zu halten: Ist die Sache überhaupt eigentumsfähig und wenn ja, wer ist Eigentümer?

4

aa) Eigentumsfähigkeit

Eine Sache kann überhaupt nur dann fremd sein, wenn sie eigentumsfähig ist.

---

[5]   Nach a.A. besitzen menschliche Leichen als „Rückstand der Persönlichkeit" keine Sacheigenschaft, so z.B. Maurach-Schröder, BT 1, § 32 Rn. 19.

[6]   Palandt-Heinrichs, Überbl. vor § 90, Rn. 11; Fischer, § 242, Rn. 8.

[7]   Näher zur Eigentumsfähigkeit von Leichen s.u. Rn. 4.

[8]   Vgl. BGHSt 6, 377 - 380.

hemmer-Methode: Obwohl nicht eigentumsfähige Sachen als Tatobjekte des § 242 ebenso ungeeignet sind wie herrenlose Sachen, sollten Sie diese Begriffe zugunsten der dogmatischen Klarheit auseinander halten. § 958 I BGB, nach welchem über eine berechtigte Aneignung originär Eigentum an Sachen begründet werden kann, zeigt gerade, dass auch herrenlose Sachen grundsätzlich eigentumsfähig sind.

Problem: menschliche Leiche

Beliebtes Klausurproblem ist in diesem Bereich die Eigentumsfähigkeit der *menschlichen Leiche*, deren Sacheigenschaft die h.M.– wie oben gezeigt – bejaht.

Nach vorzugswürdiger Auffassung sind Leichen Sachen i.S.d. StGB aber zunächst einmal herrenlos, d.h. stehen nicht im Eigentum einer Person. Jedoch ist eine Aneignung gem. § 958 BGB möglich, soweit eine Berechtigung hierzu besteht.[9] Nur wenn dies geschehen ist, kommt die Verwirklichung von Eigentumsdelikten wie Diebstahl oder Sachbeschädigung in Betracht.

Denken Sie bei der Beschädigung oder Zerstörung von Leichen(-teilen) immer auch an § 168. Der Tatbestand der *Störung der Totenruhe* schützt nicht etwa das Eigentum, sondern das postmortale Persönlichkeitsrecht des Verstorbenen und das Pietätsgefühl der Allgemeinheit (siehe auch die systematische Stellung im Gesetz). Dabei stellt sich die Frage nach der Sachqualität bzw. Eigentumsfähigkeit also gerade nicht.

hemmer-Methode: Bei der Einäscherung Verstorbener erfolgt regelmäßig nach der Hauptverbrennung eine automatische Sortierung, bei welcher künstliche Gegenstände in ein eigenes Schubfach gelangen. Wenn nun etwa Zahngold aus einem solchen Behälter unbefugt entnommen wird, scheitert eine Strafbarkeit gem. § 242 regelmäßig daran, dass kein Berechtigter Eigentum an dem Zahngold gem. § 958 BGB durch Inbesitznahme begründet hat. Denn eine Aneignung ist dann ausgeschlossen, wenn die Asche zur Bestattung bestimmt ist. Das Zahngold ist damit „herrenlos". Hinsichtlich einer Strafbarkeit gem. § 168 stellt sich die Frage, ob auch das Zahngold unter „Asche eines verstorbenen Menschen" subsumierbar ist. Da darunter nach dem allgemeinen Sprachverständnis alle bei einer Verbrennung verbleibenden Rückstände zu verstehen sind, ist dies zu bejahen.[10]

bb) Nicht im Alleineigentum des Täters

Formuliert man die unter Rn. 4 gegebene Definition der Fremdheit um, so ist eine Sache fremd, wenn sie jedenfalls weder herrenlos ist noch dem Täter ausschließlich selbst gehört.

hemmer-Methode: Für die Strafbarkeit des Täters kommt es allein darauf an, ob die Sache für ihn fremd ist. Wer Eigentümer ist, muss dagegen nicht zwingend abschließend geklärt werden.

Herrenlose Sachen

Herrenlose Sachen i.S.d. §§ 958 ff. BGB sind also nicht „diebstahlsfähig". Sie gehören niemandem (z.B. freilebendes Wild[11]).

---

[9]   Vgl. Palandt-Heinrichs, Überbl. vor § 90, Rn. 11.

[10] Siehe dazu BGH, Beschluss vom 30.06.2016 – 5 StR 71/15 = **Life&Law 12/2015, 909 – 915** sowie OLG Bamberg, NJW 2008, 1543 - 1547 = **Life&Law 10/2008, 675 – 679** = **juris**byhemmer. (Wenn dieses Logo hinter einer Fundstelle abgedruckt wird, finden Sie die Entscheidung online unter „juris by hemmer": www.hemmer.de.)

[11] Beachten Sie bei der unrechtmäßigen Aneignung von Wild: Über die §§ 292, 293 wird das Aneignungsrecht des Jagdberechtigten als spezialisierter Vermögenswert geschützt. Siehe dazu Rn. 105 ff.

> **Life&Law**: Herrenlos und damit nicht „fremd" i.S.d. § 242 I StGB sind u.a. Sachen, bei denen der Eigentümer in der Absicht, auf das Eigentum zu verzichten, den Besitz an der Sache aufgibt (§ 959 BGB). Die Entsorgung von Lebensmitteln eines Supermarktes in einen Abfallcontainer beinhaltet nicht zwingend einen Eigentumsverzicht. Steht der Container vielmehr abgesperrt auf dem Firmengelände zur Abholung durch ein Entsorgungsunternehmen bereit, macht der Eigentümer für Dritte deutlich erkennbar, dass keine Einwilligung bezüglich einer Mitnahme besteht, sondern das Eigentum nur zugunsten einer anderen Person – dem Entsorgungsunternehmen – aufgegeben wird.[12] Hiernach kann das sog. „Containern" gem. § 242 I StGB strafbar sein.

Außerachtlassen zivilrechtlicher Rückwirkungsfiktionen

Zu beachten ist, dass bei der Beurteilung der Eigentumsverhältnisse zivilrechtliche Rückwirkungsfiktionen (§§ 142 I, 1953 BGB) keine Rolle spielen, da es bei der Entscheidung über die Strafbarkeit eines bestimmten Verhaltens nur auf die aktuelle Sach- und Rechtslage ankommen kann.

5

> *Bsp.*: Der Kaufmann K verkauft und übereignet einen Teppich an V. Wenig später nimmt er diesen Teppich aus der Wohnung des V weg. Kurz darauf ficht V die Übereignung des Teppichs wirksam an.

Obwohl K infolge der Anfechtung der Übereignung nach zivilrechtlicher Sichtweise rückwirkend (§ 142 I BGB) Eigentümer des Teppichs geworden ist, handelt es sich hierbei zum Zeitpunkt der Tat (vgl. § 8) um eine für ihn fremde Sache i.S.d. § 242, die somit ein taugliches Diebstahlsobjekt darstellt.

Sache mit Recht eines Dritten belastet

Steht die Sache im Alleineigentum des Täters, ist sie aber mit einem Recht eines Dritten (z.B. einem Pfandrecht) belastet, kommt ein Diebstahl von vornherein nicht in Betracht. Zu denken ist in diesem Zusammenhang aber an die Pfandkehr, § 289.

> **Life&Law**: Der BGH hat bekräftigt, dass auch illegale Drogen taugliches Tatobjekt eines Diebstahls sein können. Allein die Tatsache, dass eine rechtsgeschäftliche Übertragung des Eigentums an § 134 BGB scheitert und der Besitz der Drogen nach dem BtMG strafbar ist, ändert nichts daran, dass z.B. beim Herstellen der Drogen Eigentum begründet wurde. Auch ist es unerheblich, wenn der tatsächliche Eigentümer nicht mehr ermittelt werden kann. Wenn A aus dem Versteck des B z.B. Heroin wegnimmt, macht er sich regelmäßig gem. § 242 strafbar.[13]

2. Tathandlung: Wegnahme

Wegnahme

Unter einer Wegnahme versteht man den Bruch fremden und die Begründung neuen (nicht notwendig tätereigenen) Gewahrsams.

6

a) Gewahrsamsbegriff

Gewahrsamsbegriff

Beim strafrechtlichen Gewahrsamsbegriff handelt es sich um ein *rein tatsächliches Herrschaftsverhältnis*, so dass es auf eine bestimmte Berechtigung zur Sachherrschaft nicht ankommt. Der Gewahrsamsbegriff ist daher von dem die Fremdheit der Sache bestimmenden Eigentumsbegriff (*rechtliche Herrschaftsmacht*) strikt zu trennen.

7

---

[12]   Vgl. BayObLG, Beschluss vom 02.10.2019 - 206 StRR 1013/19, 206 StRR 1015/19, besprochen in **Life&Law 05/2020, 309 – 312** = **juris**byhemmer.

[13]   Vgl. BGH, NJW 2006, 72 - 73, besprochen in **Life&Law 05/2006, 333 - 336**. Kritisch insoweit Fischer, § 242, Rn. 5a sowie BGH, Beschluss vom 01.06.2016 – 2 StR 335/15 = **Life&Law 11/2016, 769 – 775** = **juris**byhemmer.

Der Gewahrsam des § 242 ist damit dem unmittelbaren Besitz i.S.d. § 854 BGB ähnlich, aber nicht gleichbedeutend: Der Besitzdiener (§ 855 BGB) kann Gewahrsam haben, hat aber keinen Besitz i.S.d. BGB. Der Vermieter, Verpächter, Verleiher hat zwar mittelbaren Besitz i.S.d. § 868 BGB, jedoch regelmäßig keinen Gewahrsam.

Gleiches gilt für einen Erben, welcher keine tatsächliche Sachherrschaft innehat. Die Besitzfiktion des § 857 BGB, nach welcher der unmittelbare Besitz des Erben zur Zeit des Erbfalles fingiert wird, gilt somit ebenfalls nicht im Strafrecht.[14]

hemmer-Methode: § 857 BGB hat den Sinn und Zweck, den gutgläubigen Dritterwerb zu Lasten der Erben über die Anwendung des § 935 BGB zu verhindern. Dies hat nichts zu tun mit dem strafrechtlichen Schutz des Eigentums, so dass diese Fiktion im StGB keine Rolle spielt.

Objektive und subjektive Komponente; Relativierung

Der Begriff des „Gewahrsams" enthält im Wesentlichen drei Elemente: Zum einen muss der Inhaber die tatsächliche Sachherrschaft besitzen (*objektives Element*), zum anderen den Willen zur Sachherrschaft (*subjektives Element*). Beide Voraussetzungen werden durch eine Beurteilung nach der *Verkehrsauffassung,* die im Strafrecht oft auch als die „Anschauungen des täglichen Lebens" bezeichnet wird, relativiert (*normatives Element*).

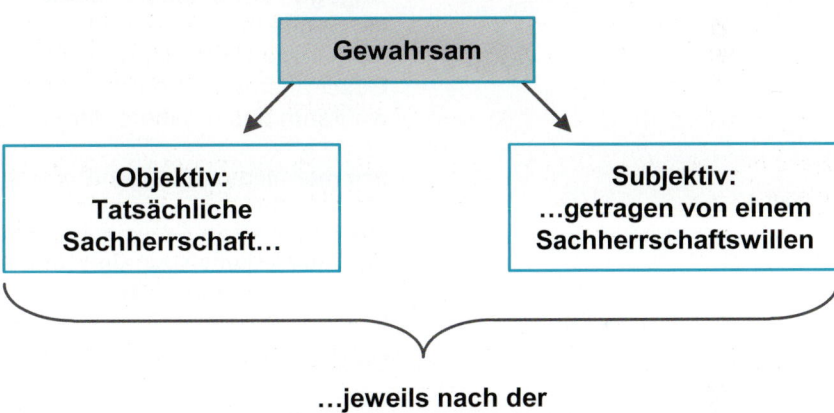

aa) Tatsächliche Sachherrschaft

Tatsächliche Sachherrschaft

Die Frage nach der Begründung der tatsächlichen Sachherrschaft ist von entscheidender Bedeutung, da erst zu diesem Zeitpunkt die Vollendung des Diebstahls eintreten kann.

Tatsächliche Sachherrschaft als objektives Gewahrsamselement ist dann zu bejahen, wenn der Verwirklichung des Willens zur physisch-realen Einwirkung auf die Sache unter normalen Umständen keine wesentlichen Hindernisse entgegenstehen.[15]

Zur Begründung der tatsächlichen Sachherrschaft ist die Herstellung einer engen räumlichen Beziehung zwischen Person und Sache erforderlich. Eine derartige enge Beziehung ist insbesondere dann gegeben, wenn Gegenstände zur eigenen Verfügung in der Kleidung, der Hand oder sonst am Körper des Täters getragen werden (sog. „Gewahrsamsenklave").

---

[14]   Sch-Sch-Eser, § 242, Rn. 31; Fischer, § 242, Rn. 11.

[15]   Vgl. bereits RGSt 60, 271.

Gewahrsamslockerung

Nach der Verkehrsanschauung besteht in objektiver Hinsicht trotz räumlicher Trennung Gewahrsam, z.B. an

⇨ einem geparkten Fahrzeug

⇨ einem frei herumlaufenden Haustier

⇨ einem zurückgelassenen Unfallwagen

Auch an Sachen, die der Besitzer an einem bestimmten Ort *vergessen* hat, besteht weiter Gewahrsam, wenn der Besitzer diese ohne äußere Hindernisse zurückerlangen kann. Man spricht hier von einer *Gewahrsamslockerung.*[16]

Kein Gewahrsam an verlorenen Sachen

Kein Gewahrsam besteht aber an *verlorenen* Sachen, wenn der bisherige Gewahrsamsinhaber den Aufenthaltsort nicht kennt. Hier hat der bisherige Inhaber die tatsächliche Einwirkungsmöglichkeit auf die Sache verloren.

Ausnahme

Beachten Sie: Ausnahmsweise besteht auch an verlorenen Sachen weiter Gewahrsam, wenn sie im eigenen, räumlich umgrenzten Herrschaftsbereich (*Gewahrsamssphäre*; es genügt genereller Gewahrsamswille, siehe sogleich) verbleiben.

Dagegen kann neuer, fremder Gewahrsam begründet werden, wenn die Sache nicht im öffentlichen Verkehrsraum, sondern in einer fremden Gewahrsamssphäre verbleibt: So entsteht an z.B. in Gaststätten, Geschäftsräumen oder auch an in der Bahn verlorenen Sachen Gewahrsam des Inhabers der jeweiligen Räumlichkeit.

hemmer-Methode: Eigentümer und Gewahrsamsinhaber können also ohne weiteres auseinander fallen. So liegt ein Diebstahl auch vor, wenn das Opfer einen Gegenstand z.B. in einer Gaststätte verloren hat und der Täter lediglich den Gewahrsam des Gaststättenbetreibers bricht, bevor er neuen begründet.

Verliert der bisherige Gewahrsamsinhaber jedoch seinen Gewahrsam außerhalb einer solchen Gewahrsamssphäre (z.B. auf der Straße oder im Wald), so wird die Sache regelmäßig gewahrsamslos. In Betracht kommt dann nur noch eine Strafbarkeit wegen Unterschlagung, § 246 I.

hemmer-Methode: Gerade das Vergessen von Sachen in einer fremden Gewahrsamssphäre und das An-Sich-Nehmen durch einen Dritten ist häufig Prüfungsgegenstand. Wer hier § 246 statt § 242 anwendet, tappt in die Falle des Klausurerstellers.

bb) Sachherrschaftswille

Sachherrschaftswille

Der *subjektive* Sachherrschaftswille wird allgemein als natürlicher Wille angesehen, d.h. auch Kinder oder Geisteskranke können diesen Willen haben[17]; Geschäftsfähigkeit ist gerade nicht erforderlich.

Juristische Personen

Gewahrsamsinhaber können mangels Willensfähigkeit keine juristischen Personen, sondern nur natürliche Personen (Menschen) sein. Bei juristischen Personen ist das jeweils zuständige Organ Träger der Sachherrschaft, z.B. der Behördenleiter einer Behörde.

9

---

[16]   Sch-Sch-Eser, § 242, Rn. 26.

[17]   Siehe BGHSt 20, 32 - 33 (33) bezüglich Betrunkener und Kinder als Gewahrsamsinhaber.

Für die Ermittlung des Sachherrschaftswillens ist wiederum die Verkehrsauffassung entscheidend:

So ist ein *genereller und potentieller Gewahrsamswille* ausreichend.[18] Spezialisiertes und ständig aktualisiertes Sachherrschaftsbewusstsein ist somit nicht nötig.

Genereller Gewahrsamswille

(1) Ein *genereller* Gewahrsamswille ist z.B. bei einem Wohnungsinhaber bzgl. aller Sachen in seiner Wohnung zu bejahen. Hier geht man davon aus, dass der Inhaber eines räumlich umgrenzten Herrschaftsbereiches regelmäßig den Willen hat, die tatsächliche Gewalt über alle Sachen auszuüben, die sich in diesem Herrschaftsbereich befinden (sog. „generell beherrschter Raum").

Dieser Gewahrsamswille kann sich auch auf Sachen beziehen, die in der Zukunft in den eigenen Herrschaftsbereich gelangen. Demgemäß erhält man Gewahrsam an allen Briefen, die in den eigenen Briefkasten geworfen werden. Man spricht hier von einem *antizipierten Erlangungswillen*.[19]

> **Life&Law:** Steckt der Täter einen Gegenstand in Zueignungsabsicht in seine Kleidung, so schließt er allein durch diesen tatsächlichen Vorgang die Sachherrschaft des Bestohlenen aus und begründet eigenen ausschließlichen Gewahrsam. Die Verkehrsauffassung weist daher im Regelfall einer Person, die einen Gegenstand in der Tasche ihrer Kleidung trägt, die ausschließliche Sachherrschaft zu, und zwar auch dann, wenn er sich noch im Gewahrsamsbereich des Berechtigten befindet.[20]

Potentieller Gewahrsamswille

(2) Darüber hinaus genügt auch ein sog. *potentieller Gewahrsamswille*: Bewusstlose - ebenso wie Schlafende - bleiben Gewahrsamsinhaber. Tote dagegen haben mangels Sachherrschaftswillens nie Gewahrsam. Nach h.M. hat der Bewusstlose aber auch dann bis zum Todeseintritt Gewahrsam, wenn er später stirbt, ohne das Bewusstsein wiedererlangt zu haben. Begründet wird dies vor allem damit, dass es keinen Unterschied machen kann, ob ein Bewusstloser noch einmal aus seinem Zustand „aufwacht" oder nicht. Denn entscheidend für die Beurteilung der Strafbarkeit eines Verhaltens ist stets die konkrete Tatsituation.

b) Mitgewahrsam

Mehrere Gewahrsamsinhaber

Problematisch (und damit examensrelevant) sind die Fälle, in denen mehrere Personen die tatsächliche Sachherrschaft und somit Mitgewahrsam innehaben.

10

18   Sch-Sch-Eser, § 242, Rn. 30.
19   Vgl. Sch-Sch-Eser, § 242, Rn. 30.
20   Vgl. BGH, Urteil vom 06.03.2019 – 5 StR 593/18 = **Life&Law 09/2019, 615 - 619** = **juris**byhemmer. Unser Service-Angebot an Sie: kostenlos hemmer-club-Mitglied werden (www.hemmer-club.de) und Entscheidungen der Life&Law lesen und downloaden.

Konstellation 1: Gleichrangiger Mitgewahrsam

Entzug des Gewahrsams = **Wegnahme (+)**

Konstellation 2: Über- / Untergeordneter Mitgewahrsam

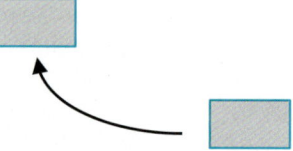

Entzug des Gewahrsams = **Wegnahme (+)**

Konstellation 3: Über- / Untergeordneter Mitgewahrsam

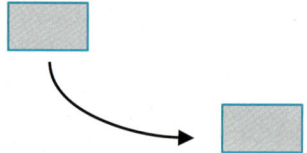

Entzug des Gewahrsams = **Wegnahme (-)**

Arten des Mitgewahrsams

Man unterscheidet entsprechend dem Rangverhältnis der Sachherrschaftsbeziehung *gleichrangigen* oder *über- und untergeordneten (mehrstufigen)* Mitgewahrsam. Maßgeblich für das Rangverhältnis sei die nach den sozialen Umständen zu beurteilende „Vor-, Nach- oder Gleichrangigkeit der faktischen Verfügungsmöglichkeit".[21]

So haben z.B. Eheleute regelmäßig gleichrangigen Mitgewahrsam[22] an den Einrichtungsgegenständen der Ehewohnung. Das Gleiche gilt für Mitglieder einer Wohngemeinschaft, wenn es sich um gemeinsam benutzte Räume handelt. In diesen Fällen reicht für eine Wegnahme schon der *Bruch fremden gleichrangigen Mitgewahrsams* aus.

Bei mehrstufigem Mitgewahrsam ist eine Wegnahme nur zu bejahen, wenn der Inhaber des untergeordneten Mitgewahrsams den übergeordneten Mitgewahrsam bricht. Im umgekehrten Fall kommt nur Unterschlagung (§ 246) in Betracht.

> **Life&Law:** In gestuften Gewahrsamsverhältnissen schließt das Einverständnis des übergeordneten Gewahrsamsinhabers einen Gewahrsamsbruch und damit eine Wegnahme aus, selbst wenn der Gewahrsam des untergeordneten Gewahrsamsinhabers faktisch gebrochen wird.[23]

---

[21]   Vgl. Krey, BT-2, Rn. 25 ff.

[22]   Zu weiteren Beispielen vgl. Fischer, § 242, Rn. 14.

[23]   OLG Celle, Beschluss vom 13.11.2011 – 1 Ws355/11 = **juris**byhemmer = **Life&Law 03/2012, 189 - 196**.

> Ein Angestellter, der allein eine Kasse zu verwalten und über deren Inhalt abzurechnen hat, hat in aller Regel Alleingewahrsam am Kasseninhalt. Das generelle Kontroll- und Weisungsrecht des Dienstherren gegenüber seinem Bediensteten begründet nicht ohne weiteres den Mitgewahrsam des Dienstherrn.[24]

hemmer-Methode: Klausurrelevant wird der Streit um die Existenz und Art des Mitgewahrsams allerdings nur, wenn der Täter eine Person ist, die möglicherweise Mitgewahrsamsinhaber ist. Ist dagegen eine dritte Person, die erkennbar keinen Gewahrsam an der Sache hat, der Täter, so wäre es falsch, in der Klausur auf die Gewahrsamsverhältnisse näher einzugehen, da ohnehin fremder Gewahrsam gebrochen wird.

c) Gewahrsam in Über- / Unterordnungsverhältnissen (Alleingewahrsam oder mehrstufiger Mitgewahrsam)

Strittig: Gewahrsam in Über- / Unterordnungsverhältnissen

Oft ist problematisch, wer in Über- / Unterordnungsverhältnissen welchen Gewahrsam hat. In Betracht kommen sowohl Alleingewahrsam, als auch die verschiedenen Formen des Mitgewahrsams. Diskutiert werden vor allem die folgenden Fallgruppen: Bei *Arbeitern und Angestellten* in einem Dienstverhältnis (z.B. Verkäufer(innen), Hausangestellte usw.) geht man in der Regel davon aus, dass sie im Verhältnis zum Geschäftsherrn untergeordneten Mitgewahrsam haben.

Beispielsweise bricht die angestellte Verkäuferin, die Waren entwendet, regelmäßig den übergeordneten Gewahrsam des Geschäftsherrn und begeht daher einen Diebstahl und keine Unterschlagung.

Ausnahmen:

Von dieser Regel gibt es jedoch im Einzelfall *Ausnahmen*:

Ladenangestellte

Handelt es sich um kleinere Ladengeschäfte, in denen der Inhaber mitarbeitet, geht die h.M.[25] von Alleingewahrsam des Geschäftsherrn aus. Aufgrund seiner unmittelbaren Einwirkungsmöglichkeit erscheint der Geschäftsherr hier unter Berücksichtigung der Verkehrsanschauung als alleiniger Inhaber der tatsächlichen Gewalt. Die Ladenangestellten bezeichnet man in diesem Fall als *Gewahrsamsgehilfen oder Gewahrsamshüter.*

Umgekehrt kann aber auch im Einzelfall Alleingewahrsam des Angestellten bestehen: So hat z.B. die Kassiererin in einem Supermarkt Alleingewahrsam am Kasseninhalt, wenn sie die Kasse *eigenverantwortlich* verwaltet.[26]

Schließlich hat auch Alleingewahrsam im Verhältnis zum Geschäftsherrn, wer eine Außenfiliale selbständig leitet.[27]

Lkw-Fahrer

Zwischen *Lkw-Fahrern* und Geschäftsherrn kann Mitgewahrsam oder auch Alleingewahrsam des einen oder anderen bestehen.[28] Entscheidend ist hier, ob dem Geschäftsinhaber während der Fahrt eine hinreichende *Kontroll- und Einwirkungsmöglichkeit* verbleibt. Nach h.M. besteht bei Transporten innerhalb eines engeren Ortsbereichs Alleingewahrsam bzw. übergeordneter Mitgewahrsam des Geschäftsherrn, bei Fernfahrten dagegen Alleingewahrsam des Lkw-Fahrers.

---

[24] BGH, Beschluss vom 16.01.2018, 4 StR 458/17 = **Life&Law 09/2018, 620 - 626**= jurisbyhemmer.

[25] So ständige Rechtsprechung seit RGSt 2, 1; Sch-Sch-Eser, § 242, Rn. 33.

[26] BGHSt 8, 273 - 278 (275).

[27] Fischer, § 242, Rn. 12.

[28] Vgl. Sch-Sch-Eser, § 242, Rn. 33.

> **hemmer-Methode: Merken Sie sich nicht die Einzelfälle, sondern die Grundprinzipien:** *Kriterien* **dafür, wer Gewahrsam hat, sind einerseits die Kontroll- und Einwirkungsmöglichkeit des Übergeordneten, andererseits die Eigenverantwortlichkeit des Untergeordneten.**

Verschlossene Behältnisse in fremden Räumen

Umstritten ist, ob ein Schlüsselinhaber Gewahrsam am Inhalt von *verschlossenen Behältnissen* hat, wenn sich das Behältnis in einem fremden Herrschaftsbereich befindet. Hier unterscheidet die h.M.[29] danach, ob das *Behältnis frei bewegt* werden kann. Ist es fest mit einem Gebäude verbunden oder kann es nach Gewicht und Größe nur schwer bewegt werden, so besteht Alleingewahrsam des Schlüsselinhabers (z.B. bei Schließfächern, Spiel- und Warenautomaten, Panzerschränken usw.).

Kann dagegen der Behältnisverwahrer dieses selbständig und frei wegschaffen, so steht ihm Alleingewahrsam auch am Inhalt zu, selbst wenn er den Schlüssel nicht besitzt (z.B. bei Koffern, Sammelbüchsen, usw.).

Leitungsinhalt

Der Leitungsinhalt von Wasser- und Gasleitungen steht nach der Verkehrsanschauung bis zur Zähleruhr im Alleingewahrsam des Versorgungsunternehmens.

> **hemmer-Methode: Gehen Sie bei Problemen im Bereich des Gewahrsamsbegriffs vor allem auf den Sachverhalt ein!**
> **Nochmals: Die Anerkennung eines Rangverhältnisses einzelner Mitgewahrsamsinhaber untereinander ist für das Ergebnis ohne Belang, wenn ein Dritter, der keinen Mitgewahrsam innehat, die Sache wegnimmt. Der Mitgewahrsam ist also nur dann eingehend zu erörtern, wenn es darauf auch ankommt. Verärgern Sie den Korrektor nicht mit überflüssigen Ausführungen. Kommt es allerdings auf die Mitgewahrsamsdiskussion an, ist eine saubere Argumentation gefragt.**

d) Vollendung des Diebstahls

Vollendung des Diebstahls

Die Wegnahme und mithin die Tatbestandsverwirklichung des § 242 ist vollendet, wenn der Täter fremden Allein- oder Mitgewahrsam gebrochen und neuen Gewahrsam an der Sache begründet hat. Die Vollendung des Diebstahls kann in zweierlei Hinsicht problematisch sein. Zum einen ist es häufig in zeitlicher Hinsicht fraglich, ob bereits ein Gewahrsamswechsel stattgefunden hat. Zum anderen kann die Tatbestandsverwirklichung aber auch daran scheitern, dass es infolge eines *tatbestandsausschließenden Einverständnisses* an einem Gewahrsamsbruch fehlt.

aa) Gewahrsamswechsel

Gewahrsamswechsel

Neuer Gewahrsam ist begründet, wenn der Täter die tatsächliche Herrschaft über eine Sache derart erlangt hat, dass ihrer Ausübung keine weiteren, wesentlichen Hindernisse mehr entgegenstehen. Eine Präzisierung dieser etwas tautologisch anmutenden Formel ist anhand verschiedener Theorien versucht worden.

Theorien

So lässt die *Kontrektationstheorie* das Berühren der fremden Sache genügen, während die *Ablationstheorie* das Fortschaffen und die *Illationstheorie* das Bergen der Beute verlangt.

Apprehensionstheorie

Diese Theorien haben sich jedoch als zu starr und unfähig erwiesen, den Umständen des Einzelfalls ausreichend Rechnung zu tragen. Daher folgt die h.M.[30] der sog. *Apprehensionstheorie*, die ein zum Gewahrsamswechsel führendes „Ergreifen" verlangt.

---

[29]   Vgl. Sch-Sch-Eser, § 242, Rn. 34; BGHSt 22, 180 - 185 = **juris**byhemmer.

[30]   Vgl. BGHSt 16, 271 - 278 = **juris**byhemmer.

hemmer-Methode: Verfehlt wäre es, diesen Theorienstreit ausführlich zu erörtern. Folgen Sie der Apprehensionstheorie, die es Ihnen ermöglicht, die Umstände des Einzelfalls mittels einer genauen Sachverhaltsanalyse in die Klausurlösung einzubringen.

Bsp.: T ist im Hause des O zu einer Party eingeladen. Auf einer Kommode entdeckt er eine wertvolle Taschenuhr. Er steckt diese in seine Jackentasche. Als er wenig später das Haus verlassen will, kommen ihm Gewissensbisse, und er legt die Uhr wieder zurück an ihren Platz.

Die Frage nach dem Gewahrsamswechsel ist hier von entscheidender Bedeutung. Befände sich die Tat nämlich noch im Versuchsstadium, wäre der T strafbefreiend durch das Zurücklegen der Uhr nach § 24 I zurückgetreten.

Bei der Bejahung des Gewahrsamswechsels und damit der Vollendung könnte dagegen diese Handlung lediglich auf der Strafzumessungsebene Berücksichtigung finden.

Kleine Gegenstände

Im vorliegenden Fall ist eine Vollendung zu bejahen, da bei *kleinen Gegenständen* die erforderliche Sachherrschaftsbeziehung bereits durch das Einstecken hergestellt wird. Denn der vorherige Gewahrsamsinhaber kann auf Gegenstände, die sich in der Privatsphäre eines anderen befinden, nicht mehr ohne weiteres zugreifen. Ein strafbefreiender Rücktritt gem. § 24 I scheidet somit aus.

> **Life&Law:** Für die Frage des Wechsels der tatsächlichen Sachherrschaft ist entscheidend, dass der Täter diese derart erlangt, dass er sie ohne Behinderung durch den alten Gewahrsamsinhaber ausüben kann.

Problem: zufällige oder planmäßige Beobachtung

15

Problematisch ist, ob der Täter neuen Gewahrsam begründen kann, wenn er *beobachtet* wird. Insbesondere der Ladendiebstahl wird nicht selten von Angestellten oder Hausdetektiven beobachtet. Es gilt der Grundsatz, dass eine zufällige oder planmäßige Beobachtung die Begründung neuen Gewahrsams nicht hindert. Z.B. ist die Wegnahme vollendet, selbst wenn der Kaufhausdieb beim Einstecken des Diebesgutes von Sicherheitsbeamten mit Kameras überwacht wird. Hintergrund ist, dass auch dann nach der Verkehrsauffassung im fremden Machtbereich bereits der alte Gewahrsam schon beseitigt wird. Dies ist gerechtfertigt, weil die Körpersphäre mit einem Tabu umgeben ist und der ursprüngliche Gewahrsamsinhaber nach der Lebenserfahrung mit besonderem Widerstand rechnen muss, wenn er den Gegenstand wiedererlangen möchte (Schlagwort: Der Diebstahl ist *kein heimliches Delikt*).[31]

In besonders gelagerten Fällen kann es jedoch am Bruch fremden Gewahrsams fehlen (vgl. auch unten Rn. 16). So verhält es sich beispielsweise, wenn der Ladeninhaber den ihm bekannten Ladendieb endlich schnappen will, indem er diesem eine Falle stellt, wobei der Täter beobachtet und vor der Tür des Kaufhauses gefasst wird. Denn die Wegnahme ist vorliegend vom Berechtigten gerade gewollt. Somit hat er nach h.M. sein Einverständnis erteilt, so dass eine Wegnahme und damit ein vollendeter Diebstahl mangels „Gewahrsamsbruchs" ausscheidet. Der Täter handelte jedoch regelmäßig in Unkenntnis des Einverständnisses, was zu einer Strafbarkeit wegen untauglichen Diebstahlversuchs gem. §§ 242 I, II, 22, 23 I, 12 II führt.

Dagegen ist der Diebstahl bereits *vollendet*, wenn der Täter eine Sache aus einem Selbstbedienungsladen hinausträgt und beim Verlassen des Ladens ein Alarmsignal ausgelöst wird, weil die Sache mit einem elektromagnetischen Sicherungsetikett versehen ist.[32]

---

[31] Vgl. BGH, NStZ 1987, 71 = **juris**byhemmer.

[32] Vgl. BayObLG, JA 1995, 833 m.w.N. = **juris**byhemmer.

Derartige Sicherungsmaßnahmen dienen nur der Aufdeckung der bereits erfolgten Wegnahme. Sie sollen die Rückführung der entwendeten Sache an den Berechtigten ermöglichen und verhindern daher in aller Regel nur die Beendigung und nicht die Vollendung des Diebstahls.[33]

Verwirklichungsstufen beim Diebstahl

Unmittelbares Ansetzen zur Tat	Verwirklichung aller Tatbestandsmerkmale	Sicherung der Beute
Versuch, §§ 242 II, 22, 23 I	Vollendung, § 242 I	Beendigung der Tat

---

bb) Tatbestandsausschließendes Einverständnis

Tatbestandsausschließendes Einverständnis

Der Bruch fremden Gewahrsams setzt voraus, dass der Gewahrsam *ohne oder gegen den Willen* des Inhabers aufgehoben wird.

Ist der Gewahrsamsinhaber (nicht der Eigentümer!) mit der Wegnahme einverstanden, so liegt ein *tatbestandsausschließendes Einverständnis* vor. Dabei muss das Einverständnis nicht erklärt werden, der innere Wille des Gewahrsamsinhabers ist entscheidend.

hemmer-Methode: Beachten Sie die wichtige Abgrenzung von tatbestandsausschließendem Einverständnis und rechtfertigender Einwilligung. Ersteres kommt nur bei Delikten in Betracht, deren Tatbestand ein Handeln gegen bzw. ohne den Willen des Betroffenen voraussetzt. Dann entfällt bei der Zustimmung des Betroffenen bereits der Tatbestand, so dass es auf eine Einwilligung (Rechtfertigungsgrund!) gar nicht mehr ankommt.
Anders als bei der Einwilligung (subjektives Rechtfertigungselement erforderlich!) ist es beim Einverständnis unerheblich, ob der Täter in Kenntnis des Einverständnisses handelt. Weiß er nichts von einem tatsächlich vorliegenden Einverständnis, kommt nur ein strafbarer untauglicher Versuch in Betracht.

Fall: T wirft Falschgeld in den Zigarettenautomaten des O und nimmt die Ware mit.

Lösung:

(1.) Strafbarkeit nach § 242 I:

Da die Zigaretten aufgrund der Manipulation des T nicht wirksam gem. § 929 S. 1 BGB übereignet wurden, sind diese als fremde Sachen einzuordnen.

Zu prüfen ist ferner, ob T den Gewahrsam des O an den Tabakwaren ohne dessen Willen aufgehoben hat.

Grundsätzlich ist der Betreiber eines Warenautomaten damit einverstanden, dass Waren an Kunden ausgegeben werden.

16

Dieses Einverständnis kann jedoch nach der Verkehrsauffassung auch an *Bedingungen* geknüpft werden.[34] Nach h.M. ist der Inhaber eines Warenautomaten mit der Ausgabe der Waren nur für den Fall einverstanden, dass dieser ordnungsgemäß und mit echtem Geld bedient wird.[35] Im Fall liegt also kein Einverständnis und damit eine Wegnahme vor. T ist nach § 242 strafbar.

(2.) T hat darüber hinaus den Tatbestand des § 265a I 1.Var. („Erschleichen von Leistungen") erfüllt.[36] Wegen der ausdrücklichen Subsidiarität des § 265a wird T nur wegen Diebstahls bestraft. Zu beachten ist in diesen Fällen auch § 147 („Inverkehrbringen von Falschgeld").

> **hemmer-Methode: In den „Waren- und Spielautomatenfällen" müssen Sie regelmäßig zwei Problemkreise diskutieren: zum einen, ob die konkrete Sache überhaupt noch „fremd" ist. Zum anderen, ob überhaupt eine „Wegnahme" vorliegt. Sowohl die Übereignung als auch die Gewahrsamsübertragung erfolgen nach h.M. unter der Bedingung der äußerlich ordnungsgemäßen Bedienung des Automaten.**

cc) Abgrenzung Wegnahme – Vermögensverfügung

Anders als bei der *Wegnahme*, die ein Handeln *gegen bzw. ohne den Willen des Betroffenen* erfordert, setzt die i.R.d. § 263 zu prüfende *Vermögensverfügung* einen *täuschungsbedingten* Willens*entschluss* des Verfügenden voraus.

Exklusivitätsverhältnis

Die h.M. geht daher davon aus, dass § 242 und § 263 sich gegenseitig ausschließen. Die problematischen Einzelfälle zur Abgrenzung werden i.R.d. Ausführungen zum Betrug, vgl. Rn. 135 ff., dargestellt.

3. Subjektiver Tatbestand

Erfolgskupiertes Delikt

Der Diebstahl ist ein Delikt mit sog. *„überschießender Innentendenz"*, d.h. er setzt im subjektiven Tatbestand neben dem Vorsatz bezüglich aller Merkmale des objektiven Tatbestands ein „Mehr", nämlich die Absicht einer rechtswidrigen Zueignung des Täters, voraus. Häufig wird gerade im subjektiven Tatbestand des Diebstahls der Aufbau nicht beherrscht. Daher sei folgendes Aufbauschema nochmals vorangestellt:

17

Subjektiver Tatbestand:

a) Vorsatz bzgl. aller obj. Tatbestandsmerkmale

b) „Absicht, die Sache sich oder einem Dritten rechtswidrig zuzueignen":

   aa) Zueignungsabsicht (im Zeitpunkt der Wegnahme):

      (1) Gegenstand der erstrebten Zueignung

      (2) Die Zueignungskomponenten:

- Absicht (dolus directus 1. Grades) bezügl. einer zumindest vorübergehenden Aneignung
- Vorsatz (dolus eventualis) bezüglich einer dauerhaften Enteignung

   bb) Rechtswidrigkeit der erstrebten Zueignung (= objektives Tatbestandsmerkmal)

   cc) Mind. Eventualvorsatz bzgl. der Rechtswidrigkeit

---

[34]   SK-Hoyer, § 242, Rn. 54 m.w.N.

[35]   Vgl. OLG Celle, OLG St StGB § 242 Nr. 15; OLG Düsseldorf, NJW 2000, 158 - 159 (159) = **juris**byhemmer.

[36]   Nach anderer Ansicht sind Warenautomaten aus teleologischen Gründen kein taugliches Tatobjekt von § 265a. Siehe hierzu Rn. 187 sowie Fischer, § 265a, Rn. 11.

a) Vorsatz bzgl. aller objektiven Tatbestandsmerkmale

Probleme tauchen hier des Öfteren im Hinblick auf die Fremdheit der Sache auf. Bei diesem Tatbestandsmerkmal handelt es sich um ein sog. *normatives* Tatbestandsmerkmal, da die Frage der Eigentumsverhältnisse und damit der Fremdheit in einem anderen Gesetz erst näher definiert wird. Bei diesem Merkmal reicht es nicht aus, dass der Täter die Tatsachen kennt, aus denen sich die Fremdheit der Sache ergibt. Zusätzlich muss dieser den rechtlich-sozialen Bedeutungsgehalt des Tatumstandes nach Laienart richtig erfasst haben (sog. *Parallelwertung in der Laiensphäre*). Ist diese Voraussetzung nicht erfüllt, liegt ein vorsatzausschließender Tatbestandsirrtum i.S.d. § 16 I vor.

17a

hemmer-Methode: Den Besonderen Teil des Strafrechts kann man nicht isoliert lernen. Der vor die Klammer gezogene Allgemeine Teil wirkt sich stets auf die einzelnen Tatbestände aus, wie Sie hier exemplarisch am Tatbestandsirrtum sehen.
Beherzigen Sie daher unseren Grundsatz „Denken in Zusammenhängen". Zum Problem des Tatbestandsirrtums bei normativen Tatbestandsmerkmalen siehe ausführlich Hemmer/Wüst, Strafrecht AT II, Rn. 329 f.

b) Absicht, die Sache sich oder einem Dritten rechtswidrig zuzueignen

Bei der Zueignungsabsicht handelt es sich um ein spezielles subjektives Tatbestandsmerkmal. Die Zueignung muss gerade nicht tatsächlich (objektiv) eingetreten sein.

18

Es genügt vielmehr, dass der Täter sie beabsichtigt hat. Maßgeblicher Zeitpunkt für das Vorliegen der Zueignungsabsicht ist der Moment der Wegnahme (d.h. der Vollendung des Diebstahls).

Bevor auf die subjektiven Komponenten im Einzelnen eingegangen wird, muss zunächst geklärt werden, was nach h.M. Gegenstand der Zueignung ist.

aa) Gegenstand der beabsichtigten Zueignung

Gegenstand der Zueignung

Heftig umstritten i.R.d. § 242 ist seit jeher die Frage nach dem Zueignungsobjekt.

19

Dazu folgender typischer Einführungsfall:

T entwendet das Sparbuch des O, um 100 € abzuheben. Nachdem T 100 € abgehoben hat, bringt er, wie anfangs geplant, das Sparbuch wieder zurück. Hat T hinsichtlich der Entwendung des Sparbuchs einen Diebstahl begangen?

T könnte sich durch die Entwendung des Sparbuchs nach § 242 I strafbar gemacht haben. Fraglich ist, ob T vorsätzlich handelte hinsichtlich einer dauerhaften Enteignung des Sparbuchs, obwohl T dieses von Anfang an dem O zurückbringen wollte:

Substanztheorie

(1) Die ältere Rspr.[37] vertrat die sog. *Substanztheorie*. Danach muss sich der Täter die Sache selbst, also ihrer Substanz nach, zueignen wollen. Als Substanz kommt hier das Sparbuch und gerade nicht der darin verkörperte Wert in Betracht. Da T das Sparbuch selbst aber zurückbringen wollte, liegt nach dieser Ansicht im Einführungsfall keine Zueignungsabsicht vor.

---

[37]   RGSt. 4, 415.

Sachwerttheorie

(2) Die *Sachwerttheorie*[38] stellt dagegen auf die erstrebte Zueignung der Sache ihrem wirtschaftlichen Wert nach ab. Nach dieser Ansicht hat sich T zumindest den wirtschaftlichen Wert des Sparbuchs zueignen wollen.

Restriktiver Ansatz der Sachwerttheorie

Nach einem restriktiven Ansatz der Sachwerttheorie wird jedoch nicht jeder wirtschaftliche Vorteil erfasst, den man mit Hilfe der Sache erlangen kann.[39] Vielmehr muss der Vorteil in der Sache selbst angelegt sein (lat.: „lucrum ex re"). Nicht einbezogen ist das „lucrum ex negotio cum re", d.h. der Gewinn aus der bloßen Verwendung der Sache. Dies wird damit begründet, dass der Diebstahl gerade eine Straftat gegen das Eigentum, nicht aber ein Bereicherungsdelikt ist. Beim Sparbuch-Fall ist aber auch nach dem restriktiven Ansatz der Sachwerttheorie eine Zueignung des Sparbuches zu bejahen. Denn Sparbücher sind qualifizierte Legitimationspapiere. Dies bedeutet, dass die Bücher selbst das Guthaben verkörpern und damit die Möglichkeit, über das Geld zu verfügen.

Vereinigungstheorie

(3) Die heute herrschende *Vereinigungstheorie*[40] vereinigt die Substanztheorie und die restriktive Sachwerttheorie. Danach ist unter einer Zueignung zu verstehen, dass der Täter die *Sache selbst oder den in ihr verkörperten Sachwert* unter Ausschluss des Eigentümers dem eigenen Vermögen einverleibt.

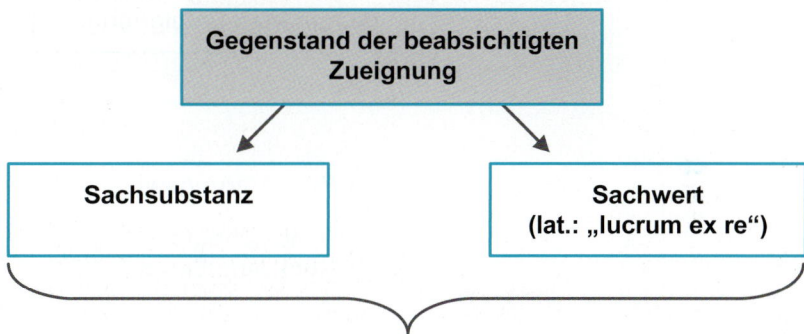

h.M.: Vereinigungstheorie

> **hemmer-Methode: Die Schwerpunkte richtig setzen!** Bringen Sie diesen Streit in voller Länge nur, wenn er für das Ergebnis relevant ist. Wenn der Täter die Substanz der Sache entzieht, dann langweilen Sie den Korrektor nicht mit Ausführungen zum Sachbegriff, da insoweit alle Ansichten zum selben Ergebnis führen. Beachten Sie außerdem: Anders als beim Sparbuch ist eine Verkörperung des Vermögenswerts bei einer ec-Karte hinsichtlich des Geldes auf dem Girokonto zu verneinen. Diese ist vielmehr mit einem „Schlüssel zum Geld" vergleichbar. Der Wert des Girokontos ist gerade nicht wie beim Sparbuch in der Sache selbst angelegt.[41] Dies zeigt sich augenfällig dadurch, dass – anders als beim Sparbuch – über das Geld auf dem Girokonto auch ohne die ec-Karte verfügt werden kann. Anders liegt der Fall hingegen bezüglich der Geldkartenfunktion einer ec-Karte: Hier wird Geld auf den Chip in der Karte „aufgebucht". Insoweit ist daher der konkrete Vermögenswert in der Karte selbst verkörpert. Ein Diebstahl kommt diesbezüglich nach der Vereinigungstheorie in Betracht.

bb) Die Zueignungskomponenten: Aneignung und Enteignung

Zueignung

Unter Zueignung versteht man nicht etwa Eigentumserwerb - dieser ist durch Diebstahl nach den §§ 929 ff. BGB gar nicht möglich -, sondern die *Anmaßung einer eigentümerähnlichen Herrschaftsmacht* über die Sache (lat.: „se ut dominum gerere"). Die Zueignung besteht aus zwei Elementen, der Aneignung und der Enteignung. Hinsichtlich dieser Komponenten gelten verschiedene subjektive Anforderungen.

20

---

[38]   Vgl. Nachweise bei Sch-Sch-Eser, § 242, Rn. 49.

[39]   Vgl. Sch-Sch-Eser, § 242, Rn. 49; zur Drittzueignung siehe unten, Rn. 23.

[40]   Seit RGSt 61, 233; zuletzt BGHSt 35, 152 - 163 = **juris**byhemmer.

[41]   Vgl. BGHSt 35, 152 - 163 = **juris**byhemmer; siehe auch den Beispielsfall unten Rn. 182.

(1) Aneignungskomponente

Aneignung

Unter *Aneignung* versteht man die Anmaßung einer eigentümerähnlichen Herrschaftsmacht mit dem Ziel, die Sache selbst oder den in ihr verkörperten Sachwert (vgl. Vereinigungstheorie) dem eigenen Vermögen einzuverleiben, sei es auch nur vorübergehend.

Wie bereits ausgeführt wurde, braucht die Zueignung und damit die einzelnen Komponenten nicht objektiv erfüllt zu sein, da es sich um ein rein subjektives Merkmal handelt. Hinsichtlich der Aneignungskomponente ist anerkannt, dass der Täter *Absicht im technischen Sinne* (dolus directus 1. Grades) aufweisen muss. Die Aneignung muss gerade Ziel seines Handelns sein.

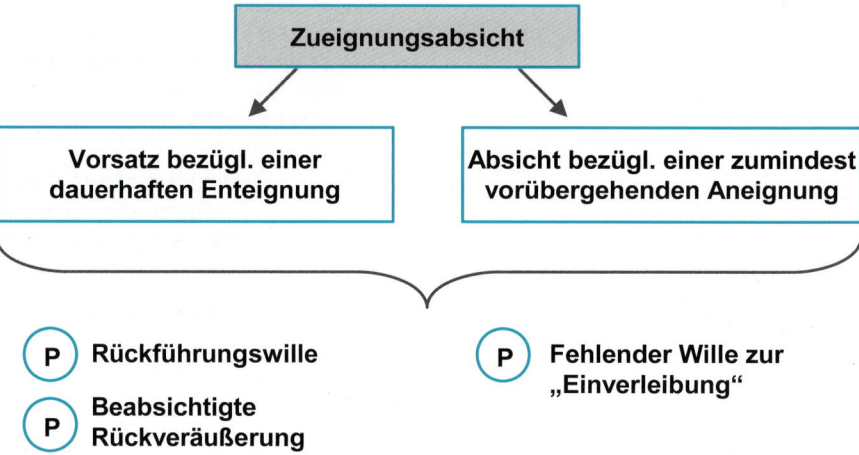

(a) Die Anmaßung der eigentümerähnlichen Verfügungsgewalt (lat.: se ut dominum gerere)

Anmaßung einer eigentümerähnlichen Verfügungsgewalt

Anhand dieses Definitionselements sollen die Fälle ausgegrenzt werden, bei denen der Täter zwar den Gegenstand an sich nimmt, jedoch nicht wie ein Eigenbesitzer auftritt und sich damit eben keine Eigentümerrechte anmaßt.

> *Bsp.: Der Bundeswehrsoldat S verliert seine Dienstmütze. Um einer Verlustmeldung aus dem Weg zu gehen, entwendet er seinem Kameraden K die Dienstmütze und benutzt diese, wie von Anfang an geplant, bis zum Ende des Wehrdienstes, wo er sie mit den anderen Ausrüstungsgegenständen in der Bekleidungskammer abgibt.*

> Der BGH[42] hat im vorliegenden Fall die Zueignungsabsicht verneint, da S sich keinerlei Eigentümerrechte anmaßte und die Mütze nie als ihm selbst, sondern stets als dem Bund gehörend besaß. Zudem wäre auch die Enteignungskomponente zu verneinen, weil S die Mütze der Bundeswehr wieder zurückgewähren wollte.

(b) Die Einverleibung in das eigene Vermögen

Einverleibung in das eigene Vermögen

An einer Einverleibung in das eigene Vermögen fehlt es insbesondere dann, wenn der Täter die Sache wegnimmt, um sie sofort danach zu zerstören oder wegzuwerfen.

> *Bsp.: Der Student S entwendet dem Professor P die von einem Kommilitonen eben angefertigte Klausur und zerreißt sie sofort, um diesem die Früchte seiner Leistung zu entziehen.*

---

42   Vgl. BGHSt 19, 387 - 389.

In diesem Fall scheitert der Diebstahl (§ 242) mangels beabsichtigter Aneignung. Allerdings kommt hier eine Sachbeschädigung (§ 303) in Betracht. Selbst wenn er die Klausur nicht zerstört, sondern zu Manipulationszwecken nur kurzfristig beiseite geschafft hätte, käme er nicht straflos davon. Einschlägig wäre der Verwahrungsbruch (§ 133) sowie die Urkundenunterdrückung (§ 274).

hemmer-Methode: Hüten Sie sich also davor, vorschnell eine straflose Sachentziehung anzunehmen und kommentieren Sie sich den § 274 und den § 133 an den Rand des § 242, soweit dies nach der für Sie maßgeblichen Prüfungsordnung erlaubt ist.

(2) Enteignungskomponente

Enteignung

Unter *Enteignung* versteht man die *Verdrängung des Eigentümers* aus seiner bisherigen Herrschaftsposition. Die erstrebte Enteignung muss - im Gegensatz zur Aneignung - *auf Dauer* angelegt sein.

Hinsichtlich der erstrebten dauernden Enteignung muss der Täter keine Absicht im technischen Sinne aufweisen, vielmehr genügt *dolus eventualis*.

Will der Täter eine Sache nach dem Eigengebrauch dem Eigentümer zurückgeben, so fehlt es an einem Vorsatz hinsichtlich einer dauernden Enteignung („Rückführungsfälle"). Durch die Enteignung wird der Diebstahl von der Gebrauchsanmaßung abgegrenzt.

Beabsichtigte Rückveräußerung an den Eigentümer

Besonderheiten bestehen allerdings, wenn der Täter dem Eigentümer die Sache wegnimmt und sie anschließend wieder an diesen zurückveräußert.

> *Fall: T stiehlt dem O auf einem Flohmarkt einen alten Teppich, um diesen wenig später wieder an O zu verkaufen. O kauft diesen Teppich eine Woche später auf dem nächsten Flohmarkt, ohne zu bemerken, dass es sich um seinen Teppich handelt.*
>
> *Nach h.M.[43] ist in derartigen Fällen § 242 erfüllt. Die Aneignung ist deswegen zu bejahen, weil der Täter durch den Verkauf deutlich manifestiert, dass er die Sache als Bestandteil seines Vermögens ansieht. Die Enteignungskomponente wird durch die Rückveräußerung an den Eigentümer ebenfalls nicht beeinträchtigt. Denn sie erfolgt nicht unter der Anerkennung einer fremden Berechtigung, sondern unter der Vortäuschung einer eigenen Berechtigung.*

Sog. Gebrauchsanmaßung

An der subjektiven Enteignungskomponente fehlt es hingegen bei der sog. bloßen Gebrauchsanmaßung (lat.: furtum usus). Diese ist - abgesehen von dem ausdrücklich subsidiären Sonderfall des § 248b und im Falle des § 290 (bitte lesen!) - straflos.

hemmer-Methode: Die Zueignungsabsicht muss zum Zeitpunkt der Wegnahme vorliegen. Beschließt der Täter, eine ohne Zueignungsabsicht entwendete Sache zu behalten, ist er nur wegen Unterschlagung (§ 246) strafbar. Umgekehrt: Nimmt der Täter eine Sache mit Zueignungsabsicht weg, gibt er sie später aber doch dem bisherigen Inhaber zurück, so bleibt er wegen § 242 strafbar. Die spätere Rückgabe wird allerdings in der Praxis regelmäßig zu einer Einstellung gem. §§ 153 ff. StPO führen oder jedenfalls auf der Ebene der Strafzumessung zu berücksichtigen sein.

Zur Verdeutlichung dieses Komplexes und der Schaffung des nötigen Bewusstseins für hier typischerweise auftauchende Probleme sollen folgende Fälle dienen:

21

---

[43] Vgl. BayObLG, MDR 1964, 776; Wessels, NJW 1965, 1156; a.A. Schröder, JR 1965, 27.

Ursprünglich kein Enteignungsvorsatz

Fall 1: T entwendet den Pkw des O für eine kleine „Spritztour", plant also zunächst, den Wagen nach dem Gebrauch zurückzugeben. Als er die Annehmlichkeiten des Pkws entdeckt, beschließt er, diesen für sich zu behalten.

Hier liegt lediglich ein Fall der Unterschlagung (§ 246) vor. Die Zueignungsabsicht wurde erst zu dem Zeitpunkt gefasst, als T den Wagen bereits weggenommen hatte.

Ursprünglicher Enteignungsvorsatz

Fall 2 (Abwandlung zu Fall 1): T plant in diesem Fall von vornherein, den Wagen nach der Spritztour einfach unverschlossen auf der einsamen Landstraße stehen zu lassen und es so dem Zufall zu überlassen, ob der O seinen Wagen wieder zurückbekommt. Dies führt er dann auch durch.

Hier hat sich T des Diebstahls (§ 242) schuldig gemacht. Er hatte bereits zur Zeit der Wegnahme die nötige Zueignungsabsicht.

Er wollte das Fahrzeug vorübergehend der eigenen Vermögenssphäre einverleiben (Aneignungskomponente) und hielt es unter billigender Inkaufnahme für möglich (dolus eventualis), dass das Fahrzeug dem O endgültig entzogen wird (Enteignungskomponente).

Exkurs zu den §§ 248b, 290

Gebrauchsanmaßung

Die Gebrauchsanmaßung (lat.: furtum usus) ist grundsätzlich straflos. Davon gibt es zwei Ausnahmen:

22

§ 248b schützt Gebrauchsrecht

§ 248b schützt das Gebrauchsrecht an Fahrrädern (!) und Kraftfahrzeugen. Dieses muss nach h.M.[44] nicht unbedingt dem Eigentümer zustehen. „Berechtigter" i.S.d. § 248b ist derjenige, dem das Recht zur Verfügung über den Gebrauch des Fahrzeugs zusteht.

Unter „Ingebrauchnehmen" ist nur der bestimmungsgemäße Gebrauch zum Zwecke der Fortbewegung zu verstehen. Jemand handelt z.B. nicht tatbestandsmäßig, wenn er in einem fremden Fahrzeug unbefugt übernachtet.

Umstritten und daher beliebtes Klausurproblem i.R.d. § 248b ist die Frage, ob auch derjenige, der an sich zum Gebrauch befugt ist, jedoch den Pkw weisungswidrig nutzt, aus § 248b bestraft werden kann.

Bsp.: Der LKW-Fahrer B wird von seinem Chef beauftragt, eine Lieferung von Bamberg nach Würzburg zu bringen. Er macht jedoch einen erheblichen Umweg über Nürnberg, wo er seine Freundin besucht.

Unbefugter Weitergebrauch

Fraglich ist die Strafbarkeit aus § 248b deswegen, weil B das Fahrzeug nicht ohne Gebrauchserlaubnis in Gebrauch genommen hat, sondern erst nach Aufnahme der Fahrt sich dem Willen des Berechtigten widersetzt hat („unbefugter Weitergebrauch").

Eine Ansicht leitet aus dem Wortlaut des § 248b („Ingebrauch*nehmen*") her, dass diese Konstellation gerade *nicht* von § 248b erfasst wird.[45] Die wohl h.M. bejaht hingegen beim unbefugten Weitergebrauch § 248b.[46] Dies wird mit dem Sinn und Zweck des § 248b begründet, der *jede Schwarzfahrt* verhindern wolle.

Beachten Sie auch, dass § 248b ausdrücklich subsidiär gegenüber anderen Tatbeständen, insbesondere den §§ 242, 246, ist.

---

44   Vgl. BGH, VRS 39, 199; Fischer, § 248b, Rn. 6; a.A. Sch-Sch-Eser, § 248b, Rn. 7.

45   Vgl. BayObLG, NJW 1953, 193, Rn.5.

46   Vgl. BGHSt 11, 47 - 52 (50) = **juris**byhemmer; BGH, GA 1963, 344; Fischer, § 248b, Rn. 4.

hemmer-Methode: Sie können bei der unbefugten Kfz-Benutzung stets mit dem Hinweis punkten, dass der aus dem Verbrauch resultierende Benzindiebstahl eine notwendige Begleittat der Gebrauchsanmaßung ist und daher durch eine Bestrafung nach § 248b mit abgegolten ist.[47] Denn andernfalls würde § 248b bezüglich des Tatobjekts „Kraftfahrzeug" nahezu leer laufen, da § 248b typischerweise durch den Diebstahl am verbrauchten Benzin verdrängt würde.

§ 290

§ 290 schützt den Eigentümer einer Sache vor deren Gebrauch durch einen *öffentlichen Pfandleiher*. Der Schutz vor *privaten* Pfandgläubigern ist gegen eine Gebrauchsanmaßung nur über das Zivilrecht gewährleistet (vgl. § 1217 BGB).

Exkurs Ende

Finderlohnfall

Fall 3: *Ede fängt die Katze des Anton aus dessen umzäunten Garten. Er möchte sie dem Anton als angeblicher Finder zurückgeben, um so Finderlohn zu kassieren. Hat sich Ede gem. § 242 I strafbar gemacht?*

Den objektiven Tatbestand des § 242 I hat Ede verwirklicht. Er hat dem Anton die sich in dessen Gewahrsam (genereller Gewahrsamswille!) befindliche und als Sache zu behandelnde Katze weggenommen.

Er handelte auch vorsätzlich. Problematisch ist allein, ob Ede auch den i.R.d. Zueignungsabsicht nötigen Enteignungsvorsatz aufweist. Sicher wollte Ede den Anton nicht hinsichtlich der Katze selbst enteignen. Nach der Vereinigungstheorie kann Objekt der Zueignungsabsicht jedoch auch der in der Sache verkörperte Sachwert sein. Der von Ede angestrebte Finderlohn ist jedoch nach h.M.[48] kein mit der Sache nach ihrer *Art und Funktion* verbundener *spezifischer* Sachwert, der Gegenstand des Zueignungsdelikts sein könnte.

Mangels Zueignungsabsicht scheidet daher § 242 I aus. Zu prüfen und zu bejahen wären jedoch die §§ 123 I, 263 I.

Fall 4 (Abwandlung zu Fall 3): *Ede färbt nun das eigentlich weiße Fell der gefangenen Katze schwarz ein. Er bietet sie sodann dem Eigentümer Anton in der zutreffenden Erwartung, dass er die Katze nicht als seine erkenne, zum Kauf an. Anton kauft die Katze.*

Strafbarkeit des Ede nach § 242 I?

Eigentumsleugnung

Es fragt sich, ob die Zueignungsabsicht zu bejahen ist. Dies ist hier nach wohl h.M. der Fall.[49] Hinsichtlich der Aneignungsabsicht führt schon die Substanztheorie zu diesem Ergebnis, da Ede die Katze vorübergehend als Bestandteil seines eigenen Vermögens behandelt.

Aber auch der Enteignungsvorsatz ist bei der sog. *Eigentumsleugnung* zu bejahen. Zwar bekommt Anton die Katze zurück, aber gerade nicht unter Anerkennung seiner Eigentümerbefugnis, sondern unter Vortäuschung derselben durch den Ede (wesentlicher Unterschied zu Fall 3).

Somit liegt Enteignungsvorsatz hinsichtlich des mit der Katze typischerweise verbundenen *Veräußerungs(sach)werts* vor. Ede ist also gem. § 242 I zu bestrafen.[50]

---

[47] Vgl. Lackner/Kühl, § 248b, Rn. 6; Gesetzeskonkurrenz bzw. teleologische Reduktion des § 242 in diesem Fall.

[48] Vgl. Krey, BT-2, Rn. 69: verneint den von ihm geforderten „lucrum ex re".

[49] Vgl. Krey, BT-2, Rn. 74.

[50] Zu Grenzen des Sachwertgedankens vgl. die Beispiele bei Krey, BT-2, Rn. 75 ff.

Life&Law: Bei der Wegnahme von Einheitsflaschen, die von unbestimmt vielen Herstellern verwendet werden und bei denen das Eigentum an der Flasche und am Inhalt auf allen Vertriebsstufen auf den jeweils nächsten Erwerber übergeht, ist Zueignungsabsicht i.S.v. § 242 I StGB zu bejahen, wenn der Täter bei zutreffender Einschätzung der Eigentumslage in der Absicht handelt, das dem Eigentümer entwendete Pfandleergut gegen Erstattung des Pfandbetrages in das Pfandsystem zurückzugeben. In diesem Fall beabsichtigt er, sich wie ein Eigentümer des Pfandleerguts zu gerieren und die Eigentümerstellung des wahren Eigentümers zu leugnen.

Bei Wegnahme von Individualflaschen, die in den Vertrieb gelangt sind, aber gleichwohl im Eigentum des Herstellers/Abfüllers verbleiben, liegt Zueignungsabsicht nicht vor, wenn der Täter – was die Ausnahme sein dürfte – die Eigentumslage richtig einschätzt und durch die Rückgabe der Individualflaschen das Eigentumsrecht des Herstellers/Abfüllers deshalb nicht leugnen will, sondern dieses anerkennt. In diesem Fall maßt er sich weder eine eigentümerähnliche Stellung an, noch ist sein Vorsatz darauf gerichtet, den Eigentümer dauerhaft zu enteignen.[51]

Zusammenfassung: Die Zueignungsabsicht i.S.d. § 242 I liegt vor, wenn der Täter die Sache wegnimmt, um sie unter Anmaßung einer eigentümerähnlichen Verfügungsgewalt zu eigenen Zwecken zumindest vorübergehend der eigenen Vermögenssphäre einzuverleiben (Aneignungskomponente: dolus directus 1. Grades erforderlich) und zumindest bedingt vorsätzlich handelt, was die endgültige Ausschließung des Eigentümers von der Verfügungsgewalt über die Sache betrifft (Enteignungskomponente: dolus eventualis ausreichend).

cc) Drittzueignung

Drittzueignung

§ 242 verlangt, dass der Täter in der Absicht handelt, *sich oder einem Dritten* die Sache zuzueignen.   **23**

Dazu folgender Fall: T bittet seinen Freund W, er möge ihm doch den Schirm des O vorbeibringen, da er ihn für einen Tagesausflug benötige. W, der einen Schlüssel für die Wohnung des O hat, erfüllt dem T diese Bitte. T behält daraufhin den Schirm des O, wie von vornherein beabsichtigt, für sich. W war davon ausgegangen, dass T den Schirm wieder zurückbringen würde.

(1) Strafbarkeit des W

Eine Strafbarkeit des W aus § 242 kommt nicht in Betracht. Zwar weiß W, dass er eine fremde, bewegliche Sache wegnimmt, weswegen der Vorsatz bezüglich des objektiven Tatbestands bejaht werden kann. Die Zueignungsabsicht kann jedoch aufgrund der fehlenden Enteignungskomponente nicht bejaht werden, da W von einer Rückführung des Schirms an den Eigentümer ausging.

(2) Strafbarkeit des T?

Für T kommt Diebstahl in mittelbarer Täterschaft, §§ 242, 25 I Alt. 2, in Betracht.   **24**

(a) Die h.M.[52] bedient sich hier der Figur des „absichtslos-dolosen Werkzeugs": Da W ohne die für § 242 erforderliche Zueignungsabsicht gehandelt habe, komme er als Tatmittler für T in Betracht. Der Hintermann T – der Zueignungsabsicht hatte – beherrsche dadurch „rechtlich" die Tat (Lehre von der normativen Tatherrschaft). Damit wäre T nach §§ 242, 25 I Alt. 2 strafbar.

---

[51]   Vgl. BGH, Beschluss vom 10.10.2018 – 4 StR 591/17 = **Life&Law 02/2019, 99 – 106** = jurisbyhemmer.

[52]   Siehe dazu Sch-Sch-Eser, § 242, Rn. 58.

(b) Nach anderer Ansicht ist die Figur des „absichtslos-dolosen Werkzeugs" mit der Tatherrschaftslehre unvereinbar. Die Tatherrschaft als Instrumentarium des Allgemeinen Teils könne nicht „deliktsspezifisch" ausgelegt werden. Gemeint ist damit, dass die Tatherrschaft unabhängig von Besonderheiten einzelner Tatbestände – wie z.B. spezifische Absichten – zu bestimmen sei. Nach dieser Ansicht hat W das Tatgeschehen vollständig beherrscht. Die bei ihm fehlende Zueignungsabsicht spielt insoweit keine Rolle. Eine mittelbare Täterschaft kommt dann aber bei T nicht in Betracht. T ist allerdings wegen Unterschlagung gem. § 246 zu bestrafen, weil er den Schirm für sich behält.

Neben der Absicht, sich die Sache zuzueignen, kommt nach dem Gesetzeswortlaut auch eine Drittzueignungsabsicht in Betracht. Dabei stellt sich teilweise das Problem, beide Absichten voneinander abzugrenzen. Dies ist etwa dann der Fall, wenn der Täter von vornherein beabsichtigt, die Sache an einen Dritten weiterzugeben.

Häufig behandelt wird insoweit der Fall, dass der Täter eine Sache entwendet, um sie anschließend einem Dritten zu schenken. Teilweise wird vertreten, insoweit sei eine Absicht, sich die Sache selbst zuzueignen, anzunehmen.[53] Entscheidend sei, dass der Täter durch die unentgeltliche Zuwendung an den Dritten die Anmaßung einer eigentümerähnlichen Verfügungsgewalt zum Ausdruck bringe (lat.: se ut dominum gerere). Wer sich auf Kosten des Bestohlenen freigiebig zeige, erspare sich Aufwendungen aus dem eigenen Vermögen. Andere vertreten die Auffassung, dass es sachgerechter sei, bei derartigen Fällen auf die Drittzueignung abzustellen.

hemmer-Methode: Sprechen Sie diesen Streit nur kurz in der Klausur an, wenn jedenfalls eine der beiden Absichten unproblematisch vorliegt.

dd) Rechtswidrigkeit der erstrebten Zueignung

Objektive Rechtswidrigkeit der erstrebten Zueignung

(1) Die erstrebte Zueignung muss *objektiv rechtswidrig* sein. Es handelt sich hier nicht um das allgemeine Verbrechensmerkmal „Rechtswidrigkeit". Das ausnahmsweise im subjektiven Tatbestand zu prüfende objektive Tatbestandsmerkmal Rechtswidrigkeit muss sich auf die erstrebte Zueignung, nicht auf den Diebstahl an sich beziehen. Damit fehlt es an einer rechtswidrigen Zueignung, wenn der Täter auf den betreffenden Gegenstand zum Zeitpunkt der Tat einen *fälligen und einredefreien Übereignungsanspruch* hat.

> *Fall: A hat bei T Schulden in Höhe von 100 €. T trifft A zufällig, nimmt ihm die Brieftasche weg und holt sich einen 100 €-Schein heraus. Dann gibt T dem A die Brieftasche zurück.*
>
> *Strafbarkeit des T nach § 242?*
>
> Lösung:
>
> Fraglich ist hier nur die Rechtswidrigkeit der beabsichtigten Zueignung.
>
> Bei *Speziesschulden* (Stückschulden) hat der Täter einen Übereignungsanspruch auf eine ganz bestimmte Sache. Bei *Gattungsschulden* gilt, dass der Täter keinen Anspruch auf einen bestimmten Gegenstand aus der Gattung hat.
>
> Dem Schuldner steht insofern gem. § 243 BGB ein Auswahlrecht darüber zu, welche konkrete Sache er übereignen will. Eine Zueignung einer vom Täter eigenmächtig „ausgewählten" Gattungssache ist also insoweit rechtswidrig.

25

---

[53]   Vgl. Jäger, Diebstahl nach dem 6 Strafrechtsreformgesetz – Ein Leitfaden für Studium und Praxis, JuS 2000, 651 - 657; OLG Düsseldorf, JZ 1986, 203 - 204.

Umstritten ist dies im Fall von *Geldschulden*:

26

(a) Nach der Rspr.[54] sind auch Geldschulden als Gattungsschulden zu behandeln. Die Zueignung ist deshalb rechtswidrig, da dem Täter kein Anspruch auf gerade die weggenommenen Geldscheine zusteht. Unterlag T insofern keinem Irrtum (was jedoch nahe liegend ist; zur Problematik siehe sogleich), ist er nach der Rspr. gem. § 242 zu bestrafen.

(b) Die a.A.[55] dagegen nimmt an, dass Geldschulden als sog. Wertsummenverbindlichkeit eine Sonderstellung einnehmen (*Wertsummentheorie*). Das bei Gattungsschulden verletzte Auswahlrecht des Schuldners sei bei Geldschulden ohne Bedeutung. Das Interesse fixiere sich allein auf den Geldwert und nicht auf den jeweiligen Wertträger (Geldschein, Geldstück).

Dies sei auch kein Verstoß gegen das Analogieverbot aus Art. 103 II GG: Die Wertsummentheorie führe (anders als i.R.d. § 259[56]) hier zu einer Analogie zugunsten des nicht zu bestrafenden Täters. Dies verbiete Art. 103 II GG nicht. Nach dieser Ansicht entfällt die Rechtswidrigkeit der Zueignung. Eine Strafbarkeit des T wäre deshalb zu verneinen.

(c) Der Rspr. ist mit dem Argument zu folgen, dass durch die Anwendung der Wertsummentheorie § 242 im Hinblick auf Geld zu einem Vermögensdelikt degeneriert und das Interesse an dem konkreten Gegenstand nicht ausreichend geschützt sei.

Vorsatz

(2) Der Täter muss bzgl. der objektiven Rechtswidrigkeit der beabsichtigten Zueignung auch mindestens eventual-vorsätzlich handeln.

Irrtum

Besondere Probleme entstehen, wenn der Täter im Bereich der Rechtswidrigkeit der Zueignung einem Irrtum unterliegt:

27

(a) Da die Zueignung objektiv rechtswidrig sein muss, kommt nur eine Strafbarkeit wegen untauglichen Versuchs des Diebstahls in Betracht, wenn der Täter einen fälligen Übereignungsanspruch (etwa aufgrund eines Vermächtnisses, § 2174 BGB) hat, dies aber nicht weiß.

(b) Schwieriger ist die Lage, wenn die erstrebte Zueignung dagegen tatsächlich objektiv rechtswidrig ist.

> *Fall: T glaubt, er habe einen Kaufvertrag mit Verkäufer V abgeschlossen und auch bereits gezahlt. In Wirklichkeit war der Vertragsabschluss aber an unterschiedlichen Preisvorstellungen gescheitert. T nimmt dem V die angebliche Kaufsache weg, als dieser sie nicht herausgeben will.*

> *Strafbarkeit des T?*

> Lösung:

> T nahm irrig an, er habe einen fälligen und einredefreien Übereignungsanspruch, er irrte also über die Rechtswidrigkeit der beabsichtigten Zueignung. Es liegt insoweit ein Tatbestandsirrtum vor, da die Rechtswidrigkeit der Zueignung ein im subjektiven Tatbestand zu prüfendes objektives Tatbestandsmerkmal ist. Daher ist der notwendige Rechtswidrigkeitsvorsatz bei einem wesentlichen Tatbestandsirrtum gem. § 16 I zu verneinen.

> T hat sich nicht gem. § 242, u.U. aber wegen § 240 strafbar gemacht.

Irrtum über Selbsthilferecht

Nimmt der Täter dagegen an, dass sein Vorgehen etwa unter Selbsthilfegesichtspunkten erlaubt sei (was regelmäßig nicht der Fall ist, da § 229 BGB lediglich ein Sicherungsrecht und kein Befriedigungsrecht gibt), so liegt ein Verbotsirrtum, § 17, vor. Dann hängt die Strafbarkeit von den strengen Voraussetzungen der Vermeidbarkeit des Irrtums ab.

---

[54]　Vgl. BGHSt 17, 87 - 94 = **juris**byhemmer.

[55]　Näher Ebel, Die Zuordnung von Geldzeichen, JZ 1983, 175 - 184.

[56]　Vgl. unten Rn. 215.

In diesem Bereich ist der unter Rn. 25 geschilderte Fall beliebtes Klausurthema: Der Geldgläubiger nimmt seinem Schuldner einen Geldbetrag weg, der der Höhe nach von seiner Forderung gedeckt ist. Nach der Rspr. ist die beabsichtigte Zueignung objektiv rechtswidrig. Die Rspr. pflegt dann allerdings dem Täter „eine Brücke zum Tatbestandsirrtum zu bauen".[57] Nach ihrer Ansicht glaubt der Täter bei der eigenmächtigen Durchsetzung von Geldforderungen in aller Regel, die im Besitz des Schuldners befindlichen Geldmittel als die ihm unmittelbar geschuldeten beanspruchen zu dürfen.[58]

Vertretbar ist es im Fallbeispiel unter Rn. 25 auch, den Schwerpunkt in einer fehlerhaften Bewertung der zivilrechtlichen Lage zu sehen. Dann käme eine Straflosigkeit des Täters in Betracht, wenn man zu seinen Gunsten einen unvermeidbaren Verbotsirrtum gem. § 17 annimmt.

Dafür spricht, dass selbst unter Juristen strittig ist, wie Geldschulden zivilrechtlich zu behandeln sind und dem Laien damit eine andere als die herrschende Meinung zuzugestehen ist. Eine Strafbarkeit des T scheidet damit nach beiden Auffassungen aus (entweder über § 16 I oder als unvermeidbarer Verbotsirrtum gem. § 17).

Abgrenzungsproblematik bei Irrtum

Im Einzelnen kann also fraglich sein, welche Art von Irrtum vorliegt. Schwierig ist die Abgrenzung deshalb, weil es sich bei der „Fremdheit" der Sache und der „Rechtswidrigkeit" der Zueignung um sog. *normative Tatbestandsmerkmale* handelt (im Gegensatz zu den deskriptiven Tatbestandsmerkmalen). Hier muss der Täter nicht nur alle tatsächlichen Umstände richtig erfassen, sondern auch eine zutreffende rechtliche Bewertung derselben treffen.

Vom Täter kann natürlich nicht erwartet werden, dass er – etwa wie der Richter – eine exakte juristische Bewertung eines Sachverhalts trifft. Es genügt, wenn der Täter nach einer *Parallelwertung in der Laiensphäre* den Sachverhalt in seinem rechtlich-sozialen Bedeutungsgehalt richtig erfasst.

27a

(3) Bei der erstrebten Drittzueignung entfällt die Rechtswidrigkeit der Zueignung stets dann, wenn der Täter *oder* der Dritte einen fälligen und einredefreien Anspruch auf Übereignung der Sache hat.[59]

4. Rechtswidrigkeit

Abgrenzung: Rechtswidrigkeit / rechtswidrige Zueignungsabsicht

28

Vom Tatbestandsmerkmal der „Absicht rechtswidriger Zueignung" ist die *Rechtswidrigkeit des Diebstahls* insgesamt zu unterscheiden.

Diese kann ausnahmsweise entfallen, wenn die allgemeinen Rechtfertigungsgründe vorliegen. So ist z.B. ein Arzt, der fremdes Verbandsmaterial entwendet, um einem Verletzten zu helfen, nach § 904 BGB gerechtfertigt. Regelmäßig stellen sich insoweit allerdings keine besonderen diebstahlsbezogenen Probleme.

II. Besonders schwerer Fall des Diebstahls, § 243

1. Übersicht

Strafzumessungsregel

29

§ 243 enthält eine *Strafzumessungsregel* für einen besonders schweren Fall des Diebstahls. Strafzumessungsregeln sind gerade keine (privilegierten oder qualifizierten) Straftatbestände, ihre Schärfungen bzw. Milderungen bleiben gem. § 12 III für die Einteilung in Verbrechen und Vergehen außer Betracht.

---

57   Vgl. Krey, BT-2 Rn. 98.

58   Vgl. nur BGH, NStZ 1988, 216 = **juris**byhemmer.

59   Vgl. Krey, BT-2, Rn. 95a.

Daher dürfen die Merkmale des § 243 I S. 2 nicht im objektiven Tatbestand geprüft werden. Die strafschärfenden Umstände als solche sind im Anschluss an die Schuldfrage zu prüfen.

hemmer-Methode: Fehler in diesem Bereich wiegen schwer. Wenn Sie im objektiven Tatbestand neben dem Tatbestand des § 242 I auch die Merkmale des § 243 I S. 2 prüfen, vermitteln Sie dem Korrektor, dass Sie die Natur des § 243 als Strafzumessungsregel nicht verstanden haben.

Auch ein Teilnehmer wird wegen Teilnahme an den §§ 242, 243 – also z.B. wegen Beihilfe zu einem Diebstahl in einem besonders schweren Fall – bestraft, sofern er die erschwerenden objektiven Tatumstände kennt.

§ 243 I S. 2 folgt der Regelbeispieltechnik. Das bedeutet im Einzelnen:

Regelbeispiel (+), dann Vorliegen eines bes. schweren Falles indiziert

Die Regelbeispiele des § 243 I S. 2 Nr. 1 - 7 haben im Gegensatz zu Qualifikationstatbeständen *weder abschließenden noch zwingenden* Charakter (vgl. Wortlaut: „in der Regel"). Hat der Täter jedoch ein Regelbeispiel erfüllt, so ist das Vorliegen eines besonders schweren Falles indiziert und muss nicht näher begründet werden. Dabei muss sich der Vorsatz des Täters auch auf das Regelbeispiel beziehen. Im Ergebnis wird § 243 I also doch wie ein Tatbestand objektiv und subjektiv geprüft, wenngleich § 243 zweifellos kein Tatbestand ist (s.o.). § 16 ist daher nicht unmittelbar, sondern nur analog anwendbar. (Kein Verstoß gegen das Analogieverbot aus Art. 103 II GG, da Analogie *zugunsten* des Täters).

hemmer-Methode: Im Schrifttum wird die Regelbeispieltechnik kritisiert. Zuzugeben ist jedenfalls, dass der nicht zwingende Charakter der Strafzumessungsvorschrift mit dem Bestimmtheitsgrundsatz (Art. 103 II GG) in Konflikt gerät, wenn die Verurteilung wegen eines besonders schweren Falles aufgrund eines unbenannten Falles möglich ist. Andererseits kann so jeder Einzelfall flexibel gehandhabt werden. Wohl auch wegen dieser verfassungsrechtlichen Bedenken wird in der Praxis von der Möglichkeit der Annahme eines unbenannten Falles selten Gebrauch gemacht. In der Klausur brauchen Sie sich mit dieser Problematik nicht auseinanderzusetzen. Dort geht es regelmäßig nur um die saubere Subsumtion der einzelnen Merkmale. Ist § 243 I S. 2 nach Ihren Überlegungen erfüllt, können Sie im Ergebnis eine Strafbarkeit wegen Diebstahls in einem besonders schweren Fall feststellen.

Da die Regelbeispiele eben nicht abschließend und zwingend sind, ist es trotz Vorliegens der Voraussetzungen eines Regelbeispiels möglich, dass bei Vorliegen „besonderer Umstände, die das Unrecht der Tat oder die Schuld des Täters ganz wesentlich mindern", ein besonders schwerer Fall entfällt.[60]

Andererseits kann auch ohne die Voraussetzungen eines Regelbeispiels dann ein besonders schwerer Fall vorliegen, wenn Unrecht und Schuld der Tat gegenüber dem Durchschnittsfall des Diebstahls wesentlich erhöht sind.

2. Die wichtigsten Regelbeispiele

Am häufigsten wird **§ 243 I S. 2 Nr. 1** einschlägig sein:

Umschlossener Raum

Umschlossener Raum ist jedes Raumgebilde, das (zumindest auch) zum Betreten durch Menschen bestimmt und mit Vorrichtungen versehen ist, die das Eindringen von Unbefugten abwehren sollen.[61]

---

[60]   Vgl. BGHSt 29, 319 - 325 = **juris**byhemmer; OLG Düsseldorf, JR 2000, 212 - 214 = **juris**byhemmer.

[61]   Vgl. BGHSt 1, 158 - 168 (164).

Einbrechen

„*Einbrechen*" setzt ein *gewaltsames Öffnen* der dem Eintritt in den geschützten Raum entgegenstehenden Umschließungen voraus. Notwendig ist hier eine nicht ganz unerhebliche Kraftentfaltung, ohne dass damit eine Substanzverletzung verbunden sein müsste.[62] Der Täter muss den gewaltsam geöffneten Raum nicht betreten, es genügt, wenn er hineingreift.[63]

Life&Law: Häufig verwirklicht der Täter beim sog. Einbruchdiebstahl gleichzeitig einen Hausfriedensbruch, § 123 I, und eine Sachbeschädigung, § 303 I. Umstritten ist, wie diese Delikte sich auf Konkurrenzebene zum Diebstahl in einem besonders schweren Fall verhalten. Eine in der Literatur bisher weit verbreitete Meinung geht davon aus, dass diese regelmäßig bei der Verwirklichung der Regelbeispiele nach § 243 I S. 2 Nr. 1 bzw. Nr. 2 als typische Begleittaten konsumiert werden.[64]

Diese Ansicht ist auf Widerspruch gestoßen. Nur Tatbestände könnten miteinander konkurrieren, nicht jedoch ein Tatbestand mit dem Regelbeispiel einer anderen Strafvorschrift.[65] Deshalb habe die Verwirklichung eines Regelbeispiels für die Konkurrenz von Tatbeständen außer Betracht zu bleiben. Zudem gehe der Diebstahl in einem besonders schweren Fall nach § 243 I S. 2 Nr. 1 nicht typischerweise mit einer Sachbeschädigung oder einem Hausfriedensbruch einher, so dass insoweit eine Konsumtion ausscheide.

Der BGH hat sich dieser letztgenannten Auffassung grundsätzlich zugeneigt. Im konkreten Fall begründete der BGH das Ausscheiden der Konsumtion der Sachbeschädigung zudem damit, dass diese aufgrund des daraus entstandenen hohen materiellen Schadens nicht in ihrem Unrechtsgehalt durch den nachfolgenden Diebstahl aufgezehrt sei.[66]

---

hemmer-Methode: Die Entscheidung des BGH ist für das Examen von Bedeutung! Bewahren Sie sich auch immer einen Seitenblick auf Konkurrenzprobleme. Die ordentliche Prüfung der Konkurrenzen rundet die Klausur ab und gehört zu einer guten Arbeit.

Einsteigen

„*Einsteigen*" bedeutet das Betreten des Raumes auf einem dafür nicht bestimmten Wege unter Entfaltung einer gewissen Geschicklichkeit oder Kraft. Ein „Hinaufsteigen" ist nicht nötig, es genügt vielmehr auch ein „Sich-Hinablassen", Hineinkriechen etc.[67]

falscher Schlüssel

Im Rahmen des „*Eindringens mit Hilfe eines falschen Schlüssels oder eines anderen nicht zur ordnungsgemäßen Öffnung bestimmten Werkzeuges*" ist meist fraglich, ob ein falscher Schlüssel vorliegt. Dies wird angenommen, wenn ein Schlüssel zur Tatzeit vom Berechtigten nicht oder nicht mehr zur Öffnung bestimmt ist.[68]

Ein dem Berechtigten entwendeter Originalschlüssel ist demnach erst dann ein falscher Schlüssel in diesem Sinne, wenn er vom Berechtigten „entwidmet" wurde; diese Willensänderung muss nach Ansicht der Rspr. aber nicht notwendig für den Täter erkennbar sein, sondern tritt schon durch bloße Entdeckung des Diebstahls des Schlüssels ein.[69]

---

[62]   Vgl. BGH, NJW 1965, 389.

[63]   Vgl. OLG Düsseldorf, JZ 1984, 684.

[64]   Vgl. Sch-Sch-Eser, § 243, Rn. 59.

[65]   Vgl. BGH, NStZ 1998, 91 - 92 (92) = **juris**byhemmer; BGH, NJW 2000, 226 - 229 = **juris**byhemmer; Gössel in: FS für Tröndle, S. 363 (366).

[66]   Vgl. BGH, NJW 2002, 150 - 152 = **juris**byhemmer; ausführlich dazu **Life&Law 02/2002, 100 - 106**.

[67]   Vgl. Fischer, § 243, Rn. 6.

[68]   Vgl. BGHSt 13, 15 - 16; BGHSt 14, 291 - 293 = **juris**byhemmer; BGHSt 21, 189 - 191 = **juris**byhemmer.

[69]   Vgl. BGHSt 21, 189 - 191 = **juris**byhemmer; BayObLG, NJW 1987, 663 - 665.

Bsp.: Nach h.M. ist eine konkludente Entwidmung für solche Schlüssel anzunehmen, die ein Mieter beim Auszug ohne Wissen des Vermieters behält.[70] Diese Schlüssel werden bereits mit dem Auszug „falsch".

Wichtig ist aber auch **§ 243 I S. 2 Nr. 2:**

Behältnis ist ein zur Aufnahme von Sachen dienendes und sie umschließendes Raumgebilde, das *nicht* dazu bestimmt ist, von Menschen betreten zu werden.[71]

hemmer-Methode: Beachten Sie den entscheidenden Unterschied zwischen Nr. 1 und Nr. 2: Der umschlossene Raum muss im Gegensatz zu dem verschlossenen Behältnis gerade von Menschen betreten werden können.

Verschlossen ist das Behältnis, wenn sein Inhalt durch ein Schloss, eine sonstige technische Schließvorrichtung oder auf andere Weise gegen einen ordnungswidrigen Zugriff von außen gesichert ist.

Die Sache muss zudem gegen Wegnahme besonders gesichert sein. Dies ist u.a. dann nicht der Fall, wenn die Vorrichtung nur vor Verlust oder dem Auseinanderfallen der Sache schützen soll. Folglich fällt auch die Entwendung von Sachen, die durch eine *elektromagnetische Sicherungsetikettierung* geschützt sind, nicht unter § 243 I S. 2 Nr. 2. Die Sicherungsetikettierung dient schließlich nur der Aufdeckung eines bereits begangenen Diebstahls.

Gewerbsmäßig i.S.v. § 243 I S. 2 Nr. 3 handelt, wer sich aus der wiederholten Tatbegehung eine fortlaufende Einnahmequelle von einigem Umfang und einer gewissen Dauer verschaffen will.[72]

Die Gewerbsmäßigkeit ist ein täterbezogenes Merkmal, so dass nach h.M. § 28 II analog angewandt wird. Im Falle der Beteiligung kann es daher zu einer Tatbestandsverschiebung zugunsten des Teilnehmers kommen.

hemmer-Methode: Für diese wichtigsten Fälle sollten Sie die Definitionen parat haben. Die anderen Fälle sind weniger examensrelevant bzw. bereiten weniger Auslegungsschwierigkeiten. Achten Sie darauf, dass der „Wohnungseinbruch" nicht unter § 243 I S. 2 Nr. 1 fällt, sondern eine Qualifikation gem. § 244 I Nr. 3 bzw. (bei einer dauerhaft genutzten Privatwohnung) § 244 IV darstellt. Falls dieses Qualifikationsmerkmal erfüllt ist, sollten Sie nicht mehr auf § 243 I S. 2 Nr. 1 eingehen.

3. § 243 und Versuch

Versuch

Die Regelbeispiele des § 243 haben sowohl für den vollendeten als auch für den versuchten Diebstahl Bedeutung.

30

Fall 1: T möchte eine wertvolle Kamera aus dem PKW des E stehlen. Er bricht daher mit einem Brecheisen die Fahrertür auf. Als T sich daran macht, die Kamera wegzunehmen, wird er von E überrascht, der ihn an der weiteren Tatausführung hindert.

Lösung:

(1) T könnte sich wegen eines versuchten Diebstahls in einem besonders schweren Falle, §§ 242 II, 22 i.V.m. § 243 I S. 2 Nr. 1, strafbar gemacht haben.

(a) Mangels Wegnahme wurde der Diebstahl nicht vollendet, der Versuch ist gem. § 242 II strafbar.

---

70 Vgl. BGHSt 21, 189 - 191 = **juris**byhemmer.

71 Vgl. BGHSt 1, 158 - 168 (163) = **juris**byhemmer.

72 Vgl. BGHSt 1, 383 - 384.

(b) Tatentschluss

T hatte Vorsatz hinsichtlich der Wegnahme einer fremden beweglichen Sache. Er handelte in der Absicht, sich die Sache rechtswidrig zuzueignen.

(c) Unmittelbares Ansetzen

Gem. § 22 erfordert der Versuch als objektive Tatseite das unmittelbare Ansetzen zur Tatbestandsverwirklichung. Der Täter muss Handlungen vornehmen, die nach seiner Vorstellung ohne wesentliche Zwischenschritte in engem zeitlichem und räumlichem Zusammenhang in die Tatbestandsverwirklichung einmünden sollen.[73]

Nach einer älteren Auffassung[74] soll für den Versuchsbeginn bei § 242 schon genügen, wenn die Verwirklichung eines Regelbeispiels i.S.d. § 243 I begonnen wurde. Auf ein unmittelbares Ansetzen zur Wegnahme käme es danach nicht mehr an.

Die heute h.M.[75] hält dieser Ansicht entgegen, dass sie dem Charakter des § 243 als bloßer Strafzumessungsregel widerspreche. Ein Strafschärfungsgrund könne den Versuchsbeginn nicht vorverlagern, da § 22 das unmittelbare Ansetzen zur Verwirklichung *des Tatbestandes* verlange. Erforderlich ist nach dieser überzeugenden Auffassung ein unmittelbares Ansetzen zur Wegnahme.

Da dieses im vorliegenden Fall jedoch zu bejahen ist, hat T die objektive Tatseite erfüllt.

(d) T handelte rechtswidrig und schuldhaft.

(e) T könnte überdies das Regelbeispiel „Einbrechen in einen umschlossenen Raum" i.S.v. § 243 I S. 2 Nr. 1 erfüllt haben. Autos sind zum Betreten von Menschen bestimmt, und mit Vorrichtungen versehen, die das Eindringen von Unbefugten abwehren sollen, folglich „umschlossene Räume".[76] T ist auch in den PKW „eingebrochen", indem er ihn gewaltsam öffnete. § 243 I S. 2 Nr. 1 ist daher objektiv erfüllt. Diesbezüglich handelte er auch vorsätzlich.

T ist daher gem. §§ 242 II, 22 i.V.m. § 243 I S. 2 Nr. 1 zu bestrafen.[77] Es liegt ein „versuchter Diebstahl in einem besonders schweren Fall" vor.

(2) Der gleichfalls verwirklichte § 303 I wird nach einer Ansicht konsumiert. Der BGH hat sich allerdings der Auffassung zugewandt, welche von Tateinheit ausgeht.[78] § 123 I ist nicht erfüllt, da der PKW als bewegliche Sache kein „befriedetes Besitztum" ist.[79]

Umstritten ist, ob § 243 auch dann erfüllt sein kann, wenn der Täter das Regelbeispiel nicht voll verwirklicht hat.

Fall 2[80]: T will kurz vor Ladenschluss die Ladenkasse eines Supermarktes leer räumen. Die üblicherweise abgeschlossene Kasse beabsichtigt er mit einem nachgemachten Schlüssel zu öffnen. In dem Moment, in dem er zu diesem Vorgang ansetzen will, stellt er fest, dass die Ladenkasse schon geöffnet ist und sich kein Geld mehr in ihr befindet.

Hat sich T wegen §§ 242 II, 22 i.V.m. § 243 I S. 2 Nr. 1 strafbar gemacht?

---

[73] Vgl. näher zum unmittelbaren Ansetzen: **Hemmer/Wüst, Strafrecht AT II, Rn. 66 ff**.

[74] Vgl. OLG Hamm, MDR 1976, 155 - 156 = **juris**byhemmer; Nachweise bei Sternberg-Lieben, Versuch und § 243 StGB, Jura 1986, 183 - 189 (185), Fn. 45.

[75] Vgl. Laubenthal, Der Versuch des qualifizierten Delikts einschließlich des Versuchs im besonders schweren Fall bei Regelbeispielen, JZ 1987, 1065 - 1070 (1069); Krey, BT-2, Rn. 108, m.w.N.

[76] Vgl. Fischer, § 243, Rn. 4, für den Diebstahl von und aus Autos.

[77] A.A. Arzt, Strafrecht – Der unter Druck gesetzte Zeuge, JuS 1972, 449 - 453 (517 f).

[78] Zur Problematik der Gesetzeskonkurrenz von §§ 123, 303 und § 243 I S. 2 Nr. 1 bzw. Nr. 2 siehe Rn. 29 (**Life&Law 02/2002, 100 - 106**).

[79] A.A. vertretbar.

[80] Vgl. BayObLG, NStZ 1997, 442 - 443 = **juris**byhemmer.

Lösung:

(1) Vorprüfung, Tatentschluss (+)

(2) Zunächst müsste T unmittelbar zum Diebstahl angesetzt haben. Indem T den Laden betrat und die Kasse in Augenschein nahm, ist aus Tätersicht eine unmittelbare Gefährdung des geschützten Rechtsgutes anzunehmen.

(3) Zu prüfen ist weiterhin, ob T auch wegen eines besonders schweren Fall des versuchten Diebstahls zu bestrafen ist. T hat - entgegen seinem Entschluss - das Regelbeispiel des § 243 I S. 2 Nr. 2 nicht verwirklicht. Damit ist zu prüfen, ob auch insoweit auf den Tatentschluss des T abzustellen ist.

(a) Nach der Rspr.[81] ist auch für die Anwendung der nicht vollendeten Regelbeispiele des § 243 I S. 2 grundsätzlich der *Tatentschluss* maßgeblich. Aus § 23 II ergebe sich der Wille des Gesetzgebers, die versuchte Tat grundsätzlich der vollendeten gleichzustellen. Gleiches gelte grundsätzlich sinnentsprechend für bloße Regelbeispiele.

Dabei bestimme sich der Strafrahmen nach dem jeweiligen Tatentschluss. Die Regelbeispiele des § 243 I S. 2 seien - obwohl keine Merkmale des objektiven Tatbestands - insoweit *tatbestandsähnlich*. Im Ergebnis stellt der BGH also das unmittelbare Ansetzen zum Regelbeispiel der tatsächlichen Verwirklichung desselben gleich. Da der Grundtatbestand und damit die Tat insgesamt nur versucht sei, führe die Bejahung eines Regelbeispiels auch zu keinem untragbaren Ergebnis.

Nach der Rspr. ist T demnach wegen eines versuchten Diebstahls in einem besonders schweren Fall zu bestrafen.

(b) Nach der h.L.[82] liegt ein besonders schwerer Fall des Diebstahls (unabhängig von der Vollendung des Grunddelikts) nur dann vor, wenn der Täter ein Regelbeispiel *objektiv voll verwirklicht* hat. § 243 enthalte eben keine selbständige Qualifikation des § 242, sondern lediglich eine Strafzumessungsregel, für die die Versuchsregeln nicht anwendbar seien. § 22 stellt nämlich hinsichtlich der Versuchsstrafbarkeit auf das unmittelbare Ansetzen zur Verwirklichung eines *Tatbestands* ab. Die Entscheidung des BGH laufe auf eine Analogie zu den §§ 22, 23 I bzw. zu einer nicht mehr vom Wortlaut des § 243 gedeckten Ausweitung desselben hinaus, die gegen das Analogieverbot des Art. 103 II GG verstoße.[83] Nach der h.L. ist T nur wegen eines einfachen versuchten Diebstahls zu bestrafen.

Fall 3: *T überredet die Angestellte des O, Frau H, ihm einen Nachschlüssel zum Antiquitätengeschäft des O anfertigen zu lassen. T will mit Hilfe dieses Nachschlüssels in den Laden des O einsteigen, um wertvolle Antiquitäten zu stehlen. H händigt T, was T nicht weiß, anstelle des Nachschlüssels ihren eigenen Originalschlüssel aus. Eine Woche später dringt T mit Hilfe dieses Schlüssels in das Geschäft des O ein und entwendet antiken Schmuck.*

Strafbarkeit gem. §§ 242, 243?

Lösung:

(1) T hat einen vollendeten Diebstahl tatbestandsmäßig, rechtswidrig und schuldhaft begangen.

(2) Das Regelbeispiel des § 243 I S. 2 Nr. 1 verwirklichte er jedoch objektiv nicht, da er einen „echten" Schlüssel benutzte. Fraglich ist, ob eine Strafbarkeit wegen „Versuchs in einem besonders schweren Fall" in Betracht kommt, da er einen falschen Schlüssel benutzen wollte.

[81] BGHSt 33, 370 - 377 = **juris**byhemmer; ihm i.E. folgend wohl auch Sternberg-Lieben, Versuch und § 243 StGB, Jura 1986, 183 - 189 (185), Fn. 45.

[81] Vgl. Laubenthal, Der Versuch des qualifizierten Delikts einschließlich des Versuchs im besonders schweren Fall bei Regelbeispielen, JZ 1987, 1065 - 1070 (1069).

[82] Vgl. Sch-Sch-Eser, § 243, Rn. 44.

[83] Vgl. Krey, BT-2, Rn. 125a.

Ganz überwiegend wird anerkannt, dass es den Versuch eines Regelbeispiels nicht gibt, da die Strafbarkeit des Versuchs (§ 22) an die Merkmale eines Tatbestands anknüpft, bei den Regelbeispielen es sich dagegen um Strafzumessungsregeln handelt.[84]

(a) Nach BGH ist zu differenzieren, wenn ein Regelbeispiel objektiv nicht eingetreten ist, dieses aber vom Täter erstrebt wurde: Wenn der Grundtatbestand nur versucht ist, erscheine es sachgerecht, auch die Indizwirkung des Regelbeispiels zu bejahen (vgl. oben Fall 2). Insoweit verbleibt es nämlich dabei, dass die Tat als solche nur versucht ist und damit eine Milderung gemäß §§ 23 II, 49 I möglich ist. Ist hingegen – wie vorliegend – der Grundtatbestand vollendet, kann das bloße Streben des Täters nach Verwirklichung eines Regelbeispiels nicht zu dessen Bejahung führen. Denn sonst wäre die Folge, dass der erhöhte Strafrahmen zur Anwendung käme, ohne Milderungsmöglichkeit gemäß §§ 23 II, 49 I.

(b) Die Lit. bleibt auch im hier vorliegenden Fall dabei, dass ein Regelbeispiel niemals versucht werden könne, verneint damit die Anwendung von § 243 und bestraft allein wegen vollendeten Diebstahls. Da beide Ansichten vorliegend zum selben Ergebnis führen, kann der Streit insoweit offen bleiben.

hemmer-Methode: Umstritten ist also lediglich die Konstellation, bei welcher der Grundtatbestand versucht ist und das Regelbeispiel nicht objektiv eingetreten ist, der Täter dies aber erstrebte.

Hier sind noch einmal sämtliche denkbaren Konstellationen zusammengefasst:

⇨ § 242 vollendet, Regelbeispiel voll verwirklicht:
- Strafbarkeit gem. §§ 242, 243 (unstr.)

⇨ § 242 nur versucht, Regelbeispiel aber voll verwirklicht:
- Strafbarkeit gem. §§ 242 II, 22 i.V.m. § 243 (unstr.)

⇨ § 242 vollendet, Regelbeispiel nur „versucht":
- Strafbarkeit nur gem. § 242 (nach h.L. und BGH)

⇨ § 242 nur versucht, Regelbeispiel nur „versucht":
- Strafbarkeit gem. §§ 242 II, 22 (h.L.) oder §§ 242 II, 22 i.V.m. § 243 (Rspr.).[85]

Wenn Sie der **Rechtsprechung** folgen sollten, können Sie sich folgende Aspekte zum Problemkreis **„Versuch / Regelbeispiel"** merken:[86]

⇨ Ein Versuch des Regelbeispiels ist dogmatisch nicht möglich. Wie § 22 klarstellt, können nur Tatbestände versucht werden.

⇨ Ist ein Regelbeispiel vollständig verwirklicht, entfaltet es grundsätzlich seine Indizwirkung (führt also zu einer Erhöhung des Strafrahmens). Dies gilt sowohl für den Fall, dass der Grundtatbestand vollendet ist, als auch nur versucht. In letzterem Fall ist die Tat jedoch als solche insgesamt nur versucht, so dass die Strafmilderung der §§ 23 II, 49 I Anwendung finden kann.

⇨ Ist ein Regelbeispiel objektiv nicht eingetreten, war dies jedoch vom Täter erstrebt, muss differenziert werden: Wenn der Grundtatbestand vollendet ist, kann das bloße Streben nach Verwirklichung des Regelbeispiels nicht zu einer Bejahung der Indizwirkung führen.

---

[84]   Vgl. Krey, BT-2, Rn. 110; Fischer, § 46, Rn. 97.

[85]   Vgl. zum Ganzen: Fischer, § 46, Rn. 101.

[86]   Vgl. BGH, NStZ 2011, 167 - 168 = **juris**byhemmer = **Life&Law 05/2011, 323 - 329**.

Denn sonst wäre die Folge, dass der erhöhte Strafrahmen zur Anwendung käme, ohne Milderungsmöglichkeit gemäß §§ 23 II, 49 I. Dies wäre nicht einmal beim Versuch einer Qualifikation der Fall. Ist hingegen der Grundtatbestand nur versucht, erscheint es sachgerecht, auch die Indizwirkung des Regelbeispiels zu bejahen. Insoweit verbleibt es nämlich dabei, dass die Tat als solche nur versucht ist und mithin eine Milderung gemäß §§ 23 II, 49 I möglich ist (a.A. vertretbar).

hemmer-Methode: Wichtig für das Verständnis ist, dass allein die Verwirklichung eines Regelbeispiels nichts daran verändern kann, ob die Tat als solche vollendet ist oder nicht. Dies hängt allein von dem zugrunde liegenden Tatbestand ab.

4. Ausschluss durch § 243 II

a) Allgemeines

Geringwertige Sache

Ein besonders schwerer Fall des Diebstahls ist nach § 243 II zwingend ausgeschlossen, wenn die Tat sich in *objektiver* wie in *subjektiver* Hinsicht auf eine *geringwertige Sache* bezieht. Dies wird überwiegend bei einem Wert bis zu 25 € angenommen.[87]

Auf ein Affektionsinteresse kommt es nach h.M. nicht an. Trotz eines geringeren Verkehrswerts bzw. des Fehlens der Messbarkeit des Verkehrswerts ist die Anwendung des § 243 II ausgeschlossen, wenn mit der Sachherrschaft erhebliche funktionelle Möglichkeiten für den Täter verbunden sind.[88]

Dies ist beispielsweise der Fall beim Diebstahl von belastenden Akten, Scheckformularen zur Fälschung, Kredit- oder Euroscheckkarten zum Zwecke unberechtigter Kontoabhebungen.

b) Irrtümer

Irrtümer

Es sind im Kontext des § 243 II v.a. zwei Irrtümer möglich:[89]

1.) T hält die entwendete hochwertige Sache irrtümlich für geringwertig.

Wegen des erhöhten Erfolgsunwerts ist § 243 II nicht anwendbar. Handlungsunwert und Schuld können hier aber so gemindert sein, dass ein besonders schwerer Fall zu verneinen ist (Argument: Regelbeispiele haben nur Indizwirkung, so dass im Einzelfall trotz Erfüllung des Regelbeispiels ein besonders schwerer Fall abgelehnt werden kann).

2.) T hält eine geringwertige Sache für hochwertig.

Auch hier scheitert grundsätzlich die Anwendbarkeit des § 243 II, und zwar in diesem Fall am fehlenden subjektiven Bezug. Dennoch kann auch in diesem Fall aufgrund einer wertenden Gesamtbetrachtung das Vorliegen eines besonders schweren Falles zu verneinen sein und zwar unter Heranziehung der Wertung des § 16 II analog.

32

33

---

87 Vgl. Fischer, § 243, Rn. 25; a.A. OLG Zweibrücken, NStZ 2000, 536 = **juris**byhemmer.
88 Vgl. Lackner/Kühl, § 248a, Rn. 5.
89 Vgl. Sch-Sch-Eser, § 243, Rn. 53.

> **hemmer-Methode:** Beherzigen Sie folgende Grundregel, die auch für den Vorsatzwechsel zu beachten ist: § 243 II greift nur, wenn
> 1. die gestohlene Sache *objektiv geringwertig*[90] und
> 2. der Vorsatz des Täters *bei Erfüllung des Regelbeispiels* auch lediglich auf die Erlangung einer geringwertigen Sache gerichtet ist.
>
> Mit dieser Regel können Sie (fast) alle Problemfälle lösen, ohne komplizierte Lösungen auswendig lernen zu müssen.

c) Vorsatzwechsel

Sog. Objekts- und Vorsatzwechsel

Beliebtes Problem i.R.d. § 243 II ist der sog. Objekts- und Vorsatzwechsel während der Tat.

Konstellation 1: Ursprünglich Vorsatz bzgl. geringwertiger Sache, später Wegnahme einer hochwertigen Sache

Fall 1: T bricht in die Gaststätte des O ein, um eine Weinflasche im Wert von 5 € zu stehlen. Als er diese nicht findet, entschließt er sich, die Plattensammlung im Wert von 1.500 € mitgehen zu lassen.

Hier ist T lediglich zur Begehung des Diebstahls einer geringwertigen Sache in den Geschäftsraum eingestiegen. Problematisch ist, ob § 243 I S. 2 Nr. 1 verwirklicht ist, ob nämlich T „zur Ausführung der Tat" in das Gebäude eingebrochen ist. Nach der Rspr. ist das Geschehen als eine Tat anzusehen. Es sei unwesentlich, ob der Diebstahlsvorsatz zunächst auf bestimmte Objekte beschränkt war oder dahin ging, alles „Stehlenswerte" mitzunehmen. Damit werde insbesondere Schutzbehauptungen entgegengewirkt. Nach h.M. liegt hiernach ein vollendeter Diebstahl in einem besonders schweren Fall (§§ 242, 243 I S. 2 Nr. 1) vor.

Ein Ausschluss gem. § 243 II kommt nicht in Betracht. Denn die Tat bezog sich aus Sicht des T nicht durchgängig auf eine geringwertige Sache.

Nach a.A.[91] führt der Vorsatzwechsel dazu, von verschiedenen Taten auszugehen. Zu bestrafen wäre dann wegen vollendeten Diebstahls hinsichtlich der Plattensammlung. Bezüglich der Weinflasche wäre wegen eines fehlgeschlagenen Versuchs (§§ 242, 22) zu bestrafen. Zwar ist T eingebrochen. Die Indizwirkung des § 243 I S. 2 Nr. 1 werde jedoch über § 243 II aufgehoben. Diese Ansicht ist jedoch abzulehnen, da sie das tatsächliche Geschehen künstlich aufspaltet.

Konstellation 2: Ursprünglich Vorsatz bzgl. hochwertiger Sache, Wegnahme einer geringwertigen Sache

Fall 2: T bricht in ein Büro ein, um 100 € mitgehen zu lassen. Im Büro angekommen nimmt T dann aber nur 20 € mit.

Auch hier ist T nach h.M. gem. §§ 242, 243 I S. 2 Nr. 1 zu bestrafen. Es ist bei natürlicher Betrachtungsweise von einer Tat auszugehen, so dass § 243 I S. 2 Nr. 1 erfüllt ist.

Auch § 243 II greift in der Konstellation 2 nicht ein. Zum Zeitpunkt der Verwirklichung des Regelbeispiels hatte T Vorsatz bzgl. einer hochwertigen Sache, so dass die „Tat" sich nicht insgesamt auf eine geringwertige Sache bezog.[92]

Konstellation 3: Endgültige Vorsatzaufgabe

Fall 3: T ist in die Gaststätte des E eingebrochen, um ein wertvolles Gemälde zu stehlen. Dort gibt er das Vorhaben, einen Diebstahl zu begehen, aufgrund von Gewissensbissen jedoch auf.

34

---

[90] Vgl. Krey, BT-2, Rn. 115.

[91] Vgl. SK-Samson, § 243, Rn. 50.

[92] Eine andere Ansicht erscheint dann vertretbar, wenn man einen sog. Teilrücktritt von § 243 für möglich erachtet. Zur Möglichkeit eines Teilrücktritts von einer Qualifikation vgl. **Hemmer/Wüst, Strafrecht AT II, Rn. 159.**

Er will gerade das Haus verlassen, als sein Blick auf eine Flasche Wein fällt, deren Wert T richtig mit 5 € einschätzt. Diese Flasche nimmt er aufgrund eines neuen Entschlusses doch noch mit.

Nach der dargelegten Grundregel müsste T eigentlich gem. §§ 242, 243 bestraft werden, da sein Vorsatz bei Verwirklichung des Regelbeispiels auf eine hochwertige Sache gerichtet war.

Damit würde man jedoch die wesentliche Zäsur übersehen: T ist nämlich von dem versuchten Diebstahl in einem besonders schweren Fall bzgl. des Gemäldes freiwillig gem. § 24 I S. 1 Alt. 1 zurückgetreten. Der Wille zum Stehlen wurde von ihm endgültig aufgegeben. Der Diebstahlsentschluss bzgl. der Weinflasche ist völlig neu gefasst worden. Insofern ist dieses Geschehen als neue Tat anzusehen, der das Einbrechen i.S.d. § 243 I S. 2 Nr. 1 nicht mehr anhaftet.[93] T ist demgemäß wegen Diebstahls der Weinflasche zu bestrafen, § 242.

> **hemmer-Methode: Es handelt sich also nicht um eine echte Ausnahme der aufgestellten Grundregel, da die wesentliche Zäsur zu zwei voneinander unabhängigen Taten führt.**

5. Teilnehmerstrafbarkeit und § 28

Teilnehmerstrafbarkeit

Für den Teilnehmer gilt:

Grundsätzlich setzt § 243 nicht voraus, dass der Teilnehmer das Regelbeispiel eigenhändig verwirklicht. Nach den allgemeinen Regeln ist auch der Teilnehmer nach §§ 242, 243, 26 bzw. 27 zu bestrafen, wenn er die erschwerenden Umstände in seinen Teilnehmervorsatz aufgenommen hat.

Analoge Anwendung des § 28 II

Zu beachten ist aber, dass § 28 II auf § 243 analog (zugunsten des Täters) angewendet wird. Eine direkte Anwendung scheidet aus, da § 243 eine Strafzumessungsregel jenseits von Tatbestandsmäßigkeit und Schuld ist. § 28 II setzt das Vorliegen eines *besonderen persönlichen Merkmals* voraus. Dies nimmt die h.M.[94] nur bei dem sogenannten *täterbezogenen Regelbeispiel* des § 243 I S. 2 Nr. 3 („Gewerbsmäßigkeit") an, vgl. oben Rn. 29.

Handelt der Teilnehmer - im Gegensatz zum Täter - selbst nicht „gewerbsmäßig", so ist er analog § 28 II nur wegen Teilnahme an einem einfachen Diebstahl zu bestrafen.

6. Aufbauhinweis

Aufbauhinweis

Bei mehreren Beteiligten ist § 243 jeweils gesondert zu prüfen, da es sich nicht um eine selbständige Abwandlung, sondern um eine Strafrahmenverschärfung handelt. Diese ist im Anschluss an die Schuld zu prüfen.

III. Diebstahl mit Waffen; Bandendiebstahl; Wohnungseinbruchsdiebstahl, § 244

§ 244 = Qualifizierung

§ 244 enthält - im Gegensatz zu § 243 - eine tatbestandliche *Qualifizierung* und damit eine unselbständige Abwandlung zu § 242. Geregelt werden *besonders gefährliche Formen* des Diebstahls.

> **hemmer-Methode: Deshalb ist es selbstverständlich, dass ein vollendeter § 244 nur eingreift, wenn auch alle Voraussetzungen des § 242 gegeben sind.**

---

[93] Andere Ansicht vertretbar.

[94] Vgl. Sch-Sch-Cramer, § 28, Rn. 16 ff.

1. § 244 I Nr. 1

a) Waffe oder anderes gefährliches Werkzeug

§ 244 I Nr. 1a

§ 244 I Nr. 1a setzt voraus, dass der Täter oder ein anderer Beteiligter bei dem Diebstahl eine Waffe oder ein anderes gefährliches Werkzeug bei sich führt.

[37]

„Waffe"

Der Begriff der Waffe ist grundsätzlich im engen technischen Sinn zu verstehen. Darunter fallen neben einsatzbereiten Schusswaffen und Gaspistolen, bei denen das Gas nach vorne ausströmt, auch Hieb- und Stoßwaffen i.S.d. Waffengesetzes.

[37a]

> **Life&Law:** Nach der Rspr. des Großen Senats des BGH sind auch geladene Schreckschusswaffen, bei denen Luft nach vorne austritt, als Waffen im strafrechtlichen Sinne einzuordnen.[95] Hintergrund ist, dass aufgrund des Luftdrucks durchaus tödliche Verletzungen entstehen können, wenn die Schreckschusspistole beim Abdrücken eng an den Kopf gehalten wird.
>
> Beachten Sie, dass auch für täuschend echt aussehende Schusswaffen eine Art „kleiner Waffenschein" erforderlich ist. Da insoweit aber überhaupt keine spezifische Gefährlichkeit von diesem Gegenstand ausgeht, handelt es sich um keine „Waffe" i.S.d. StGB.

Hieb- und Stoßwaffen sind z.B. das Springmesser, Dolche, Schlagringe oder „Totschläger". Keine Waffen im technischen Sinne, sondern gefährliche Werkzeuge können dagegen Äxte, Sensen und Fahrten- oder Taschenmesser darstellen. Diese Gegenstände sind nicht nach ihrer *bestimmungsgemäßen Art* zur Verursachung erheblicher Verletzungen von Personen generell geeignet.[96]

Die Waffe bzw. das Werkzeug muss nicht tatsächlich benutzt werden. Es genügt, dass der Täter oder Beteiligte sie im Bewusstsein ihrer Einsatzfähigkeit und jederzeitigen Verwendungsmöglichkeit bei sich führt.[97] Eine besondere Verwendungsabsicht ist i.R.v. § 244 I Nr. 1a nicht erforderlich. Das Tatbestandsmerkmal des Bei-Sich-Führens ist nicht erfüllt, wenn sich der Täter nur mit einem gewissen Zeitaufwand seiner Waffen bedienen kann. Denn Strafgrund für die Qualifikation ist beim Bei-Sich-Führen der Waffe, dass der Täter auf diese jederzeit unmittelbar zurückgreifen kann.

> **Life&Law:** Der Tatbestand des Bei-Sich-Führens einer Waffe oder eines gefährlichen Werkzeugs ist nur erfüllt, wenn der Täter das Tatmittel bewusst gebrauchsbereit bei sich hat. Diese Voraussetzung entfällt, wenn der Täter ein feststehendes Messer während der Diebstahlshandlung in seinem verschlossenen Rucksack mit sich herumträgt.[98]

Bsp.: Der Polizeibeamte T hat einen Diebstahl in der Wohnung des E aufzuklären. Entsprechend seinen Dienstanweisungen führt er dabei eine Schusswaffe mit sich. Als ihn nach stundenlanger Spurensicherung der Durst übermannt, nimmt er sich heimlich ein Bier aus dem Kühlschrank des E.

---

[95]   BGHSt 48, 197 - 206 = **juris**byhemmer; siehe dazu **Life&Law 2003, Rechtsprechungs-News Heft 5, III** sowie unten Rn. 66.

[96]   BGHSt 44, 103 - 107 (105) = **juris**byhemmer.

[97]   BGHSt 3, 229 - 234 (232); Wessels, BT-2, Rn. 255 f.

[98]   Vgl. **Life&Law 10/1999, 667 - 679**. Andere Ansicht gut vertretbar mit dem Argument, dass grundsätzlich ein „sachgedankliches Mitbewusstsein" besteht.

Der BGH hat in einem vergleichbaren Fall eine Strafbarkeit des T aus § 244 I Nr. 1 (a.F.) angenommen.[99] Denn Grund der Strafschärfung sei die abstrakte Gefährlichkeit von Täter und Tat. Diese Gefahr des Zugriffes auf die Waffe bestehe auch bei Berufswaffenträgern. Auch sehe § 244 keine Ausnahmen oder eine Geringwertigkeitsklausel wie § 243 II vor.

In der Literatur wird mit verschiedenen Begründungen teilweise eine *teleologische Reduktion* des § 244 I Nr. 1 befürwortet. Zumeist wird ein „sachlicher Zusammenhang" zwischen Bewaffnung und Tat gefordert, d.h. das Merkmal „Bei-Sich-Führen" dahingehend ausgelegt, dass die Bewaffnung funktionelle Bedeutung für die Tat aufweisen müsse. Andere stellen auf den Widerspruch ab, der darin liege, dass das Führen der Waffe bei einem Berufswaffenträger Dienstpflicht sei und ein pflichtgemäßes Verhalten nicht gleichzeitig unrechtserhöhend wirken könne.[100]

Eine teleologische Reduktion wird insbesondere in solchen Fällen vorgeschlagen, in denen es bloßer Zufall ist, dass der Täter/Beteiligte eine Waffe oder ein gefährliches Werkzeug bei einem Diebstahl bei sich führt.

Ob man damit freilich dem Willen des Gesetzgebers gerecht wird, der die Erweiterung des § 244 I Nr. 1a in Kenntnis der strengen Tendenz vorgenommen hat, erscheint zweifelhaft. Daher spricht einiges dafür, eine solche teleologische Reduktion nicht bei Waffen im technischen Sinne anzunehmen, sondern allenfalls bei sonstigen gefährlichen Werkzeugen.[101]

Übersicht zu „Waffen" i.S.d. StGB

> ⇨ **Ausgangspunkt ist das WaffenG;** zusätzlich ist eine zumindest **abstrakte Gefährlichkeit** nach dem Widmungszweck erforderlich
>
> z.B. bei • Gaspistole, bei der Gas nach vorne austreten kann
>
> • Schreckschusspistole, bei der Luft nach vorne austreten kann
>
> • Geladenem Revolver
>
> Nicht: Täuschend echt aussehende Spielzeugpistole oder ungeladener Revolver
>
> ⇨ **„Beisichführen":** Wenn Täter ohne nennenswerten zeitlichen Aufwand die Waffe einsetzen kann
>
> ⇨ **Sonderproblem: „Berufswaffenträger"**

„Gefährliches Werkzeug"

Fraglich ist, was unter einem „gefährlichen Werkzeug" i.S.d. § 244 I Nr. 1a zu verstehen ist. In der amtlichen Gesetzesbegründung hierzu wird auf die zu § 224 I Nr. 2 entwickelten Grundsätze verwiesen.[102] Umfasst wird insoweit jeder Gegenstand, der als Angriffs- und Verteidigungsmittel nach seiner objektiven Beschaffenheit und der Art seiner Benutzung im konkreten Fall zum gefährlichen Werkzeug werden und erhebliche Verletzungen hervorrufen kann.[103]

37b

Verweis auf § 224 I Nr. 2 verfehlt

Nicht bedacht wurde dabei aber, dass im Körperverletzungstatbestand das Werkzeug sein Gefährlichkeitskriterium letztlich über die Art seiner Verwendung erfährt und daher nahezu jeder beliebige Gegenstand erfasst werden kann.

---

[99] Vgl. BGHSt 30, 44 - 46 (44) = **juris**byhemmer; zustimmend Lackner/Kühl, § 244, Rn. 3.

[100] Vgl. Hruschka, Anmerkung zum Urteil OLG Köln, NJW 1978, 652, NJW 1978, 1338.

[101] Vgl. hierzu Kudlich, Waffen, gefährliche und andere Werkzeuge – Neue Schwierigkeiten beim schweren Raub (§ 250 StGB), **Life&Law 11/1998, 746 - 752 (751 f.)**.

[102] Vgl. die Begründungen des Rechtsausschusses, BT-Drucks. 13/9064, S. 18.

[103] Fischer, § 244, Rn. 13 ff.

Denn die gefährliche Körperverletzung im Sinne von § 224 I Nr. 2 setzt voraus, dass das Werkzeug tatsächlich benutzt wurde (vgl. „mittels"). § 244 I Nr. 1a hingegen lässt ein bloßes „Bei-Sich-Führen" genügen, d.h. der Grund des erhöhten Unrechts liegt in der abstrakten Gefährlichkeit. Aus diesem Grund ist überaus streitig, wie der Begriff „gefährliches Werkzeug" bei § 244 I Nr. 1a zu verstehen ist.

E.A.: „waffenähnlicher Charakter"

Eine Ansicht befürwortet eine objektivierende Betrachtungsweise. Danach gilt es zu untersuchen, ob der konkrete Gegenstand eine vergleichbare Gefährlichkeit wie eine Waffe aufweist.[104] Erforderlich ist demnach, dass ein Werkzeug für einen objektiven Betrachter einen „waffenähnlichen Charakter" aufweist.

Für diesen Ansatz spricht insbesondere der Wortlaut. Nach einhelliger Auffassung wird der Begriff „Waffe" rein objektiv definiert. Da eine Waffe nach dem Wortlaut auch zu den gefährlichen Werkzeugen gehört („Waffe oder ein anderes gefährliches Werkzeug"), könne nichts anderes für sonstige gefährliche Werkzeuge gelten. Zudem stelle der Gesetzgeber explizit in § 244 I Nr. 1b auf den Willen des Täters ab, nicht so aber bei § 244 I Nr. 1a.

hemmer-Methode: Als Beispiele für solche objektiv abstrakt gefährliche Werkzeuge werden genannt: Salzsäure, Knüppel, Beil, Baseballschläger.

A.A.: „Verwendungsvorbehalt"

Nach anderer Ansicht wird gefordert, dass erst durch einen individuellen Widmungsakt ein Mittel zu einem gefährlichen Werkzeug wird (sog. „Verwendungsvorbehalt"). Ähnlich wie bei § 244 I Nr. 1b komme es also auf die Verwendungsabsicht des Täters an.[105] Nur so könne verhindert werden, dass es zu unüberschaubaren Definitionsschwierigkeiten komme. Danach kommt es also darauf an, dass der Wille des Täters, einen Gegenstand als gefährliches Werkzeug zu benutzen, klar zum Ausdruck kommt.

A.A.: „situativer Kontext"

Schließlich wird ein objektiver Ansatz vertreten, bei dem die konkreten Tatumstände darüber entscheiden, ob ein Gegenstand als gefährliches Werkzeug einzustufen ist.

Nach dem situativen Kontext muss der Verdacht nahe liegen, dass ein Gegenstand zum Einsatz gegen Menschen bestimmt ist und insoweit zu gefährlichen Verletzungen führen kann.[106]

Streitentscheidung

Letzterer Ansatz überzeugt. Allein auf einen „waffenähnlichen Charakter abzustellen, erscheint zu unbestimmt. Viele Details blieben über Jahrzehnte unklar, z.B. ab welcher Größe ein Taschenmesser, ein Schraubenzieher oder ein Hammer als „waffenähnlich" zu charakterisieren wäre. Der subjektive Ansatz verkennt, dass nach dem eindeutigen Gesetzeswortlaut nicht die Intension des Täters entscheidend sein kann, sondern objektive Tatumstände. Vorzugswürdig erscheint deshalb die Ansicht, welche auf den situativen Kontext abstellt. Diese Ansicht verspricht am ehesten Einzelfallgerechtigkeit.

37c

Begeht beispielsweise ein Handwerker während der Arbeitszeit einen Ladendiebstahl, kann sich nicht erschwerend auswirken, dass er einen Hammer griffbereit in der Hosentasche bei sich führte. Demgegenüber ist ein Hammer dann als gefährliches Werkzeug aufzufassen, wenn der Täter diesen bei einem nächtlichen Diebstahl bei sich trug und nach dem situativen Kontext dies nicht anders plausibel erklärt werden kann, als dass der Hammer gegebenenfalls als gefährliches Werkzeug eingesetzt werden sollte.

---

[104]   So etwa Seier, Übungsblätter Klausur Strafrecht „Diebstahl im Doppelpack", JA 1999, 666 - 672, (669 ff.).

[105]   Z.B. Graul, Übungsklausur Strafrecht „Überfall in der Tiefgarage", Jura 2000, 204 - 210; Erb, Zusammengeklapptes Taschenmesser in der Hosentasche wird beim Diebstahl zu einem gefährlichen Werkzeug, JR 2001, 206 - 207.

[106]   Z.B. Streng, GA 2001, 359 ff.

hemmer-Methode: Der BGH hat ausdrücklich festgestellt, dass eine allgemeingültige Auslegung allein anhand objektiver Merkmale nicht möglich ist. Bei einem Taschenmesser geht er jedoch grundsätzlich davon aus, dass ein gefährliches Werkzeug im Sinne des § 244 I Nr. 1a vorliegt.[107] Für Sie bedeutet die Offenheit dieser Streitfrage, dass umso mehr nicht das Ergebnis, sondern Ihre eigene Argumentation von Bedeutung ist.
Die identische Auslegungsproblematik stellt sich im Übrigen bei § 250 I Nr. 1a. Verknüpfen Sie insoweit Ihr Wissen!

In jedem Fall sind – soweit nicht schon „Waffen" – auch z.B. Handgranaten und Salzsäure[108] erfasst.

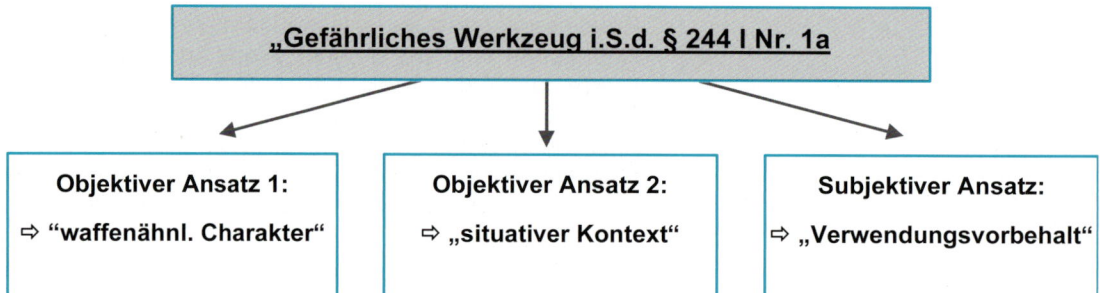

	„Gefährliches Werkzeug i.S.d. § 244 I Nr. 1a	
Objektiver Ansatz 1: ⇨ "waffenähnl. Charakter"	**Objektiver Ansatz 2:** ⇨ „situativer Kontext"	**Subjektiver Ansatz:** ⇨ „Verwendungsvorbehalt"

Problem: Zeitpunkt des Bei-Sich-Führens

Klausurrelevant ist in diesem Kontext des Weiteren die Frage, in welchem Stadium der Tat die Waffe mitgeführt worden sein muss.

37d

BGH: Grenze des strafbaren Versuchs muss überschritten sein

Der BGH vertritt die Auffassung, dass das Bei-Sich-Führen des Werkzeugs i.R.d. Vorbereitungsstadiums nicht genügt, vielmehr die Grenze des strafbaren Versuchs bereits überschritten sein muss.[109] Dies folgt daraus, dass ein Qualifikationstatbestand sowohl sachlich als auch zeitlich den (zumindest versuchten) Grundtatbestand voraussetzt. Andererseits kann nach dem BGH ein Bei-Sich-Führen auch zwischen Vollendung (mit der Wegnahme) und Beendigung (mit der Beutesicherung) des Diebstahls genügen.[110]

> **Bsp.:** *Der mit einer Pistole bewaffnete A und B steigen in die unbewachte Tankstelle des C ein, um diese leer zu räumen. Noch bevor sie irgendwelche Gegenstände entwenden, fordert B den A auf, sich seiner Pistole zu entledigen. A wirft die Pistole in den Hinterhof, worauf die beiden die Tat wie geplant fortsetzen.*
>
> *Haben sich A und B gem. §§ 242, 244 I Nr. 1a, 25 II strafbar gemacht?*
>
> (1) Objektiver Tatbestand
>
> A und B haben fremde bewegliche Sachen weggenommen. Sie handelten mittäterschaftlich, § 25 II. Bei der Frage, ob sie bei der Tat eine Waffe bei sich geführt haben (§ 244 I Nr. 1a), kommt es nach der Rspr. darauf an, ob zu dem Zeitpunkt, als A die Waffe noch bei sich trug, bereits die Grenze des strafbaren Versuchs wegen des unmittelbaren Ansetzens nach § 22 überschritten war. Im vorliegenden Fall ist davon auszugehen, dass zum Zeitpunkt des Betretens des Hauses nach dem Tatplan keine weiteren wesentlichen Zwischenakte der Tatbestandsverwirklichung vorgeschaltet waren, so dass die beiden sofort zur Tat schreiten konnten. A und B haben damit den Tatbestand der §§ 242, 244 I Nr. 1a, 25 II verwirklicht.
>
> (2) A und B handelten vorsätzlich, insbesondere aufgrund gemeinsamen Tatentschlusses, und jeweils mit der erforderlichen Zueignungsabsicht.
>
> (3) Die Tat war rechtswidrig und schuldhaft.

---

[107]   BGH, NJW 2008, 2861 - 2865 = **juris**byhemmer = **Life&Law 11/2008, 739 - 745**.

[108]   Vgl. BT-Drucks. 13/9064, S. 18.

[109]   BGHSt 31, 105 - 108 (106) = **juris**byhemmer.

[110]   Vgl. BGHSt 20, 194 - 197 = **juris**byhemmer; offengelassen in BGHSt 31, 105 - 108 (107) = **juris**byhemmer.

(4) Teilrücktritt von der Qualifikation

Fraglich ist jedoch, ob A nicht durch die Entledigung der Waffe von der Qualifikation strafbefreiend nach § 24 II S. 1 analog (kausale Vollendungsverhinderung) zurückgetreten ist.

Lit.: Teilrücktritt von der Qualifikation möglich

Die Literatur[111] lässt im Gegensatz zum BGH einen Teilrücktritt von der Qualifikation zu, da der Verzicht auf die Qualifikation eine rechtlich erhebliche Unrechtsreduzierung darstelle. Zudem seien Grunddelikt und Qualifikation wertungsmäßig zwei verschiedene Taten.

Diese Ansicht ist vorzugswürdig, da der Täter bezüglich strafschärfender Momente nicht schlechter gestellt werden kann als im Hinblick auf strafbegründende Umstände.

Nach dieser Ansicht scheidet die Qualifikation gem. § 244 I Nr. 1a folglich aus.

> **hemmer-Methode: Denken Sie in Zusammenhängen: Die Aufgabe eines Qualifikationsmerkmals bei Diebstahl oder Raub zwischen Versuchsbeginn und Vollendung ist der typische Fall des „Teilrücktritts von der Qualifikation". Wer hier Bescheid weiß, erweckt einen sehr guten Eindruck beim Korrektor.**

b) Sonstige Mittel

§ 244 I Nr. 1b: sonst. Werkzeuge/Mittel

Unter § 244 I Nr. 1b fallen alle sonstigen Werkzeuge oder Mittel, die der Täter bei sich führt, um den Widerstand einer anderen Person durch Gewalt oder Drohung mit Gewalt zu verhindern oder zu überwinden.

Aus der Fassung des § 244 I Nr. 1b als Auffangtatbestand wird deutlich, dass eine objektive Gefährlichkeit nicht erforderlich ist. Anders als bei § 244 I Nr. 1a muss der Täter aber subjektiv in der *Absicht* handeln, den Widerstand eines anderen durch Gewalt oder Drohung mit Gewalt zu verhindern oder zu überwinden (was selbstverständlich im subjektiven Tatbestand zu prüfen ist). Ziffer b) ist folglich im objektiven Bereich weiter, im subjektiven dagegen enger gefasst als Ziffer a).

Scheinwaffe

> **hemmer-Methode: Der Hauptanwendungsfall des § 244 I Nr. 1b ist die sog. „Scheinwaffe". Gemeint ist dabei beispielsweise eine täuschend echt aussehende Spielzeugpistole[112], die beim Opfer nur den Eindruck der Gefährlichkeit hervorrufen soll.[113]**

2. § 244 I Nr. 2

§ 244 I Nr. 2: Bandendiebstahl

§ 244 I Nr. 2 betrifft eine weitere für die Allgemeinheit besonders gefährliche Form des Diebstahls. Der sog. Bandendiebstahl setzt dabei zunächst voraus, dass der Täter *Mitglied einer Bande* ist. Das Merkmal „Bande" lässt sich in mehrere Problemkreise unterteilen:

⇨ Wie viele Personen sind zum Vorliegen einer Bande erforderlich?

⇨ Wie muss die Verbindung zwischen den Mitgliedern beschaffen sein, um von einer Bande sprechen zu können?

⇨ Auf welche Straftaten muss der Zusammenschluss zur Bande abzielen?

---

[111]   Vgl. **Hemmer/Wüst, Strafrecht AT II, Rn. 159**; Sch-Sch-Eser, § 24, Rn. 40, 113 m.w.N.

[112]   BGH, NJW 1998, 2916 = **juris**byhemmer.

[113]   Vgl. hierzu unten, Rn. 66 ff.; Fischer, § 244, Rn. 6.

Weitgehende Einigkeit besteht dahingehend, dass der Zusammenschluss zur fortgesetzten Begehung mehrerer, im Einzelnen selbständiger Delikte i.S.d. §§ 242, 249 erfolgen muss.

Das Bestehen einer ehelichen, nichtehelichen oder sonstigen Lebensgemeinschaft schließt die Annahme einer solchen Verbindung nicht aus.

Umstritten ist dagegen, wie viele Mitglieder eine Bande besitzen muss. Während Teile der Lit. eine Bande erst ab dem Vorhandensein von drei Mitgliedern annehmen[114], ging der BGH lange davon aus, dass bereits zwei Mitglieder die Bandeneigenschaft begründen können.[115] Begründet wurde dies u.a. mit der gesetzgeberischen Billigung des Begriffs der Zweierbande in § 397 II Nr. 3 AO 1977.[116]

39a

In der Literatur wurde das Vorhandensein von drei Mitgliedern für eine Bande damit begründet, dass erst dann die besondere Gefährlichkeit einer Bande gegeben sei, da die als gefährlich einzustufenden gruppendynamischen Prozesse erst innerhalb einer größeren Gruppe entstünden.[117]

„Bande" setzt nunmehr mindestens drei Mitglieder voraus

Der Große Senat des BGH hat entschieden, dass der Begriff der Bande den Zusammenschluss von mindestens drei Personen voraussetzt.[118]

Denn es sei nicht gelungen, bei lediglich zwei Personen ein „übergeordnetes Bandeninteresse" hinreichend konkret zu umschreiben und dafür rechtliche Maßstäbe zu entwickeln. Die Anhebung der Mindestmitgliederzahl dient damit der Rechtssicherheit und der einheitlichen Rechtsanwendung. Ein Tätigwerden in einem übergeordneten Bandeninteresse ist somit nach der Rechtsprechung nicht mehr erforderlich.[119]

hemmer-Methode: Besonders aus Gründen der Rechtssicherheit ist die Entscheidung des Großen Senats zu begrüßen. Für das Vorliegen einer Bande sind nunmehr drei Personen erforderlich.

Bandenmitgliedschaft = besonderes pers. Merkmal i.S.d. § 28 II

Die Bandenmitgliedschaft ist nach h.M.[120] ein besonderes persönliches (täterbezogenes) Merkmal i.S.d. § 28 II.[121] Deshalb kann auch wegen Beihilfe zu § 244 I Nr. 2 nur derjenige bestraft werden, der selbst Mitglied der Bande ist. Nach a.A.[122] kennzeichnet dieses Merkmal die besondere Gefährlichkeit *der Tat*, so dass ein tatbezogenes Merkmal vorliegt.

Diebstahl unter Mitwirkung eines anderen

§ 244 I Nr. 2 setzt weiter voraus, dass der Täter unter *Mitwirkung eines anderen Bandenmitglieds* stiehlt.

39b

Frühere Rspr.: eigene Mitwirkung am Tatort

Täter konnte damit nach früherer Rspr.[123] nur sein, wer zusammen mit mindestens einem weiteren Bandenmitglied am Tatort (wenn auch nicht unbedingt körperlich) selbst mitwirkt.

---

[114]   Vgl. SK-Horn, § 244, Rn. 31; Fischer § 244 Rn. 35.

[115]   Vgl. nur BGH, NStZ 1998, 90 = **juris**byhemmer; mit Anmerkung Körner, NStZ 1998, 256 - 257 (256).

[116]   Vgl. BGHSt 38, 26 - 31 (28) = **juris**byhemmer.

[117]   Vgl. nur Engländer, Voraussetzungen der Täterschaft beim Bandendiebstahl / Bandenbegriff, JZ 2000, 630 - 632; Hohmann, Voraussetzungen täterschaftlichen Bandendiebstahls, NStZ 2000, 258 - 259; Schmitz, Begriff der Bande, NStZ 2000, 477 - 478.

[118]   BGH (GSSt), NJW 2001, 2266 - 2270 = **juris**byhemmer.

[119]   Instruktiv dazu **Life&Law 09/2001, 634 - 641**.

[120]   Wessels, BT-2, Rn. 270.

[121]   Vgl. zu § 28 **Hemmer/Wüst, Strafrecht AT II, Rn. 226 ff.**

[122]   Sch-Sch-Eser, § 244, Rn. 28; Krey, BT-2, Rn. 137.

[123]   BGHSt 25, 18 - 19 = **juris**byhemmer; BGHSt 33, 50 - 54 = **juris**byhemmer.

Rechtsprechung

Unter Aufgabe der bisherigen Rechtsprechung hat der Große Senat des BGH entschieden, dass ein Mitglied einer Diebesbande auch dann Täter eines Bandendiebstahls sein kann, wenn es zwar nicht an der Ausübung des Diebstahls unmittelbar beteiligt war, aber auf eine andere als täterschaftlicher Tatbeitrag zu wertenden Weise daran mitgewirkt hat. Der BGH grenzt damit Täterschaft und Teilnahme nach den aus dem Allgemeinen Teil bekannten Kriterien voneinander ab.[124]

Bandenmitgliedschaft durch Gehilfentätigkeit?

Umstritten ist des Weiteren, ob Bandenmitglied derjenige sein kann, der i.R.d. Zusammenschlusses nur eine Gehilfenfunktion ausüben soll. Der BGH hat insoweit geklärt, dass Mitglied einer Bande auch derjenige sein kann, dem nach der Bandenabrede nur Aufgaben zufallen, die sich bei wertender Betrachtung als Gehilfentätigkeit darstellen.[125] Die hierarchische Struktur im Sinne einer Arbeitsteilung sei für eine Bande geradezu typisch, so dass auf Dauer eingebundene Gehilfen als Mitglieder der Bande zu zählen sind.[126]

> **Life&Law**: Der BGH hat diese Rechtsprechung weiter fortentwickelt und festgestellt, dass auch die regelmäßige Erbringung von erheblichen Beihilfehandlungen *im Vorfeld der Tat* bzw. die Hilfe *bei der Beuteverwertung* eine Bandenmitgliedschaft begründen kann.[127]

Str.: Wie viele Bandenmitglieder müssen vor Ort bei der Ausführung des Diebstahls mitwirken?

Des Weiteren bestand darüber Streit, wie viele Bandenmitglieder vor Ort bei der Ausführung des Diebstahls mitwirken müssen. Der BGH entschied, dass Wortlaut, Sinn und Zweck des § 244 I Nr. 2 es nicht zwingend voraussetzen, dass die Bandenmitglieder vor Ort sind.

39c

Vielmehr lässt der BGH es genügen, wenn ein Bandenmitglied mit einem anderen Bandenmitglied in irgendeiner Weise zusammenwirkt.[128] Grund für die erhöhte Strafe ist demnach nicht, dass das Opfer sich vor Ort mehreren Beteiligten gegenüber sieht, sondern dass arbeitsteilig und damit besonders organisiert vorgegangen wird.

> **hemmer-Methode:** Kritiker werfen dem BGH vor, dass er damit dem Mitwirkungserfordernis jede eigenständige Bedeutung nimmt. Denn in anderen Tatbeständen wie z.B. § 250 I Nr. 2 hat der Gesetzgeber auf ein solches Element verzichtet. Diese Kritik ist nicht ganz von der Hand zu weisen.

> **Life&Law:** Voraussetzung für die Annahme einer Bandentat nach § 244 I Nr. 2, § 244a I ist neben der Mitwirkung eines weiteren Bandenmitglieds stets, dass die Einzeltat Ausfluss der Bandenabrede ist und nicht ausschließlich im eigenen Interesse der unmittelbar an dem Diebstahl beteiligten Bandenmitglieder ausgeführt wird.[129]

Um sich die wichtigsten Streitpunkte im Kontext mit dem Begriff der Bande besser merken zu können, kann als Merkhilfe das „**Countdown-Prinzip**" („**3-2-1-0**") dienen:

⇨ Die „3" steht für die erforderliche Anzahl von Personen, damit man von einer „Bande" sprechen kann. Erst ab dieser Anzahl kommt die besondere Organisationsgefahr, welche einer Bande immanent ist, zum Tragen.

---

[124] BGH, NStZ 2000, 255 - 258 = **juris**byhemmer = **Life&Law 10/2000, 726 - 721**.

[125] BGHSt 47, 214 - 220 = **juris**byhemmer.

[126] Ausführlich dazu **Life&Law 08/2002, 542 - 546**.

[127] Siehe BGHSt 47, 214 - 220 = **juris**byhemmer = **Life&Law 10/2006, 681 - 688**.

[128] BGH, NJW 2001, 380 - 384 = **juris**byhemmer.

[129] BGH, NStZ 2011, 637 - 638 = **juris**byhemmer = **Life&Law 08/2011, 561 - 568**.

⇨ „2" Mitglieder der Bande müssen bei § 244 I Nr. 2 wenigstens zum Einsatz kommen, da die „Mitwirkung eines anderen Bandenmitglieds" (anders als z.B. bei § 260 I Nr. 2) zusätzliche Strafbarkeitsvoraussetzung ist.

⇨ „1" Mitglied der Bande muss als Täter verantwortlich sein („wer als Mitglied einer Bande…stiehlt"). Daraus lässt sich schließen, dass die Mitwirkungshandlung des anderen Bandenmitglieds auch eine bloße Beihilfe sein kann.

⇨ „0" der Bandenmitglieder müssen am Tatort vor Ort sein. Denn kriminalpolitischer Hintergrund der Strafschärfung ist nicht die „Aktionsgefahr" vor Ort, sondern die „Organisationsgefahr". Freilich wird dies nur in seltenen Fällen vorkommen. Etwa dann, wenn ein Bandenmitglied als „Drahtzieher" im Hintergrund fungiert und deshalb nicht als Anstifter zu qualifizieren ist, sondern als Mittäter kraft funktioneller Tatherrschaft.

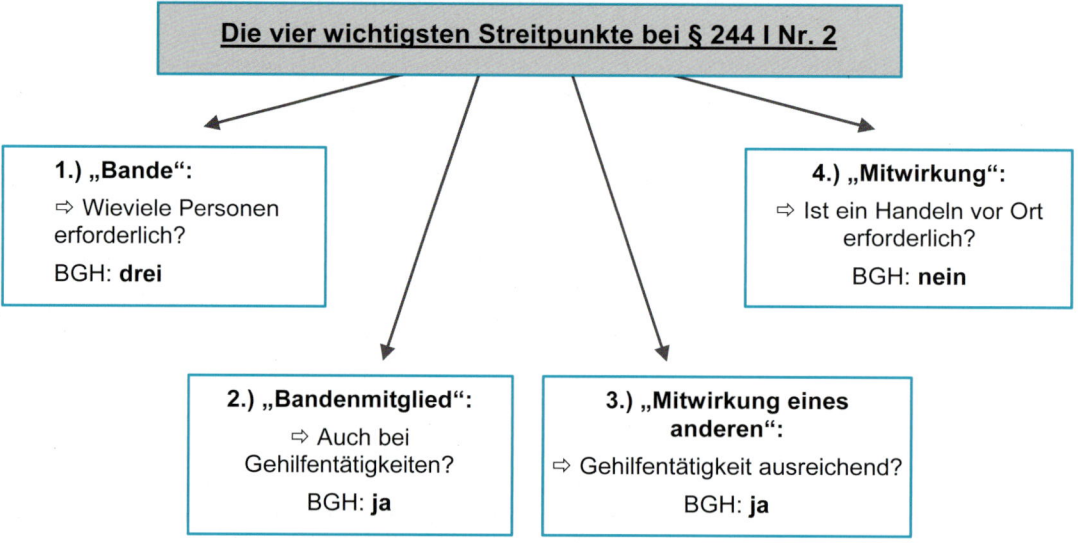

3. § 244 I Nr. 3, III, IV

§ 244 I Nr. 3 regelt den „Wohnungseinbruchdiebstahl", welcher vor 1998 noch in § 243 I S. 2 Nr. 1 als Regelbeispiel mitenthalten war. Hintergrund der erhöhten Strafdrohung ist die gesteigerte kriminelle Energie des Täters, der in die Intimsphäre des Opfers eindringt.

§ 244 III, IV

Gemäß § 244 III kommt wie bei § 244 I Nr. 1 und 2 auch ein (nicht näher benannter) minder schwerer Fall in Betracht. Ein Verbrechen ohne die Möglichkeit der Annahme eines minder schweren Falls liegt gemäß § 244 IV hingegen dann vor, wenn der Wohnungseinbruchdiebstahl eine „dauerhaft genutzte Privatwohnung" betrifft.

hemmer-Methode: Nach dem Gesetzesentwurf sollen hiervon private Wohnungen oder Einfamilienhäuser und die dazu gehörenden, von ihnen nicht getrennten weiteren Wohnbereiche wie Nebenräume, Keller, Treppen, Wasch- und Trockenräume sowie Zweitwohnungen von Berufspendlern erfasst sein.

§ 244 I Nr. 3

Der in § 244 I Nr. 3 geregelte Wohnungseinbruchdiebstahl ist parallel zu den Regelbeispielen des § 243 I S. 2 Nr. 1 formuliert. Auch hier bedeutet „Einbrechen" das gewaltsame Öffnen der Schutzvorrichtungen, es genügt aber auch ein „Einsteigen" bzw. die Benutzung eines „falschen Schlüssels".[130]

---

130   Vgl. oben, Rn. 29.

Die Auslegung des Begriffes „Wohnung" orientiert sich an § 123 (Hausfriedensbruch), d.h. es kommt darauf an, ob die Räume im Hauptzweck Menschen zur ständigen Benutzung dienen, ohne in erster Linie Arbeitsräume zu sein.[131]

Zur Wohnung gehören nach einer Ansicht auch Nebenräume wie Treppen, Flure oder Kellerräume, und zwar auch dann, wenn sie außerhalb des eigentlichen Wohnbereichs liegen, wenn die Zugehörigkeit zur Wohnung erkennbar ist.[132] Eine andere Ansicht will den Wohnungsbegriff des § 244 I Nr. 3 auf einen inneren Kern zurückführen. Dieser umfasse nur solche Räumlichkeiten, die als Mittelpunkt des privaten Lebens anzusehen sind.[133] Nach der Rechtsprechung gehören jedenfalls der Flur und der offene Empfangsbereich des Foyers eines Seniorenheims nicht zur Wohnung.[134]

> **Life&Law:** § 244 I Nr. 3 ist auch erfüllt, wenn nach einem Einbruch oder Einsteigen in die Wohnräume eines Gebäudes die Wegnahmehandlung aus einem anliegenden Geschäftsraum erfolgt. Insbesondere setzt der Wortlaut des § 244 I Nr. 3 nicht voraus, dass die Wegnahmehandlung selbst in der Wohnung erfolgt.[135]

Auch wer bei einem Wohnungseinbruch nur eine geringwertige Sache wegnimmt, erfüllt das Qualifikationsmerkmal des § 244 I Nr. 3 (bzw. § 244 IV) und ist daher bereits bei unmittelbarem Ansetzen zum Einbruch wegen Versuchs strafbar.[136] Die Strafschärfung trägt dem erhöhten Sicherheits- und Schutzbedürfnis der Bevölkerung Rechnung, aber auch dem besonderen Unwertgehalt solcher Taten, bei denen der Täter in die häusliche Sphäre der Tatopfer eindringt.

> **Life&Law:** Gelangt der Täter durch den Einbruch in einen gewerblich genutzten Raum (z.B. Gaststätte) in das Gebäude und von dort ungehindert in den Wohnbereich, scheidet eine Strafbarkeit gemäß § 244 I Nr. 3 aus. Der Täter muss nach dem Wortlaut gerade „in eine Wohnung" eingebrochen sein. Dies ist hier nicht der Fall, und zwar unabhängig davon, ob der Täter später in den Wohnbereich gelangte oder nicht. Eine andere Auslegung ist nicht möglich, da insoweit die mögliche Wortlautgrenze überschritten würde (Analogieverbot, Art. 103 II GG).[137]
>
> Bei (vollendetem) schwerem Bandendiebstahl oder (vollendetem) Wohnungseinbruchdiebstahl steht eine zugleich begangene Sachbeschädigung stets im Verhältnis der Tateinheit; sie tritt nicht im Wege der Gesetzeseinheit in Form der Konsumtion hinter den schweren Bandendiebstahl oder den Wohnungseinbruchdiebstahl zurück.[138]

---

[131]   Fischer, § 123, Rn. 6.

[132]   Sch-Sch-Eser, § 244, Rn. 30.

[133]   Wessels, BT-2, Rn. 267.

[134]   BGH, NStZ 2005, 631 = **juris**byhemmer = **Life&Law 02/2006, 104 – 107.**

[135]   BGH, NStZ 2001, 533 - 534 = **juris**byhemmer; ausführlich dazu **Life&Law 12/2001, 862 - 869**.

[136]   Fischer, § 244, Rn. 45.

[137]   BGH, NStZ 2008, 514 - 515 = **juris**byhemmer = **Life&Law 11/2008, 746 - 752.** Beim Einbruch in Kellerräume, welche nicht an eine Wohnung unmittelbar angeschlossen sind, vgl. BGH, Beschluss vom 08.06.2016 – 4 StR 112/16 = **Life&Law 11/2016, 776 – 778** = **juris**byhemmer.

[138]   Vgl. BGH, Beschluss vom 27.11.2018 – 2 StR 481/17 = **Life&Law 06/2019, 391 – 398** = **juris**byhemmer.

4. Verhältnis zu den §§ 242, 243

Verhältnis zu §§ 242, 243

§ 244 ist eine unselbständige Abwandlung von § 242, d.h. ein eigenständig zu prüfendes Delikt. § 244 verdrängt dabei die §§ 242, 243 aufgrund Gesetzeskonkurrenz. Auch wenn der Täter die §§ 242, 243 erfüllt hat, ist er demzufolge „nur" aus § 244 zu bestrafen.

40

IV. Schwerer Bandendiebstahl, § 244a

Schwerer Bandendiebstahl

§ 244a betrifft die Fälle, in denen eines der Regelbeispiele des § 243 I S. 2 oder die Tatbestände des § 244 I Nr. 1 und Nr. 3 im Wege des Bandendiebstahls erfüllt sind. Die Tat ist ein Verbrechen.

41

Auch § 244a ist eine unselbständige Abwandlung zu § 242 und daher als eigenständiges Delikt zu prüfen. § 244a ist keine Strafzumessungsregel zu § 244 I Nr. 2, sondern insoweit lex specialis.

Varianten des schweren Bandendiebstahls

§ 244a I Var. 1	§ 244a I Var. 2
§§ 242, 243 + § 244 I Nr. 2 = Var. 1	§ 244 I Nr. 1 / 3 + § 244 I Nr. 2 = Var. 2

hemmer-Methode: Die Regelbeispiele des § 243 I S. 2 sind i.R.d. § 244a I Alt. 1 echte Tatbestandsmerkmale.

V. Wiederholungsfall zu den §§ 242 ff.

A, B und C haben sich zusammengeschlossen, um in Zukunft ihren Lebensunterhalt mit gelegentlichen „Brüchen" zu bestreiten. X wird dagegen als einmalige „Aushilfe" engagiert. Der erste Außeneinsatz der Bande verläuft wie folgt: A lockt unter einem Vorwand den O, der Eigentümer eines Bekleidungsgeschäftes ist, zu einem gemeinsamen Essen aus dem Laden. B, C und X begeben sich in der Zwischenzeit zu den Geschäftsräumen. Sie brechen die Ladentür auf. B, C und X räumen die Kasse aus und teilen die Beute später mit A.

42

Lösung:

Strafbarkeit von A, B, C und X?

A. Strafbarkeit von A, B und C

(I) A, B und C könnten sich wegen schweren Bandendiebstahls in Mittäterschaft nach §§ 244a I, 25 II strafbar gemacht haben.

(1) Objektiver Tatbestand

(a) A, B und C haben sich zu einer Bande zur fortgesetzten Begehung von Raub oder Diebstahl zusammengeschlossen. Eine „Bande" setzt *nicht* voraus, dass die Täter schon zusammen einen oder mehrere Diebstähle begangen haben (X scheidet als Mittäter aus, da er nicht Bandenmitglied ist).

(b) § 244a I setzt einen Diebstahl unter „Mitwirkung eines anderen Bandenmitglieds" voraus. B, C und X haben eine fremde bewegliche Sache weggenommen. A war allerdings nicht am Tatort anwesend.

(aa) Nach einer Ansicht[139] muss jeder Täter am Tatort selbst mitwirken, d.h. den Diebstahl in einem örtlichen und zeitlichen, wenn auch nicht notwendig körperlichen Zusammenwirken mit einem anderen Bandenmitglied begehen.

Grund für die Strafschärfung sei die besondere Gefährlichkeit, die sich aus der gemeinsamen örtlichen Tatbegehung ergebe. Nach dieser Ansicht kämen nur B und C als Mittäter in Frage. Für A wäre lediglich Beihilfe nach §§ 244a, 27 in Betracht zu ziehen.

(bb) Überzeugender erscheint jedoch die Gegenansicht:[140] Hiernach ist Strafgrund der bandenmäßigen Begehung die spezifische Gefahr, die daraus resultiert, dass mehrere organisiert agieren (sog. „Organisationsgefahr"). Nach dieser Ansicht sind A, B und C Mittäter. A wird damit die von B und C begangene Tat gem. § 25 II als eigene zugerechnet.

(c) § 244 I Nr. 3, auf den § 244a I verweist, ist nicht erfüllt, denn bei den Geschäftsräumen handelt es sich nicht um eine Wohnung.

(d) A, B und C könnten jedoch eines der Regelbeispiele des § 243 I S. 2 verwirklicht haben. Diese sind hier Bestandteil des Tatbestands.

B, C und X verwirklichten § 243 I S. 2 Nr. 1, da sie die Ladentür gewaltsam aufgebrochen haben.

A, B und C könnten außerdem „gewerbsmäßig" i.S.d. § 243 I S. 2 Nr. 3 gehandelt haben. Voraussetzung ist, dass sie sich „aus *wiederholter Tatbegehung* eine Einnahmequelle von einer gewissen Dauer und Erheblichkeit schaffen wollten".[141] Dies ist hier der Fall, da die Täter ihren Lebensunterhalt durch wiederholte Diebstähle bestreiten wollten.

Der objektive Tatbestand des § 244a I Alt. 1 ist somit erfüllt.

(2) Subjektiver Tatbestand

A, B und C handelten vorsätzlich, insbesondere aufgrund eines gemeinsamen Tatplans. Sie handelten jeweils auch mit der erforderlichen Zueignungsabsicht.

(3) Die Tat war rechtswidrig und schuldhaft.

A, B und C haben sich damit wegen schweren Bandendiebstahls in Mittäterschaft strafbar gemacht.

(II) Darüber hinaus haben sich A, B und C wegen eines Bandendiebstahls in Mittäterschaft nach §§ 244 I Nr. 2, 25 II strafbar gemacht. § 244 I Nr. 2 wird jedoch im Wege der Spezialität von § 244a verdrängt.

(III) A, B, C und X haben sich überdies wegen Hausfriedensbruchs und Sachbeschädigung in Mittäterschaft nach §§ 123 I, 303 I, 25 II strafbar gemacht. Die §§ 123 I, 303 I werden aber ebenfalls von § 244a I aufgrund Konsumtion verdrängt.

B. Strafbarkeit von X?

(I) X hat sich wegen Diebstahls in Mittäterschaft nach §§ 242, 25 II strafbar gemacht. Zu prüfen ist, ob der Strafrahmen dem § 243 zu entnehmen ist.

Die Mittäter A, B und C haben „gewerbsmäßig" i.S.d. § 243 I S. 2 Nr. 3 gehandelt. Im Rahmen des § 243 ist es grundsätzlich nicht erforderlich, dass der Täter das Regelbeispiel eigenhändig verwirklicht. Bei Mittätern ist daher in der Regel auf den gemeinsamen Tatplan abzustellen.

---

[139] BGHSt 25, 18 - 19 = jurisbyhemmer; BGHSt 33, 50 - 54 (52) = jurisbyhemmer; Wessels, BT-2, Rn. 272.

[140] Sch-Sch-Eser, § 244, Rn. 27.

[141] BGHSt 1, 383 - 384; Sch-Sch-Eser, § 243, Rn. 31.

Auf § 243 I S. 2 Nr. 3 ist aber § 28 II analog anzuwenden: Bei der Gewerbsmäßigkeit handelt es sich wegen der Täterbezogenheit um ein besonderes persönliches Merkmal. Da X selbst nicht gewerbsmäßig gehandelt hat, kommt ein besonders schwerer Fall insoweit nicht in Betracht.

Allerdings ist § 243 I S. 2 Nr. 1 (einfacher Einbruchsdiebstahl) zu bejahen.

X hat sich damit wegen eines Diebstahls in einem besonders schweren Fall in Mittäterschaft strafbar gemacht, §§ 242 I, 243 I S. 2 Nr. 1, 25 II.

(II) Fraglich ist, ob X als Gehilfe nach §§ 244a I, 27 strafbar ist. Eine täterschaftliche Beteiligung scheitert bereits daran, dass X das Tatbestandsmerkmal „Bandenmitglied" nicht erfüllt und eine wechselseitige Zurechnung über die Mittäterschaft nicht möglich ist, da sich dieses Merkmal nicht auf die Tathandlung bezieht.

Allerdings hat X durch seine Beteiligung an dem schweren Bandendiebstahl Beihilfe zu dieser Tat geleistet. Es kommt folglich darauf an, ob einer Strafbarkeit nicht § 28 II entgegensteht. Diese Vorschrift stellt eine echte Durchbrechung des Akzessorietätsprinzips dar, da der Teilnehmer X nicht aus dem gleichen Tatbestand wie die Täter zu bestrafen wäre.

(a) Hinsichtlich der „Gewerbsmäßigkeit" i.S.v. § 243 I S. 2 Nr. 3 ist § 28 II direkt anwendbar, da die Regelbeispiele des § 243 I S. 2 i.R.d. § 244a Tatbestandsmerkmale sind. Folglich scheidet Beihilfe des nicht gewerbsmäßig handelnden X zu §§ 244a I i.V.m. § 243 I S.2 Nr. 3 aus.

(b) Allerdings hat X das Merkmal des „Einbrechens" i.S.v. § 243 I S. 2 Nr. 1 selbst verwirklicht, dies fällt auch nicht unter § 28 II. Es müsste dem X jedoch auch die „Bandenmitgliedschaft" nach den Regeln der Akzessorietät zugerechnet werden können.

Nach einer Mindermeinung[142] handelt es sich bei der „Bandenmitgliedschaft" i.S.d. § 244a nicht um ein täterbezogenes, sondern ein tatbezogenes Merkmal.

Grund der Strafschärfung sei nicht ein in der Person des Täters liegender Umstand, sondern die erhöhte Gefährlichkeit, die von einer Bande und der gemeinschaftlichen Tatbegehung ausgeht. Nach dieser Ansicht ist X im Ergebnis wegen Beihilfe zu einem schweren Bandendiebstahl nach §§ 244a I i.V.m. 243 I S. 2 Nr. 1, 27 strafbar.

Nach der h.M.[143] handelt es sich bei der Bandenmitgliedschaft hingegen um ein besonderes persönliches Merkmal i.S.d. § 28 II. Dafür spricht schon der Wortlaut, denn „Mitgliedschaft" kennzeichnet den Täter, nicht die Tat. Beihilfe zu § 244a scheidet demnach aus.

(c) Im Ergebnis ist X demnach lediglich nach §§ 242 I, 243 I S. 2 Nr. 1, 25 II strafbar. §§ 303, 123, 25 II stehen hierzu nach h.M. in Tateinheit. Eine Konsumtion ist an dieser Stelle nach vorzugswürdiger Ansicht zu verneinen, da § 243 I als bloße Strafzumessungsvorschrift nicht geeignet ist, andere Strafvorschriften zu verdrängen.

hemmer-Methode: Merken Sie sich nicht diesen komplizierten Fall, sondern die anhand des Falles dargestellten Problemkreise. Neben diesen dogmatischen Streitfällen sind vor allem eine genaue Subsumtion und eine sinnvolle Einteilung nach den Beteiligten wichtig.

---

[142] Sch-Sch-Eser, § 244, Rn. 27 m.w.N.

[143] Wessels, BT-2, Rn. 270.

VI. Unterschlagung, § 246

1. Übersicht

Unterschlagung

Die Unterschlagung, § 246 setzt als Tathandlung keine Wegnahme, sondern eine *rechtswidrige Zueignung* voraus.

43

Der Begriff deckt sich inhaltlich mit dem der rechtswidrigen Zueignung i.R.d. § 242, ist aber hier Bestandteil des objektiven Tatbestands.

Sog. veruntreuende Unterschlagung

Um eine mit höherer Strafe bedrohte sog. veruntreuende Unterschlagung nach § 246 II handelt es sich, wenn der Täter sich ihm *anvertraute Sachen* zueignet.

Dabei sind solche Sachen dem Täter anvertraut, deren Gewahrsam er vom Eigentümer oder einem Dritten mit der Verpflichtung erlangt hat, sie zu einem bestimmten Zweck zu verwenden oder zurückzugeben.[144] Dieser Umstand ist ein besonderes persönliches Merkmal i.S.d. § 28 II.

Prüfungsschema zu § 246 I

I. Tatbestand

   1. Objektiver Tatbestand

      a) Tatobjekt: fremde bewegliche Sache

      b) Tathandlung: Sache sich oder einem Dritten rechtswidrig zueignen

   2. Subjektiver Tatbestand: Vorsatz

II. Rechtswidrigkeit

III. Schuld

IV. Evtl. §§ 247, 248a (Strafantrag als Strafverfolgungsvoraussetzung)

---

2. Tatobjekt

a) Fremde, bewegliche Sache

Diesbezüglich gelten die Ausführungen zum Diebstahl (vgl. oben Rn. 2) entsprechend.

43a

> *Bsp.:*[145] *A tankt an einer Selbstbedienungstankstelle 30 Liter Benzin. Anschließend will er bezahlen. Als er bemerkt, dass der Tankwart gerade telefoniert und ihn, den A, nicht gesehen hat, beschließt er, die Gelegenheit zu nutzen: Er fährt davon, ohne zu bezahlen.*
>
> (1.) § 263 (Betrug) scheitert an der fehlenden Täuschung bzw. am fehlenden Täuschungsvorsatz.
>
> (2.) Für § 242 (Diebstahl) fehlt es an der Wegnahme. Denn der Tankstellenbesitzer als Gewahrsamsinhaber ist mit dem Einfüllen des Benzins durch zahlungsbereite Kunden einverstanden, d.h. es liegt ein *tatbestandsausschließendes Einverständnis* vor.[146]

---

[144] BGHSt 9, 90 - 92; BGHSt 16, 280 - 282.

[145] Nach Krey, BT-2, Rn. 153.

[146] Vgl. oben, Rn. 16.

(3.) Zu prüfen bleibt eine Unterschlagung, § 246 I, zu dem Zeitpunkt, als A mit dem Benzin fortfuhr. Dies setzt voraus, dass das Benzin im Zeitpunkt des Wegfahrens für den A noch eine „fremde" Sache war. Die Lösung ist umstritten, und hängt von der Beantwortung der Frage nach den zivilrechtlichen Eigentumsverhältnissen ab, die der Tankvorgang herbeiführt. Sieht man die dingliche Einigung und Übergabe i.S.v. § 929 S. 1 BGB schon durch das Einfüllen des Benzins als erfüllt, so wäre die Sache für A als neuen Eigentümer nicht mehr fremd. Die h.M. geht indes davon aus, dass eine wirksame Übereignung an die Bedingung geknüpft ist (§ 158 I BGB), dass erst das Benzin bezahlt worden sein muss.[147] Unter Berücksichtigung der Verkehrsauffassung vermag dies zu überzeugen. Auch über §§ 948 I, 947 BGB wurde A nach h.M. jedenfalls nicht Alleineigentümer am Benzin im Tank, so dass sich A durch das Wegfahren gemäß § 246 I StGB hinsichtlich des Benzins strafbar gemacht hat.[148]

b) § 246 als Auffangtatbestand

§ 246 ist ein Auffangtatbestand, wie die gesetzliche Subsidiarität in § 246 I eindeutig zum Ausdruck bringt. Strittig ist dabei, wie weit die Reichweite der Subsidiaritätsklausel des § 246 I greift.

44

Die wohl h.L. nimmt nur eine Subsidiarität gegenüber Zueignungsdelikten an und verweist insoweit auf den gesetzgeberischen Willen, der sich nur auf Zueignungsdelikte bezogen habe.[149]

Der BGH ist dem entgegengetreten und vertritt eine Subsidiarität gegenüber allen Delikten mit höherer Strafandrohung. Denn der Wortlaut sei die äußerste Grenze der Auslegung strafrechtlicher Bestimmungen. § 246 I spreche aber nur generell von anderen Vorschriften im Gegensatz zu vergleichbaren Normen mit interner Subsidiaritätsklausel (vgl. §§ 265, 145d).[150]

Die besseren Argumente sprechen für die h.L. Denn dass § 246 beispielsweise durch eine Körperverletzung verdrängt werden sollte, widerspricht eindeutig dem Verständnis der Gesetzeskonkurrenzen.

Zudem ist der Wortlaut des § 246 I nicht so eindeutig, als dass der h.L. nicht gefolgt werde könnte. Denn allein die Tatsache, dass der Gesetzgeber in anderen Vorschriften präziser formuliert hat, besagt nicht, dass daraus zwingende Schlüsse auf die Vorschrift des § 246 I zu ziehen sind. Vielmehr ist vor allem auf den jeweiligen Systemzusammenhang abzustellen.

3. Tathandlung

a) Begriff der „rechtswidrigen Zueignung"

Der Täter muss sich die Sache *rechtswidrig zueignen*. Die Rechtswidrigkeit der Zueignung ist nach h.M. schon im objektiven Tatbestand zu prüfen, das Wort „rechtswidrig" deutet in § 246 I also nicht nur auf die zweite Stufe „Rechtswidrigkeit" des Deliktsaufbaus nach Bejahung des Tatbestands hin. Es muss sich also auch der Vorsatz des Täters auf die Rechtswidrigkeit der Zueignung beziehen.[151]

44a

---

[147] Instruktiv hierzu BGH, NZV 2010, 38 - 39 = **juris**byhemmer = **Life&Law 01/2010, 38 - 43**; vertiefend zu den verschiedenen Konstellationen beim „Schwarztanken" vgl. Lange/Trost, Strafbarkeit des Schwarztankens an der SB-Tankstelle, JuS 2003, 961 - 965.

[148] § 265a (Erschleichen von Leistungen) scheidet aus, da es schon am „Erschleichen" fehlt; A hatte in redlicher Absicht getankt.

[149] Siehe BT-Drucks. 13/8587, S. 43 f.

[150] BGH, NJW 2002, 2188 - 2190 = **juris**byhemmer; ausführlich dazu **Life&Law 10/2002, 686 - 691**.

[151] Vgl. Wessels, BT-2, Rn. 294; BGH, NJW 1969, 619.

Inhaltlich decken sich der Zueignungsbegriff und der Begriff der Rechtswidrigkeit mit dem, was bei § 242 im Rahmen der Zueignungsabsicht vorausgesetzt wird.[152] Während beim Diebstahl jedoch ein Handeln in der bloßen *Absicht* rechtswidriger Zueignung genügt, muss die Zueignung bei § 246 I *objektiv* vorliegen.

Manifestation des Zueignungswillens

Der Täter eignet sich die Sache i.S.d. § 246 I nur zu, wenn sich sein *Zueignungswille objektiv manifestiert*, d.h. wenn er Handlungen vornimmt, die ein objektiver Betrachter als Zueignung (= Aneignung plus Enteignung) verstehen muss.[153]

Wenn beispielsweise eine DVD ausgeliehen und nach Ablauf der Leihdauer trotz mehrfacher Mahnungen nicht zurückgegeben wird, scheidet eine Strafbarkeit wegen Unterschlagung regelmäßig aus. Denn nach h.M. genügt das bloße Unterlassen der zivilrechtlich geschuldeten Rückgabe der Sache nicht für die erforderliche Manifestation des Zueignungswillens. Das Unterlassen der Rückgabe könnte nämlich auch auf bloßer Nachlässigkeit beruhen.[154]

> ***Beispiele für eine eindeutige Manifestation des Zueignungswillens:***[155]
> *Verbrauch, Verarbeitung, Veräußerung und Verkauf fremder Sachen*

Verpfändet der Täter fremde Sachen, so eignet sie sich der Täter nur dann zu, wenn er zumindest ernstlich damit rechnet und sich damit abfindet, dass er sie nicht rechtzeitig wieder einlösen kann.

b) Wiederholte Zueignung

Problem: wiederholte Zueignung

Umstritten ist, ob eine Sache, die sich der Täter z.B. nach § 242 bereits zugeeignet hat, noch Gegenstand einer späteren Unterschlagung sein kann, z.B. wenn der Täter eine bereits gestohlene Sache weiterveräußert (sog. wiederholte Zueignung).[156]

45

E.A.: Konkurrenzlösung

Nach einer Ansicht soll jede Verwertung der bereits einmal zugeeigneten Sache eine erneute tatbestandliche Zueignung sein. Die wiederholten Zueignungsakte würden aber als mitbestrafte Nachtat regelmäßig hinter dem ersten Delikt zurücktreten (Konkurrenzlösung).[157] Nur so sei das Eigentum an einer deliktisch entzogenen Sache auch gegen weitere Eigentumsverletzungen (z.B. gegen Zueignung durch Verbrauch) geschützt.

Rspr./Teil der Lit.: Tatbestandslösung

Die Rspr. und ein Teil der Literatur vertreten dagegen die Auffassung, Zueignung sei ein dynamischer, einmaliger Vorgang zur Herstellung der Herrschaft über die Sache. Dies treffe auf die bloße Ausnutzung der Herrschaftsstellung nicht zu. Die folgenden Herrschaftsakte seien daher denknotwendig schon tatbestandlich keine Zueignungen mehr (Tatbestandslösung).[158] Für diese Fälle bildeten die §§ 259, 260 eine abschließende Regelung. Außerdem führe die Konkurrenzlösung zu einer praktisch unbegrenzten Verlängerung der Verjährungsfrist im Hinblick auf die Strafbarkeit durch das Erlangen des Gegenstandes.

46

---

[152] Vgl. die Ausführungen oben, Rn. 18 ff.

[153] Vgl. Wessels, BT-2, Rn. 279 m.w.N.

[154] So etwa LG Potsdam, NStZ-RR 2008, 143 - 144 = **juris**byhemmer.

[155] Zu weiteren Fällen: Wessels, BT-2, Rn. 281; Krey, BT-2, Rn. 166 ff.

[156] Siehe dazu **Life&Law 10/2002, 686 - 691 (691)**.

[157] SK-Hoyer, § 246, Rn. 31.

[158] BGHSt 14, 38 - 48 = **juris**byhemmer; Krey, BT-2, Rn. 173.

Habe der Täter die Sache demnach bereits durch einen strafbaren Diebstahl (oder §§ 249, 253, 263, 246) erlangt, sei eine erneute Zueignung i.R.d. § 246 nicht möglich. Dies soll jedoch nur insoweit gelten, als der Täter sich bei der ersten Zueignung auch tatsächlich strafbar gemacht hat.

Nach beiden Ansichten ist damit nur eine Strafbarkeit wegen der Vortat gegeben.

Unterschiede ergeben sich v.a. bei der Frage der *Teilnahme* an der nachfolgenden Unterschlagung. Während bei der Konkurrenzlösung eine Teilnahme an der Unterschlagung möglich ist, bleibt nach der Tatbestandslösung nur die Strafbarkeit wegen Hehlerei (§ 259) oder Begünstigung, § 257.

47

Auch falls die zeitlich vorhergehende Zueignung beispielsweise im schuldunfähigen Zustand i.S.v. § 20 begangen worden ist, können die beiden Ansichten zu unterschiedlichen Ergebnissen führen.

hemmer-Methode: Der Streit um die sog. „Tatbestands-" oder „Konkurrenzlösung" ist ein Klassiker, da bei der Verwertung von gestohlenen Sachen immer wieder neben den §§ 257, 259 auch die Unterschlagung im Raum steht. Beide Ansichten führen zwar i.d.R. nur bei der Teilnahme zu unterschiedlichen Ergebnissen. Trotzdem sollten Sie kurz auf diesen Streit eingehen, wenn eine wiederholte Zueignung vorliegt.
Außerhalb der Teilnahmefälle können Sie den Streit jedoch meist dahingestellt sein lassen. Falls Sie den Streit entscheiden müssen, erscheint die Rechtsprechung vorzugswürdig. Denn die faktische Unverjährbarkeit der Ersttat als Konsequenz der Konkurrenzlösung ist verfassungsrechtlich jedenfalls bedenklich.

48

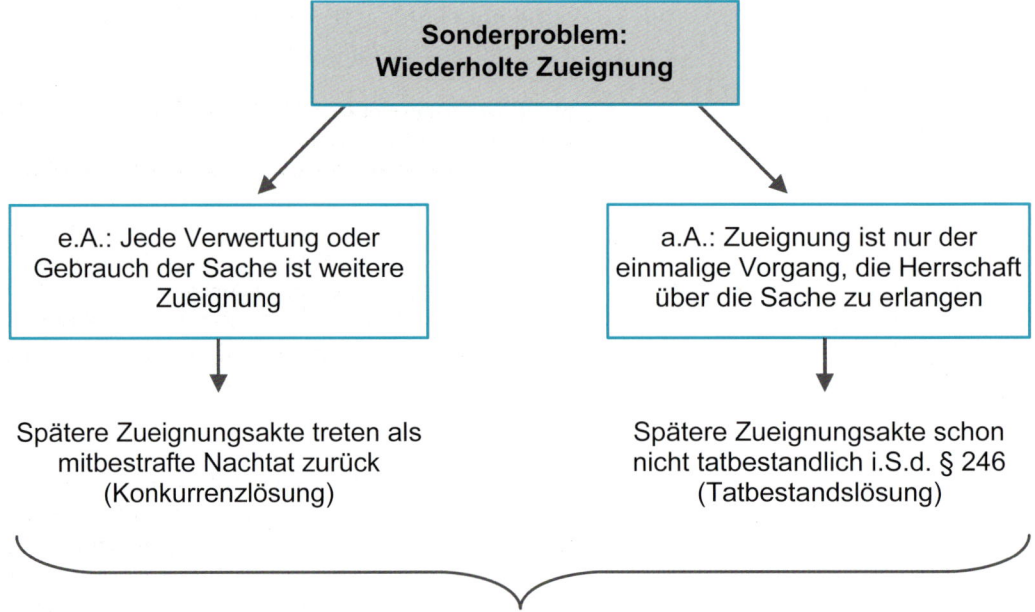

Sonderproblem:
Wiederholte Zueignung

e.A.: Jede Verwertung oder Gebrauch der Sache ist weitere Zueignung

a.A.: Zueignung ist nur der einmalige Vorgang, die Herrschaft über die Sache zu erlangen

Spätere Zueignungsakte treten als mitbestrafte Nachtat zurück (Konkurrenzlösung)

Spätere Zueignungsakte schon nicht tatbestandlich i.S.d. § 246 (Tatbestandslösung)

Streitentscheidung (soweit erforderlich):
Tatbestandslösung überzeugt, da sonst Ersttat faktisch unverjährbar

VII. Strafantragserfordernis beim Diebstahl bzw. der Unterschlagung, §§ 247, 248a

Bagatelldiebstahl

Nach § 248a werden der (einfache) Diebstahl (§ 242) und die Unterschlagung (§ 246) geringwertiger Sachen nur auf Antrag verfolgt. Diese Vorschrift stellt eine Strafverfolgungsvoraussetzung und damit eine prozessuale Privilegierung dar.

49

Hier kommt es ausschließlich auf die objektive Geringwertigkeit der Sache an. Irrtümer des Täters sind im Bereich von Strafverfolgungsvoraussetzungen grundsätzlich unbeachtlich.

hemmer-Methode: Beachten Sie also, dass die i.R.d. § 243 II dargestellte Irrtumsproblematik für § 248a keine Rolle spielt.

Haus- und Familiendiebstahl

§ 247 („Haus- und Familiendiebstahl") enthält ein weiteres (prozessuales) Strafantragsprivileg, hier jedoch hinsichtlich aller Formen des Diebstahls, d.h. auch hinsichtlich der §§ 243, 244.

§ 247 stellt in den verschiedenen Varianten auf ein enges Verhältnis zu dem Verletzten ab. § 242 schützt Eigentum und Gewahrsam. Daher kommt § 247, wenn Gewahrsamsinhaber und Eigentümer verschiedene Personen sind, nach e.A.[159] beim Diebstahl nur dann zur Anwendung, wenn die persönliche Beziehung des Täters zu beiden besteht. Nach dem BGH[160] genügt für die Anwendbarkeit des § 247 dagegen, dass eine persönliche Beziehung des Täters zum Eigentümer besteht. Eine solche Beziehung bezogen auf den Gewahrsamsinhaber fordert der BGH nur, wenn dieser ein „durch den Gewahrsam vermitteltes dingliches Recht an der gestohlenen Sache" hat.

> **Life&Law**: Stirbt der Verletzte eines Familiendiebstahls i.S.v. § 247, geht das Strafantragsrecht nicht auf die Angehörigen gemäß § 77 II über, da § 247 einen solchen Übergang nicht vorsieht. Die Erben des Verletzten eines Familiendiebstahls sind selbst nicht Verletzte i.S.v. § 77 I, wenn der Diebstahl bereits vor Eintritt des Erbfalls beendet war.[161]

VIII. Raub, § 249

Raub = Diebstahl + Nötigung

Der Raub ist ein aus dem objektiven und subjektiven Tatbestand des § 242 und einer (qualifizierten) Nötigung zusammengesetztes *eigenständiges* Delikt. *Schutzgüter* sind das Eigentum und die Willensfreiheit. § 249 verdrängt als Spezialvorschrift regelmäßig die §§ 242, 240.[162]

hemmer-Methode: Wird § 249 bejaht, müssen Sie den mitverwirklichten Diebstahl und die enthaltene Nötigung nicht näher erörtern.

> **Prüfungsschema zu § 249 I**
>
> **I. Tatbestand**
>
> **1. Objektiver Tatbestand**
>
> **a)** Tatobjekt: fremde bewegliche Sache
>
> **b)** Tathandlung: Wegnahme
>
> **c)** Nötigungsmittel: Gewalt gegen eine Person oder Anwendung von Drohungen mit gegenwärtiger Gefahr für Leib oder Leben
>
> **d)** Finalität: Täter setzt Nötigungsmittel zur Erzwingung der Wegnahme ein

---

[159]   Vgl. Krey, BT-2, Rn. 139; Lackner/Kühl, § 247, Rn. 2.

[160]   Vgl. BGHSt 10, 400 - 403.

[161]   Siehe dazu BGH, Beschluss vom 21.12.2016 – 3 StR 453/16 = **Life&Law 09/2017, 620 - 625**.

[162]   BGHSt 20, 235 - 238 (237) = **juris**byhemmer; Lackner/Kühl, § 249, Rn. 10.

> **2. Subjektiver Tatbestand**
>
> > **a)** Vorsatz bzgl. aller objektiven Tatbestandsmerkmale
> >
> > **b)** Absicht, die Sache sich oder einem Dritten rechtswidrig zu-
> > zueignen
>
> **II. Rechtswidrigkeit**
>
> **III. Schuld**

1. Gewalt gegen eine Person

Gewalt gegen eine Person

In § 249 wird eine qualifizierte Form der Gewalt, nämlich Gewalt *gegen eine Person*, vorausgesetzt (ebenso in § 252). Die Gewalt muss sich damit unmittelbar oder zumindest mittelbar gegen eine Person richten. Vorausgesetzt wird hier seit jeher, dass diese als *körperlich* wirkender Zwang empfunden wird.[163] Rein psychisch wirkender Zwang genügt beim Raub nicht. Außerdem muss die Ausübung körperlich vermittelnden Zwanges gerade der Überwindung geleisteten oder erwarteten Widerstands dienen.

hemmer-Methode: Der BGH bejahte eine Strafbarkeit wegen Raubes in einem Fall, in dem der Täter mit einem Deo-Spray in Richtung der Augen des Opfers sprühte und so – wie beabsichtigt – die Wegnahme eines Gegenstandes, der auf dem Tisch lag, ermöglichte. Der vom Täter gewollte Augenschließreflex genügte dem BGH, um eine physische Gewaltwirkung beim Opfer zu bejahen.[164]

Außerdem ist *reine Sachgewalt nicht ausreichend.* Aber auch dieses Kriterium wird verwässert, weil die Rspr. eine Einwirkung auf Sachen als ausreichend erachtet, sofern sie sich zumindest *mittelbar gegen eine Person* richtet. Auch Gewalt gegen Dritte kann ausreichen (z.B. gegen das Kind des Opfers).

> *Fall 1:* T nähert sich mit einem Motorrad von hinten der ahnungslos spazieren gehenden O. Im Vorbeifahren entreißt T der überraschten O ihre Handtasche.
>
> *Fall 2:* Die O sieht den herannahenden T im letzten Augenblick und hält instinktiv ihre Handtasche fest. T entreißt sie ihr dennoch.

Lösung Fall 1:

Fraglich ist für die Strafbarkeit nach § 249 I, ob T Gewalt gegen eine Person angewendet hat. Hier reicht auch eine unmittelbare Einwirkung auf Sachen aus, sofern diese sich zumindest *mittelbar gegen eine Person* richtet. Dies ist der Fall, wenn die Gewalt geeignet ist, einen erwarteten Widerstand des Opfers zu überwinden und von diesem als körperlicher Zwang empfunden wird.

Das überraschende Wegreißen der Handtasche ist hier jedoch nicht von körperlichem Zwang, sondern vor allem von List und Schnelligkeit geprägt. T wollte den Widerstand der O nicht überwinden, sondern diesem durch ein Überraschungsmoment zuvorkommen. T hat damit keine Gewalt gegen eine Person angewendet.

Lösung Fall 2:

Hier liegt Gewalt gegen eine Person vor. T hat einen bestehenden Widerstand der O durch körperlich wirkenden Zwang überwunden.

(Randnummern: 53, 54)

---

[163] Instruktiv hierzu BGH, Urteil vom 18.09.2019 – 1 StR 129/19 = **Life&Law 07/2020, 463 ff.** = juris*by*hemmer.

[164] Vgl. Siehe dazu BGH NStZ 2003, 89 ff. = **Life&Law 04/2003, 269 ff.** = juris*by*hemmer.

Subjektiv-finales Kriterium

Zu beachten ist in subjektiv-finaler Hinsicht, dass „Gewalt" nach dem modernen Gewaltbegriff nicht mehr voraussetzt, dass der Täter einen objektiv bestehenden Widerstand überwinden will. Es reicht aus, wenn ein subjektiv erwarteter Widerstand des Opfers ausgeschaltet werden soll.

> *Fall 1:* T sieht den besinnungslos betrunkenen O auf einer Parkbank liegen. Um ihm seine Brieftasche aus der Innentasche des Mantels wegnehmen zu können, hebt T den O von der Bank und legt ihn rücklings auf den Boden. T verschwindet sodann mit der Brieftasche.

> *Fall 2:* Da T befürchtet, O könne aus seinem Zustand aufwachen und ihm Schwierigkeiten bereiten, schleppt er ihn in einen einsamen Winkel des Parks. Dort nimmt T in aller Ruhe die Habseligkeiten des O an sich.

> Hat sich T gem. § 249 strafbar gemacht?

Lösung Fall 1:

T hat mit der Brieftasche eine fremde bewegliche Sache weggenommen. Insbesondere hat T den Gewahrsam des O gebrochen, da auch Schlafende und Bewusstlose Gewahrsam an den mitgeführten Sachen haben (sog. potentieller Gewahrsamswille).

Fraglich ist aber, ob T Gewalt gegen eine Person i.S.d. § 249 I angewendet hat. Zunächst hat T eine physische Zwangswirkung auf O ausgeübt, als er ihn von der Bank hob. „Gewalt" in diesem Sinne setzt aber subjektiv voraus, dass der Täter einen bestehenden oder erwarteten Widerstand des Opfers ausschalten will. Dies ist hier nicht der Fall, da T lediglich die Entnahme der Brieftasche durch das Umdrehen des O erleichtern wollte, ohne dass ein Widerstand desselben erwartet wurde. T hat damit keine Gewalt angewendet und ist lediglich nach § 242 strafbar.

Lösung Fall 2:

Fraglich ist, ob T „Personengewalt" i.S.d. § 249 I angewendet hat, als er O in den abgelegenen Winkel des Parks schleppte. Subjektiv setzt die Anwendung von Gewalt voraus, dass ein Widerstand des Opfers überwunden werden soll. Nicht erforderlich ist nach h.M.[165], dass das Opfer tatsächlich Widerstand leistet, eine Verhinderung eines vom Täter erwarteten Widerstandes reicht aus.

Es genügt z.B. die Unterdrückung von unbewussten Abwehrmaßnahmen eines fast bewusstlosen Opfers.[166] Da hier T die möglichen Abwehrmaßnahmen des O (Hilferufe etc.) von vornherein wirkungslos machen wollte, wendete er Personengewalt an und ist nach § 249 strafbar.

Somit bedeutet Gewalt gegen eine Person i.S.d. § 249 I

⇨ körperlich wirkender Zwang

⇨ zur Überwindung eines geleisteten oder erwarteten Widerstandes.

> **hemmer-Methode: Lernen Sie effektiv nach dem „Baukastenprinzip"!** Der umstrittene Gewaltbegriff erscheint in einer ganzen Reihe von Tatbeständen und sollte daher sicher beherrscht werden. Wenn Sie die Entwicklung des Gewaltbegriffs und die Systematik verstanden haben, sollten Sie sich die Besonderheiten der einzelnen Tatbestände einprägen: So ist i.R.d. § 249 (anders als i.R.d. § 240) der Streit um die Gewaltanwendung durch bloß psychisch wirkende Zwangsmittel nahezu ohne Bedeutung; der Raub setzt hier nach dem eindeutigen Wortlaut „Gewalt *gegen eine Person*" in jedem Falle körperlich wirkenden Zwang voraus.

---

[165] Sch-Sch-Eser, vor § 234, Rn. 22.

[166] BGHSt 16, 341 - 343.

2. Drohung mit gegenwärtiger Gefahr für Leib oder Leben

> **Eine Drohung bezeichnet**   *57*
>
> ⇨   das In-Aussicht-Stellen eines zukünftigen empfindlichen Übels
>
>   (⇨ Abgrenzung zur Gewalt),
>
> ⇨   auf dessen Verwirklichung der Täter Einfluss hat oder zu haben vorgibt
>
>   (⇨ Abgrenzung zur Warnung)
>
> ⇨   zwecks Erreichung eines Nötigungserfolgs.

Für eine Drohung mit gegenwärtiger Gefahr für Leib oder Leben muss das in Aussicht gestellte Übel die Wahrscheinlichkeit des Todes oder einer nicht ganz unwesentlichen Körperverletzung in sich tragen.[167] Dabei ist es ausreichend, wenn nur der *Anschein* der Ernstlichkeit erweckt wird und der Bedrohte die Verwirklichung der Gefahr wenigstens für möglich hält.

Abgrenzung: Drohung / Gewalt   Die *Abgrenzung zur Gewalt* kann im Einzelfall schwierig sein. So kann   *58*
fraglich sein, ob bei einer Drohung schon ein körperlich wirkender gegenwärtiger Zwang ausgeübt wird und damit Gewalt gegen eine Person vorliegt. Wenn z.B. das Opfer mit einer Pistole unmittelbar „bedroht" wird, kann je nach Gegenwärtigkeit bzw. Intensität der Zwangswirkung (Warnschüsse, unmittelbares Berühren des Opfers mit der Waffe u.ä.) bereits Gewalt i.S.d. § 249 gegeben sein.

Hauptabgrenzungskriterium   Hauptkriterium der Abgrenzung ist, dass die Drohung sich auf die Zukunft bezieht (künftiges Übel), die Gewalt auf die Gegenwart (gegenwärtiges Übel). Man könnte daher die Gewalt (jedenfalls die vis compulsiva) als „gegenwärtige Drohung"[168] bezeichnen. Die Drohung erfolgt zwar mit „gegenwärtiger Gefahr", ist aber dennoch auf die Zukunft gerichtet: Denn erst die zukünftige Verwirklichung der Gefahr ist das Übel.

hemmer-Methode: Prüfen Sie - dem Gutachtencharakter der Examensklausur entsprechend - regelmäßig sowohl die Gewalt- als auch die Drohungsalternative des § 249 an. Durch die Ausweitung des Gewaltbegriffs ergeben sich hier oft Überschneidungen. Stellen Sie in diesem Fall klar, dass die Drohungsalternative nur subsidiäre Bedeutung hat.

Abzugrenzen ist die Drohung ferner von der bloßen *Warnung*. Diese liegt vor, wenn jemand nur auf ein zukünftiges Übel aufmerksam macht, auf dessen Eintritt er keinen Einfluss hat, und dies auch deutlich macht.[169]

Abgrenzung: Drohung/Warnung   Hinsichtlich der erforderlichen Gegenwärtigkeit der angedrohten Ge-   *59*
fahr sei auf die Ausführungen in Hemmer/Wüst, Strafrecht AT I, Rn. 167 ff. verwiesen. Es genügt insbesondere auch eine sog. *Dauergefahr*.

3. Gewalt oder Drohung als Mittel zur Wegnahme (Finalität)

Mittel zur Wegnahme   Die Raubmittel (Gewalt oder Drohung) müssen vom Täter als *Mittel*   *60*
zur Wegnahme eingesetzt werden; die Nötigung muss - mit anderen Worten - subjektiv zum Zweck der Wegnahme erfolgen (*Finalität*).

---

[167]   RGSt 72, 229.

[168]   Vorsicht mit der Verwendung dieses Begriffs, nicht allen Korrektoren ist dieser geläufig.

[169]   Fischer, § 240, Rn. 36.

Erfolgt die Wegnahme nur „gelegentlich" im Verhältnis zur Nötigungs-handlung oder folgt sie der Gewaltanwendung nur zeitlich nach, kommt vollendeter Raub nicht in Betracht.[170]

> **Life&Law**: Für die Annahme eines Finalzusammenhangs zwischen qualifiziertem Nötigungsmittel und Wegnahme reicht es nicht aus, wenn das Opfer die Wegnahme unter dem Eindruck einer zuvor ohne Wegnahmeabsicht ausgesprochenen Drohung duldet.[171]

Str.: Kausalität Raubmittel - Weg-nahme?

Ob darüber hinaus die Raubmittel für das Gelingen der Wegnahme objektiv erforderlich sein müssen (*Kausalität*), ist strittig.

M.M.: Kausalität erforderlich

Eine Mindermeinung[172] hält die Kausalität für erforderlich, ebenso wie bei der Erpressung (dort Kausalitätserfordernis h.M.).

H.M.: Keine Kausalität erforderlich

Anders die h.M.:[173] Aus dem Vergleich des Wortlauts in §§ 240, 253 („durch Drohung") und § 249 („unter Anwendung von Drohungen") ergebe sich, dass Kausalität beim Raub - anders als bei §§ 240, 253 - nicht erforderlich sei.

Ausreichend sei daher, dass der Täter die Raubmittel subjektiv mit der Tendenz einsetze, die Wegnahme zu ermöglichen (= finale Verknüpfung). Die Raubmittel können dabei gegen den Gewahrsamsinhaber selbst, aber auch gegen jeden abwehrbereiten Dritten gerichtet werden.

> *Bsp.: A sieht neben dem B, der auf einer Parkbank Platz genommen hat, einen iPod liegen. Er fordert ihn mit vorgehaltener Pistole auf, den iPod herauszugeben. B erkennt erst jetzt den iPod, der ihm nicht gehört und von dem er auch nichts wissen will, und gibt ihn dem A.*
>
> Hier wäre die Drohung objektiv gesehen gar nicht zur Durchführung der Wegnahme (zur Abgrenzung zu § 255 vgl. unten) erforderlich gewesen.
>
> Dennoch genügt nach h.M. bereits die subjektive Vorstellung des Täters, dass die Nötigung der Wegnahme dienen soll, so dass A einen schweren Raub (§§ 249, 250 II Nr. 1) begangen hat.

Raubspezifische Einheit

Auch wenn es nach vorzugswürdiger Auffassung nicht auf einen äußeren Ursachenzusammenhang ankommt, muss jedoch zwischen der Anwendung der Raubmittel und der Wegnahme objektiv ein *enger örtlicher und zeitlicher Zusammenhang* bestehen, d.h. die Nötigung muss *unmittelbar* in die Wegnahmehandlung einmünden (sog. „raubspezifische Einheit"). An diesem Erfordernis fehlt es insbesondere dann, wenn der Gewahrsamsbruch dem Einsatz des Raubmittels erst einige Tage nachfolgt.

> **Life&Law**: Über die finale Verknüpfung von Nötigungshandlung und Wegnahme hinaus müssen beide den Raubtatbestand konstituierenden Elemente in einem zeitlichen und örtlichen Zusammenhang stehen. Für diesen Zusammenhang ist allerdings nicht erforderlich, dass der Ort der Nötigungshandlung und der Ort des Gewahrsamsbruchs identisch sind. Auch lassen sich verbindliche Werte zu einem zeitlichen Höchstmaß zwischen Einsatz des Nötigungsmittels und Wegnahme nicht benennen.[174]

---

[170] Instruktiv dazu BGH, NStz-RR 2002, 304 - 305 = **juris**byhemmer = **Life&Law 12/2002, 830 - 834**.

[171] Vgl. BGH, Beschluss vom 24.04.2018 – 5 StR 606/17 = **Life&Law 01/2019, 33 – 37** = **juris**byhemmer.

[172] SK-Günther, § 249, Rn. 36.

[173] Sch-Sch-Eser, § 249, Rn. 7.

[174] Siehe hierzu BGH, Urteil vom 22.06.2016 – 5 StR 98/16 = **Life&Law 12/2016, 863 – 866** sowie BGH, Beschluss vom 20.01.2016 – 1 StR 398/15 = **Life&Law 09/2016, 627 – 633** = **juris**byhemmer.

Abgrenzung zwischen beendeter / fortdauernder Gewaltanwendung

Problematisch ist zudem die Abgrenzung der Ausnutzung einer bereits *beendeten* von der noch *fortdauernden* Gewaltanwendung zur Ermöglichung einer Wegnahme.[175]

> *Fall:* Rocker R trifft auf der Straße auf den Passanten P. Um seinen aufgestauten Aggressionen ein Ventil zu verschaffen, schlägt R dem P ins Gesicht. Der verängstigte P fragt: „Was wollen Sie von mir? Mein Geld?" Das bringt den etwas einfältigen R auf die Idee, den P um dessen Geld zu erleichtern. Er nimmt dem P die Brieftasche aus der Jacke, während er seine rechte Faust ballt und P entgegenhält. Der P lässt ihn aufgrund der Angst vor weiteren Schlägen gewähren.
>
> Hat sich R nach § 249 I strafbar gemacht?

Zweifellos hat R mit den Schlägen ins Gesicht Gewalt gegen P angewendet. Fraglich ist jedoch, ob R die Gewalt final zur Wegnahme eingesetzt hat. Es genügt insofern das Ausnutzen noch fortdauernder Gewalt. Im vorliegenden Fall fasst der R den Tatentschluss zur Wegnahme jedoch erst nach Beendigung der Gewaltanwendung. Das Ausnutzen einer beendeten Gewaltanwendung stellt nach h.M. keine „Wegnahme mit Gewalt" i.S.d. § 249 I dar.

Trotzdem ist R gem. § 249 I zu bestrafen. Das Verhalten des R ist nämlich als konkludente Drohung mit weiteren Schlägen bei Gegenwehr und damit als „Drohung mit gegenwärtiger Gefahr für Leib oder Leben" anzusehen. Insofern ist die nötige Finalität zur Wegnahme gegeben.

R hat sich wegen eines Raubes strafbar gemacht.

> **hemmer-Methode: Falls das Opfer durch die Gewaltanwendung stirbt, punkten Sie mit dem Hinweis, dass Tote keinen Gewahrsam haben können. Dennoch ist natürlich noch eine „Wegnahme" möglich, nämlich wenn der Räuber sein Opfer tötete, um den Raub begehen zu können. Dann liegt der dafür erforderliche Gewahrsamsbruch schon in der Herbeiführung des Todes.**

Anders wäre dagegen der Fall zu beurteilen, wenn der Täter den Wegnahmeentschluss erst nach beendeter Gewalt*anwendung* ausführt, wobei er lediglich die noch fortdauernde Gewalt*wirkung* ausnutzt.

> *Bsp.:* T schlägt den O in einer ohne Raubvorsatz geführten tätlichen Auseinandersetzung nieder. Als T den bewusstlosen O näher begutachtet, beschließt er, die von O mitgeführte Brieftasche zu entwenden.

In diesem Fallbeispiel kann eine Bestrafung des T im vermögensstrafrechtlichen Bereich nur aus § 242, 243 I S. 2 Nr. 6 erfolgen, da es im Rahmen von § 249 an der erforderlichen Finalitätsbeziehung zwischen Gewaltanwendung und Wegnahme fehlt.

> **Life&Law:** Besonders problematisch ist der Fall, dass der Täter sein Opfer zunächst fesselt, um diesen misshandeln zu können und später den Entschluss fasst, auch die Brieftasche an sich zu nehmen. Zum Zeitpunkt der Gewalthandlung fehlte der Finalzusammenhang. Allerdings käme ein Raub durch Unterlassen in Betracht, §§ 249 I, 13. Denn der Täter unterließ es später jedenfalls auch, dem Opfer die Fessel zu lösen, um die Brieftasche zu erlangen. Es erscheint indes bedenklich, beim Raub ein Unterlassen als Nötigungsmittel zu konstruieren. Mangels Modalitätenäquivalenz („Entsprechungsklausel") i.S.d. § 13 ist es vielmehr vorzugswürdig, einen Raub durch Unterlassen abzulehnen.[176]

---

[175] Instruktiv hierzu BGH, Urteil vom 08.05.2013 – 2 StR 558/12 = **juris**byhemmer = **Life&Law 06/2014, 430 - 437**.

[176] Näher hierzu vgl. den background in **Life&Law 11/2006, 771 - 772**.

4. Zeignungsabsicht

Zueignungsabsicht

In subjektiver Hinsicht ist neben dem Vorsatz eine Zueignungsabsicht wie beim Diebstahl erforderlich.[177] Insoweit gilt das zu § 242 Gesagte.

61

Fall: *Nachdem Taxifahrer T den Fahrgast O an sein gewünschtes Ziel chauffiert hat, weigert sich dieser, den Fahrpreis in Höhe von 5 € zu bezahlen und will daraufhin aussteigen. T packt den O gewaltsam am Kragen und entreißt ihm seine Brieftasche, um seinen Anspruch durchzusetzen. O flüchtet daraufhin. Als T bemerkt, dass die Brieftasche einen sehr hohen Geldbetrag enthält, beschließt er, das ganze Geld zu behalten, und fährt davon.*

62

Strafbarkeit des T?

hemmer-Methode: Wer mitdenkt, lernt besser! Lösen Sie die Fälle zunächst eigenständig, bevor Sie weiter lesen. Nur so bekommen Sie einen Blick dafür, welche Probleme in einem Fall versteckt sind. Dieser Fall dient gleichzeitig der Wiederholung wichtiger Probleme der §§ 242 ff.

(1) T könnte sich *hinsichtlich der 5 €*, die er ursprünglich entwenden wollte, wegen eines Raubes strafbar gemacht haben. T setzte gegenüber O Personengewalt als Mittel zur Wegnahme der Brieftasche ein.

63

Fraglich ist jedoch, ob T zu diesem Zeitpunkt mit der Absicht rechtswidriger Zueignung hinsichtlich der 5 € handelte.

Die Zueignung ist nicht rechtswidrig, wenn der Täter auf den weggenommenen Gegenstand einen fälligen und einredefreien Anspruch hat. Aufgrund der Taxifahrt hatte T einen solchen Anspruch auf Übereignung von 5 €.

(a) Nach der Rspr. sind auch Geldschulden Gattungsschulden, so dass T kein Anspruch auf einen bestimmten Geldschein zusteht; T hatte damit keinen Anspruch auf einen 5 €-Schein gerade aus der Brieftasche des O. Die Zueignung war insoweit objektiv rechtswidrig.

(b) Ein Teil der Literatur sieht in Geldschulden dagegen eine sog. Wertsummenverbindlichkeit. Die Rechtswidrigkeit der Zueignung soll hier schon bei Bestehen eines Geldanspruches entfallen, da das Auswahlrecht des Schuldners bei Geldschulden ohne Bedeutung sei. Nach der h.L. scheidet damit ein Raub hinsichtlich der 5 € mangels rechtswidriger Zueignungsabsicht aus.

Folgt man der Rechtsprechung, so ist die Zueignung zwar objektiv rechtswidrig. Fraglich ist dann aber, ob T insoweit auch vorsätzlich handelte. Bezüglich der Rechtswidrigkeit der Zueignung ist zumindest bedingter Vorsatz erforderlich. Entscheidend ist hier, ob T glaubte, einen Anspruch auf 5 € gerade aus der Brieftasche des O zu haben; insoweit läge ein Tatbestandsirrtum nach § 16 I S. 1 vor.

Nimmt T dagegen irrtümlich an, dass er sich die 5 € unter Selbsthilfegesichtspunkten nehmen dürfe, so läge ein (vermeidbarer) Verbotsirrtum, § 17, vor. Die Rspr. neigt hier dazu, zugunsten des Täters im Zweifel einen Tatbestandsirrtum anzunehmen.[178] Dies ist auch sachgerecht, da die Fehlvorstellung eines konkreten Anspruchs für einen juristischen Laien lebensnäher ist (sog. „Parallelwertung in der Laiensphäre"). Auch nach der Rspr. ist T hinsichtlich der 5 € damit nicht nach § 249 strafbar.

(2) Zu prüfen ist weiter, ob sich T hinsichtlich der Entwendung des gesamten *Restgeldes* wegen Raubes strafbar gemacht hat.

64

---

[177] Vgl. hierzu **Life&Law 11/1998, 718 - 722 (719 f.)**.

[178] BGHSt 17, 87 - 94 = **juris**byhemmer.

T könnte Personengewalt als Mittel zur Wegnahme eingesetzt haben. Im Rahmen des § 249 dürfen die Raubmittel nicht bloße Begleiterscheinung sein, sondern müssen – zumindest nach der Vorstellung des Täters – das Mittel sein, um die Wegnahme zu ermöglichen. Daraus folgt, dass das *Ausnutzen* einer zunächst zu anderen Zwecken geschaffenen Zwangslage nicht ohne weiteres einen Raub begründet.

Entscheidend ist hier, ob der Täter seinen Wegnahmevorsatz *während der noch fortdauernden Gewaltanwendung* gefasst hat. Nutzt der Täter dagegen lediglich die fortdauernde Wirkung einer bereits beendeten Gewaltanwendung zur Wegnahme aus, so liegt nicht Raub, sondern lediglich ein Diebstahl (und eine Nötigung) vor.[179]

Im vorliegenden Fall hat T den Vorsatz, den gesamten Inhalt der Geldbörse wegzunehmen, zu einem Zeitpunkt gefasst, als O bereits geflüchtet war. Die Gewaltanwendung war damit bereits beendet. Folglich scheidet ein Raub hinsichtlich des *Restgeldes* aus.

hemmer-Methode: Es scheidet damit Raub insgesamt aus, weil hinsichtlich des geflüchteten Opfers auch keine Drohung angenommen werden kann.

Da T die Absicht, sich das Restgeld rechtswidrig zuzueignen, aber nicht im Zeitpunkt der Wegnahme, sondern erst zu einem späteren Zeitpunkt gefasst hat, ist er nicht nach § 242, sondern lediglich nach § 246 (in Tateinheit mit § 240) strafbar.

Life&Law: Nimmt ein Täter eine Sache weg, um sie als Druckmittel zur Durchsetzung einer Forderung zu benutzen, handelt er nicht mit Zueignungsabsicht. Grund hierfür ist, dass der Täter in dieser Konstellation weder die Sache noch den in ihr verkörperten Sachwert seinem Vermögen einverleiben will.[180]

IX. Schwerer Raub, § 250

§ 250 stellt eine Qualifikation zu § 249 dar, die aber auch auf den räuberischen Diebstahl (§ 252) und die räuberische Erpressung, (§ 255) Anwendung findet, da diese Delikte hinsichtlich des Strafrahmens auf den Raub verweisen („gleich einem Räuber"). Sie betrifft *besonders gefährliche* Formen des Raubes (bzw. der räuberischen Erpressung / des räuberischen Diebstahls).

65

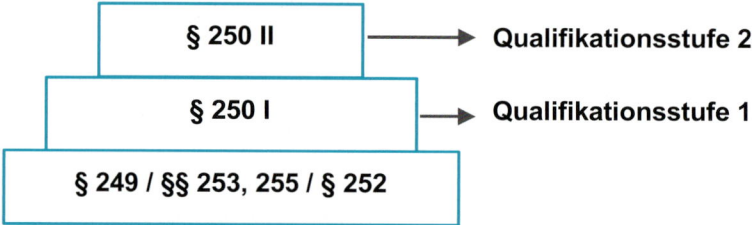

Die Qualifikationsmerkmale des § 250 sind vor allem im objektiven, teilweise jedoch auch im subjektiven Tatbestand zu verorten.

hemmer-Methode: Dies ist etwa bei § 250 I Nr. 1b der Fall. Achten Sie auf eine klare Gliederung, insbesondere wenn Sie Grundtatbestand und Qualifikation kombiniert prüfen.

---

179 Seier, Strafrecht-BT - Konnexität zwischen Gewalt und Wegnahme beim Raub, JA 1982, 617 - 618.

180 **Life&Law 11/1998, 718 - 721 (719)**.

§ 250 = Qualifikation

<u>Prüfungsschema zu §§ 249, 250 I Nr. 1b</u>

I. Tatbestand

  1. Objektiver Tatbestand

    a) § 249

      aa) Tatobjekt: fremde bewegliche Sache

      bb) Tathandlung: Wegnahme

      cc) Nötigungsmittel: Gewalt / Drohung

      dd) Finalität

    b) Qualifikationsmerkmal des § 250 I Nr. 1b: Bei-Sich-Führen eines Werkzeugs oder Mittels.

  2. Subjektiver Tatbestand

    a) bzgl. § 249

      aa) Vorsatz

      bb) Zueignungsabsicht

    b) bzgl. § 250 I Nr. 1b

      aa) Vorsatz bzgl. des „Bei-Sich-Führens"

      bb) Absicht, das Mittel notfalls einzusetzen („um den Widerstand zu überwinden")

II. Rechtswidrigkeit

III. Schuld

IV. Evtl. minder schwerer Fall, § 250 III

1. § 250 I: Erste Qualifikationsstufe

a) Raub mit Waffen oder anderen gefährlichen Werkzeugen, § 250 I Nr. 1a

Zwei Qualifikationsstufen

§ 250 I Nr. 1a

§ 250 I Nr. 1a ist wortgleich mit § 244 I Nr. 1a. Auch hier genügt ein „Bei-Sich-Führen" einer Waffe oder eines anderen gefährlichen Werkzeugs. Pönalisiert wird dadurch also bereits die abstrakte Eskalationsgefahr, die besteht, wenn bei einem Raub entsprechende Gegenstände überhaupt zur Verfügung stehen. Zu beachten ist, dass der speziellere § 250 II Nr. 1 diejenigen Fälle erfasst, bei denen der Täter das gefährliche Werkzeug beim Raub auch tatsächlich verwendet. **66**

Als Waffen i.S.d. § 250 I Nr. 1a werden insbesondere Waffen im technischen Sinne angesehen, also Schusswaffen und sonstige (insbesondere Hieb-, Stoß- und Stich-) Waffen, wobei die allgemeine und bestimmungsgemäße Eignung zur Verletzung im Mittelpunkt steht. Hier gilt das zu § 244 I Nr. 1 Gesagte sinngemäß, vgl. Rn. 37 ff.

b) Raub mit sonstigen Werkzeugen oder Mitteln, § 250 I Nr. 1b

§ 250 I Nr. 1b

§ 250 I Nr. 1b ist wie § 244 I Nr. 1b als Auffangtatbestand formuliert. Auch hier kommt es auf die Absicht des Täters an, den Widerstand des Opfers mit Hilfe eines Werkzeuges oder Mittels zu verhindern oder zu überwinden (vgl. dazu das Aufbauschema oben), nicht aber auf die objektive Gefährlichkeit. **67**

Scheinwaffen

Mit dieser Neufassung sind nun nach dem ausdrücklich erklärten Willen des Gesetzgebers auch so genannte „Scheinwaffen" erfasst.[181]

Fesseln

Neben „Scheinwaffen" fallen auch Fesseln, Tücher, Kabelstücke[182] usw., d.h. Gegenstände, die zur gewaltsamen Überwindung eines Widerstandes eingesetzt werden sollen, unter § 250 I Nr. 1b.

Nach der Neufassung des § 250 I hat der Gesetzgeber klargestellt, dass – anders als bei § 250 I Nr. 1a – bei § 250 I Nr. 1b gerade keine objektive Gefährlichkeit des Tatmittels erforderlich ist. Dafür spricht die Tatsache, dass der Begriff der „Schusswaffe" in der Fassung des § 250 I Nr. 1a durch „Waffe oder ein anderes gefährliches Werkzeug" ersetzt wurde. Demnach sollten nach der Neufassung alle gefährlichen Tatmittel von § 250 I Nr. 1a erfasst sein.

Im Umkehrschluss kann jedoch bei § 250 I Nr. 1b für „sonst ein Werkzeug oder Mittel" eine objektive Gefährlichkeit gerade keine Voraussetzung mehr sein, da bei deren Vorliegen stets Nr. 1a einschlägig wäre. Daher kann es – soweit das Werkzeug zu Drohungszwecken eingesetzt werden soll – nur auf die beabsichtigte subjektive Zwangswirkung beim Opfer ankommen, wie es die Rspr. schon bisher für § 250 I Nr. 2 a.F. annahm. Eine solche subjektive Zwangswirkung wird gerade auch bei einer Scheinwaffe beabsichtigt.[183]

Zu beachten ist allerdings im Rahmen des § 250 I Nr. 1b, dass der BGH für die Tauglichkeit eines Gegenstandes als „Scheinwaffe" eine teleologisch restriktive Auslegung vornimmt.

> *Fall:* A will B berauben. Dabei bedroht er B damit, dass er ihm erklärt, er sei bewaffnet. Dies spiegelt er dadurch vor, dass er ein kurzes gebogenes Plastikrohr so unter der Jacke hält, dass sich diese ausbeult. B unterlässt daraufhin jeden Widerstand, als A ihm das Geld wegnimmt.
>
> Lösung:
>
> (1) Weder § 250 II Nr. 1 noch § 250 I Nr. 1a sind erfüllt, in beiden Fällen wäre ein objektiv gefährliches Werkzeug erforderlich.
>
> (2) Es könnte jedoch § 250 I Nr. 1b eingreifen. Dieser Fall des schweren Raubes verlangt – wie sich aus seiner Formulierung als Auffangtatbestand ergibt – keine objektive Gefährlichkeit des verwendeten Werkzeugs oder Mittels. Vielmehr genügt nach dem Wortlaut, dass der Täter den Gegenstand derart verwenden will, dass beim Opfer der Eindruck der Drohung mit einer Waffe entsteht. Dies ist hier der Fall.
>
> Gleichwohl dürfen bei der Auslegung der Merkmale „Werkzeug oder Mittel" objektive Gesichtspunkte nicht gänzlich unberücksichtigt bleiben.[184] Der Gegenstand muss vielmehr nach seiner objektiven Erscheinung „unter den konkreten Umständen seiner geplanten Anwendung aus der Sicht des Täters *ohne weiteres geeignet"* sein, bei dem Opfer den Eindruck der Gefährlichkeit hervorzurufen. Ob das Opfer den Gegenstand unmittelbar wahrnimmt oder nicht, spielt dabei keine Rolle.

---

[181] Vgl. BT-Drucks. 13/9064, S. 18; 13/8587, S. 44; vgl. hierzu Kudlich, Neue Schwierigkeiten beim schweren Raub (§ 250 StGB), **Life&Law 11/1998, 812 - 816**; BGH, StV 1999, 91 - 92 = **juris**byhemmer; BGH, NStZ-RR 1998, 294 - 295 (295) = **juris**byhemmer; zu einem einschränkenden Ansatz Lesch, Waffen, (gefährliche) Werkzeuge und Mittel beim schweren Raub nach dem 6 StrRG, JA 1999, 30 - 38.

[182] Ein Beispiel aus der Rechtsprechung etwa in BGH, NJW 1989, 2549 - 2550 = **juris**byhemmer.

[183] Zur Spielzeugpistole als „sonstiges Mittel" i.S.d. § 250 I Nr. 1b siehe BGH, NStZ 2002, 31 - 33 = **juris**byhemmer; ausführlich dazu **Life&Law 04/2003, 249 - 255**.

[184] BGH, NStZ 1992, 129 - 130 = **juris**byhemmer.

Für diese restriktive Auslegung spricht, dass erst die Äußerungen des A beim B die entsprechende Einschüchterung bewirkten. Die täuschende Erklärung steht dabei so sehr im Vordergrund, dass eine Anwendung des § 250 I Nr. 1b den Gesetzeszweck verfehlen würde. Ein Opfer, das auf die bloße verbale Erklärung des Täters hin die Existenz eines gefährlichen Mittels annimmt, ist auch weniger schutzwürdig.[185] Dies zeigt die Nähe zu dem Fall, bei dem ein Täter mit dem Zeigefinger unter der Jacke droht, es folglich schon an einem „Werkzeug oder Mittel" fehlen würde.

(3) Im Ergebnis ist A nur wegen einfachen Raubes, § 249, strafbar.

> **Life&Law**: Diese Rechtsprechung hat der BGH in NJW 1996, 2263 bestätigt für den Fall, dass ein offensichtlich ungefährlicher Gegenstand (Labello-Stift) zur Drohung verwendet wird. Arg.: Auch hier könne der Gegenstand „seiner Art nach" nur unter Täuschung über dessen wahre Eigenschaft bei der Tat eingesetzt werden. Entscheidend für die Bejahung einer „Scheinwaffen"-Eigenschaft ist damit, ob der verwendete Gegenstand nach seinen objektiven Merkmalen in der konkreten Tatsituation geeignet wäre, auf das Opfer einen „nachhaltigen Eindruck" zu machen. Insoweit kommt es auf die Sicht eines objektiven Betrachters an. Ob das Tatopfer im konkreten Einzelfall eine solche Beobachtung tatsächlich machen kann oder ob der Täter dies durch täuschendes Vorgehen gerade vereitelt, ist dabei unerheblich.[186]

Sonstige Werkzeuge oder Mittel, § 250 I Nr. 1b

„Scheinwaffen"	**Sonstige Mittel**
• Z.B. täuschend echt aussehende Spielzeugpistole • BGH: „Scheinwaffen-Charakter" (-), wenn Gegenstand in konkreter Tatsituation objektiv ungeeignet, „Eindruck" auf das Opfer zu machen	Z.B. Fessel, Knebel etc.

c) Gefahr der schweren Gesundheitsschädigung, § 250 I Nr. 1c

§ 250 I Nr. 1c

Nr. 1c ist kein erfolgsqualifiziertes Delikt, sondern ein *konkreter Gefährdungstatbestand*. Fraglich ist, was unter einer „schweren Gesundheitsschädigung" zu verstehen ist. Dieser Begriff reicht weiter als derjenige der schweren Körperverletzung i.S.d. § 226. Es genügt, dass die Raubtat das Opfer in die konkrete Gefahr einer ernsten langwierigen Krankheit, einer ernsthaften Störung der körperlichen Funktionen oder einer erheblichen Beeinträchtigung seiner Arbeitskraft bringt.[187]

Die schwere Gesundheitsschädigung muss nicht wirklich eingetreten sein. Es reicht aus, wenn eine *konkrete Gefahr* vorliegt. Es genügt die konkrete Gefährdung irgendeines anderen, nicht aber die Gefährdung des Tatkomplizen. § 18 ist nicht anwendbar, weil es sich ja nicht um ein erfolgsqualifiziertes Delikt handelt. Daher muss der Täter mit einem sog. *Gefährdungsvorsatz,* d.h. mindestens mit dolus eventualis hinsichtlich der konkreten Gefährdung, handeln.

68

---

[185] Vgl. Mitsch, Zum Raub mit einer vom Opfer nicht wahrgenommenen Scheinwaffe, NStZ 1992, 434 - 436 (435).

[186] BGH, Beschluss vom 11.05.2011 – 2 StR 618/10 = **Life&Law 04/2012, 275 - 279**. Vgl. zu diesem Problemkreis auch BGH, Urteil vom 12.07.2017 – 2 StR 160/16 = **Life&Law 01/2018, 24 – 28 = juris**byhemmer.

[187] Vgl. Schroth, Zentrale Interpretationsprobleme des 6 Strafrechtsreformgesetzes, NJW 1998, 2861 - 2866 (2865) sowie ausführlich **Life&Law 10/2002, 692 - 697**.

Beachten Sie, dass für die vorsätzlich herbeigeführte *Todes*gefahr der speziellere § 250 II Nr. 3b gilt.

hemmer-Methode: Nach der Rechtsprechung genügen als Anknüpfungspunkt für die Gefährdung alle Handlungen, die bereits das Versuchsstadium erreicht haben bis hin zur Tatbeendigung (str.). Dies hat zur Konsequenz, dass nach der Rechtsprechung ein schwerer Raub i.S.d. §§ 249 I, 250 I Nr. 1c vorliegen kann, wenn in der Beutesicherungsphase Straßenpassanten während der Flucht des Täters mit einem Auto der konkreten Gefahr schwerer Gesundheitsschädigungen ausgesetzt werden. Etwas anderes gilt jedoch dann, wenn die die Lebensgefahr verursachende Handlung nicht mehr von Beutesicherungsabsicht getragen ist.[188]

d) Bandenraub, § 250 I Nr. 2

§ 250 I Nr. 2

Hier ergeben sich keine Abweichungen zu § 244 I Nr. 2. Es kann somit auf die obigen Ausführungen (vgl. Rn. 39) verwiesen werden.

2. § 250 II: zweite Qualifikationsstufe

a) Verwendung einer Waffe oder eines anderen gefährlichen Werkzeugs, § 250 II Nr. 1

§ 250 II Nr. 1

Im Unterschied zur ersten Qualifikationsstufe in § 250 I Nr. 1a wird hier nicht auf die abstrakte Gefährlichkeit des „Bei-Sich-Führens" abgestellt, sondern die tatsächliche Verwendung einer Waffe oder eines anderen gefährlichen Werkzeugs verlangt. Eine solche „Verwendung" liegt schon dann vor, wenn der Täter z.B. eine Schusswaffe zur Drohung benutzt.[189] Das bloße Bei-Sich-Führen genügt nicht zur Annahme der Verwendung.

69

> *Fall 1[190]: T bedroht bei einem Banküberfall den Bankangestellten mit einer geladenen Gaspistole; dieser ist jedoch durch eine schusssichere Glaswand geschützt. Zum Zeitpunkt des Banküberfalls befindet sich kein Kunde in der Bank.*

> Bei der Gaspistole handelt es sich um eine Waffe i.S.d. § 250 II Nr. 1. Diese wurde vorliegend auch verwendet, da die Gaspistole als Drohmittel zum Einsatz kam.

> Der 4. Strafsenat des BGH[191] erwog zunächst in diesem Fall eine restriktive Auslegung des Merkmals des Verwendens, da im vorliegenden Fall keine konkrete Gefährdung von Menschen eintrat. Der 1. und der 3. Strafsenat des BGH waren dagegen der Ansicht, dass das Merkmal des Verwendens keiner eigenständigen Auslegung im § 250 II Nr. 1 zugänglich ist. Außerdem fürchteten sie drohende Beweisschwierigkeiten, wenn auf die Gefährlichkeit im Einzelfall abgestellt würde. Aus diesem Grund sah der 4. Senat von einer Weiterverfolgung seiner Ansicht ab. Dies ist zu begrüßen, da derartige Fälle über § 250 III einer angemessenen Strafe zugeführt werden können.

> *Fall 2[192]: T bedroht beim Überfall den Angestellten mit einer Gaspistole. Diese ist jedoch nicht geladen. Die dazugehörige Munition führt T jedoch in einem Rucksack mit sich.*

---

[188]   So bezüglich § 250 II Nr. 1 bzw. 3 festgestellt von BGHSt 55, 79 - 82 = **juris**byhemmer = **Life&Law 10/2010, 675 - 680**.

[189]   Vgl. die Vorgaben des Gesetzgebers BT-Drs. 13/7164, S. 45; 13/8587, S. 45; Kudlich, Zum Stand der Scheinwaffenproblematik nach dem 6. Strafrechtsreformgesetz, JR 1998, 357 - 359.

[190]   Vgl. BGH, JR 1999, 33 = **juris**byhemmer, mit Anm. Dencker, JR 1999, 33 - 36.

[191]   Vgl. zum Ganzen Kudlich, Waffen, gefährliche und andere Werkzeuge – und kein Ende, **Life&Law 07/1999, 471 - 474**.

[192]   Vgl. BGH, StV 2000, 77 - 78 = **juris**byhemmer = **Life&Law 05/2000, 328 - 334**.

Der BGH verneinte in diesem Fall die Anwendbarkeit von § 250 II Nr. 1. Begründet wurde dies mit der Systematik des § 250, der in Abs. 2 Nr. 1 und Abs. 1 Nr. 1a zwischen dem Verwenden und dem Bei-Sich-Führen differenziert. Verwendet wurde eine ungeladene und damit objektiv ungefährliche Waffe. Daran ändert nach Auffassung des erkennenden Senats auch die Tatsache nichts, dass die Waffe sekundenschnell objektiv gefährlich gemacht werden kann.

Bei der Auslegung des Begriffs „gefährliches Werkzeug" kann man sich hier wohl – solange keine entgegenstehende Rechtsprechung existiert – an der Definition orientieren, die zu § 223a a.F. (= § 224 I Nr. 2 n.F.) entwickelt wurde. Anders als bei § 244 I Nr. 1a und § 250 I Nr. 1a (vgl. dort, Rn. 37 bzw. Rn. 66) macht es bei der „Verwendung" des Werkzeugs Sinn, auf die Art der konkreten Nutzung im Einzelfall abzustellen.

Damit können auch Gegenstände zu „gefährlichen Werkzeugen" werden, die generell nicht als gefährlich gelten würden, aber wegen der besonderen Art der Verwendung konkret geeignet sind, erhebliche Verletzungen herbeizuführen.

> **Bspe.:** *Gespitzter Bleistift, wenn er in das Auge gestochen wird; Schuh am Fuß bei Tritt gegen empfindliche Stellen des Körpers; aufgehetzter Hund.*

Diese – wegen der Parallelität zu § 223a a.F. sicher dem gesetzgeberischen Willen entsprechende – Auslegung ist kein Problem für die Vertreter der Ansicht, die auch i.R.d. § 250 I Nr. 1a beim gefährlichen Werkzeug einen entsprechenden Verwendungswillen verlangen. Für sie besteht kein Bedürfnis, zum Werkzeugbegriff des § 250 II Nr. 1 überhaupt Stellung zu nehmen.

Wer einen objektivierten Begriff des gefährlichen Werkzeugs bevorzugt, gerät in ein Dilemma:

Entweder man schränkt den Begriff des gefährlichen Werkzeugs auch bei § 250 II ein, entfernt sich damit aber in den Fällen, in denen das nicht erforderlich ist, vom gesetzgeberischen Willen, und kommt zu unbefriedigenden Ergebnissen, wenn im konkreten Fall das Werkzeug tatsächlich gefährlich eingesetzt wird (z.B. wenn das Opfer mit einem Schnürsenkel stranguliert wird).

Oder aber man definiert das Werkzeug in § 250 II im hergebrachten Sinne unter Einbeziehung der konkreten Verwendung und kommt damit zu einem unterschiedlichen Verständnis eines Begriffs innerhalb des gleichen Tatbestandes.

Beide Wege sind sicher unbefriedigend. Vorzugswürdig erscheint der zweite Weg eines unterschiedlichen Begriffsverständnisses in § 250 I Nr. 1a und II.

Hinsichtlich des Konkurrenzverhältnisses von § 250 II Nr. 1 zu § 250 I Nr. 1a, b spricht viel dafür, dass § 250 II Nr. 1 als lex specialis § 250 I Nr. 1a, b verdrängt, da der Unrechtsgehalt beider Vorschriften in der Verwendung einer Waffe bzw. eines gefährlichen Werkzeugs mit enthalten ist.[193]

b) Bandenraub mit Waffen, § 250 II Nr. 2

§ 250 II Nr. 2

Die Qualifikation ist eine Kombination aus Abs. 1 Nr. 1a und Abs. 1 Nr. 2. Insoweit dürften sich keine besonderen Probleme stellen. Auffällig ist nur, dass § 250 II Nr. 2 lediglich die mitgeführte „Waffe" erfasst, nicht aber das „gefährliche Werkzeug".

70

---

[193] Kudlich, Waffen, gefährliche und andere Werkzeuge - Neue Schwierigkeiten beim schweren Raub (§ 250 StGB), **Life&Law 12/1998**, 812 - 816 **(816)**.

c) Lebensgefährdender Raub und schwere körperliche Misshandlung, § 250 II Nr. 3

§ 250 II Nr. 3

§ 250 II Nr. 3a erfasst die Fälle, bei denen die Gewaltanwendung i.R.v. § 249 eine schwere körperliche Misshandlung darstellt.

71

Bei § 250 II Nr. 3b gilt dasselbe wie zu Abs. I Nr. 1c, mit der Maßgabe, dass hier eine Todesgefahr herbeigeführt worden sein muss.

hemmer-Methode: Prägen Sie sich den Deliktscharakter („konkretes Gefährdungsdelikt") der §§ 250 I Nr. 1c und 250 II Nr. 3b und die Nichtanwendbarkeit des § 18 ein (= häufige Fehlerquelle).

X. Raub mit Todesfolge, § 251

hemmer-Methode: Wiederholen Sie vor der Lektüre dieses Kapitels Strafrecht AT I, Rn. 684 ff. sowie zum Versuch des erfolgsqualifizierten Delikts Strafrecht AT II, Rn. 36.
Dort sind bereits die grundsätzlich bei allen erfolgsqualifizierten Delikten auftretenden Probleme sowie das grundlegende Aufbauschema dargestellt.

1. Die Regelung des § 251

§ 251 = erfolgsqualifiziertes Delikt

Bei § 251 handelt es sich um ein sog. *erfolgsqualifiziertes Delikt*. Der Tod eines anderen Menschen muss objektiv „durch den Raub" eingetreten sein.

72

Prüfungsschema zu § 251

I. Tatbestand

   1. **§ 249**

      a) Objektiver Tatbestand, s.o.

      b) Subjektiver Tatbestand, s.o.

   2. **§ 251**

      a) Verursachung des Todes durch den Raub

         aa) Kausalität

         bb) Unmittelbarkeitszusammenhang

      b) Leichtfertigkeit oder Vorsatz

         aa) Grobe objektive Sorgfaltspflichtverletzung

         bb) Objektive Vorhersehbarkeit des Erfolgs

II. Rechtswidrigkeit

III. Schuld

   Hier bei Leichtfertigkeit subjektive Fahrlässigkeitselemente prüfen

a) Das Unmittelbarkeitskriterium

Unmittelbarkeitsbeziehung zw. Raub und Todesfolge

Wegen der hohen Strafdrohung ist eine *Unmittelbarkeitsbeziehung* zwischen Raub und Todesfolge erforderlich. Dafür ist die Realisierung einer *tatbestandsspezifischen Gefahr* notwendig. Die schwere Folge muss demnach auf die dem Raub eigentümliche Gewaltanwendung oder Drohung zurückzuführen sein.

73

hemmer-Methode: Dies ist z.B. nicht der Fall, wenn der Tod durch die Wegnahme eines lebenswichtigen Medikaments eintritt. Denn die tatbestandsspezifische Gefahr des Raubes besteht nicht in der Wegnahme, sondern in der Anwendung der Raubmittel.

Der „andere Mensch" kann nicht nur das Opfer, sondern jeder Dritte sein (z.B. bei einem „Querschläger"). Problematisch ist, ob auch der Tatkomplize (z.B. ein Mittäter) als „anderer Mensch" einzustufen ist.

74

> ***Bsp.:*** *A und B überfallen gemeinsam eine Bank. Wie von beiden beabsichtigt, gibt A ein paar Schüsse ab, um die Bankangestellten einzuschüchtern. Ein Querschläger tötet B. Der A handelte insoweit leichtfertig.*

Fraglich ist, ob § 251 erfüllt ist, wenn der Täter im Rahmen eines Raubes seinen Mittäter aus Leichtfertigkeit tötet. Dabei lassen sich i.R.d. Tatbestandes des § 251 drei Problemkreise unterscheiden:

Rechtsfolge des § 25 II

Zunächst stellt sich die Frage, ob ein Mittäter überhaupt eine „andere Person" ist. Denn über § 25 II werden wechselseitig die objektiven Tatbeiträge zugerechnet. Dem B wären demnach auch die von A abgegebenen Schüsse zuzurechnen. Dann aber ist B nicht „Opfer des A". Dem kann jedoch entgegen gehalten werden, dass die Zurechnung über § 25 II nichts daran ändert, dass in rein tatsächlicher Hinsicht B eine aus Sicht des A „andere Person" darstellt.

Täter kann nicht zugleich Opfer sein

Zweitens ist zu problematisieren, ob B, der ja auch „Täter" war, seinerseits gleichzeitig „Opfer" sein kann. Argumentieren ließe sich, dass als Opfer nur ein „anderer Mensch" in Betracht komme und damit gerade nicht ein (Mit-)Täter. Jedoch bedürfen auch die Rechtsgüter von Tätern grundsätzlich eines Schutzes durch die Rechtsordnung. Sonst entstünde ein rechtsfreier Raum. Auch das Leben eines Täters ist daher grundsätzlich geschütztes Rechtsgut.

Zurechnungsproblem

Schließlich ist fraglich, ob A für den Tod des B überhaupt verantwortlich gemacht werden kann. Denn B hat sich selbst in die Gefahr begeben. B wusste von der Gefahr, denn er hatte mit A die Abgabe der Schüsse besprochen. Da insoweit B selbst für seine Gefährdung verantwortlich zu machen ist, kann nicht A für den Tod des B bestraft werden. Es liegt insoweit eine eigenverantwortliche Selbstgefährdung des B vor.[194] A ist nicht wegen § 251 zu bestrafen.[195]

hemmer-Methode: Die Problematik, ob auch ein Mittäter als ein „anderer" und damit als Opfer in Betracht kommt, besteht bei zahlreichen Vorschriften, z.B. auch bei der Brandstiftung mit Todesfolge, § 306c, oder bei den Verkehrsdelikten, z.B. § 315c. Der Problemkreis ist sehr umstritten, weshalb es in der Klausursituation vor allem auf Ihr Argumentationsvermögen ankommt.

b) Tödliche Gewalt im Beendigungsstadium des Raubes

Nach der Rspr. des BGH steht der Beurteilung eines Geschehens als Raub mit Todesfolge nicht entgegen, dass die Todesfolge erst nach Vollendung, aber noch vor Beendigung des Raubes eintritt.

75

> ***Fall:*** *Räuber R überfällt eine Bank. Bei der anschließenden Flucht vor dem ihn verfolgenden Polizisten P feuert R gezielte Schüsse auf diesen ab. Er verfehlt jedoch P und trifft stattdessen leichtfertigerweise die Passantin K tödlich. Strafbarkeit des R gem. § 251?*

---

[194] Abzugrenzen ist die Selbstgefährdung von einer Fremdgefährdung, welche vorliegend als Einwilligung zu behandeln wäre. Da B sich jederzeit der Gefahr hätte entziehen können und damit jedenfalls auch Tatherrschaft hatte, ist es vorzugswürdig, von einer Selbstgefährdung auszugehen.

[195] Instruktiv dazu Wirsch, Tatbeteiligte als Tatopfer, JuS 2006, 400 - 404.

Der R hat einen vollendeten Raub gem. § 249 I begangen. Fraglich ist alleine, ob der Tod der K i.S.v. § 251 gerade durch den Raub verursacht wurde.

Problematisch ist vorliegend, dass der Raub mit der Wegnahme bereits vollendet war, als der R die K erschoss. Fraglich ist somit, ob sich in der Todesfolge gerade die *tatspezifische Gefahr* realisiert hat.

Im Schrifttum wird vertreten, „durch den Raub" meine eine final zur Wegnahme eingesetzte Gewalt, nicht aber eine zur Wegnahmesicherung eingesetzte Gewalt.[196] Die Bejahung der §§ 249, 251 in der Phase zwischen Vollendung und Beendigung verwische die Grenzziehung zu § 252, der anerkanntermaßen in diesem Stadium Platz greift. Die i.R.d. § 252 geforderten Grenzen würden sonst verwischt.

Trotzdem hat der BGH aus § 251 bestraft.[197] Bei Raubdelikten bestehe eine tatspezifische Gefahr auch in der Phase der Flucht und Beutesicherung. Die Gefahr, dass ein bewaffneter Täter seine Waffe nicht nur zur Wegnahme, sondern auch zur Abwehr der Verfolger und zur Beutesicherung einsetzt, sei nicht geringer einzuschätzen. Der BGH tritt dem Lösungsvorschlag der Literatur entgegen, welche allein § 252 nach Vollendung des Diebstahls anwenden möchte. Da § 252 eine Beuteerhaltungsabsicht erfordert, auf der Flucht es aber häufig nur um die Fluchtsicherung gehen wird, könnte nach der Literatur der Täter häufig allein über § 222 für die Tötung eines Menschen verantwortlich gemacht werden.

Für die Lösung des BGH sprechen vor allem kriminalpolitische Argumente. Gleichwohl ist die Literatur vorzugswürdig. Denn andernfalls kommt es zu einer „Überlagerung" der Anwendungsbereiche von § 249 und § 252.

> **Life&Law:** § 251 StGB kann auch in der Zeit zwischen Vollendung und Beendigung einer Raubtat verwirklicht werden. Dafür ist nicht erforderlich, dass der Täter mit fortbestehender Zueignungs-, Bereicherungs- oder Beutesicherungsabsicht handelt. Ausreichend ist, dass der Täter die zum Tode führende Gewalt zur Flucht oder Beutesicherung anwendet, sofern sich in der schweren Folge noch die spezifische Gefahr des Raubes realisiert und der Raub bzw. die räuberische Erpressung noch nicht beendet war.[198]

> **hemmer-Methode:** Bei dem soeben dargestellten Fall handelt es sich um einen Klassiker, der sich als Examensfall hervorragend eignet. Welcher Auffassung Sie im Ergebnis folgen, ist eine Frage des Geschmacks. Jedenfalls wenn das Raubgeschehen beendet ist, kommt auch keine Strafbarkeit gem. § 251 in Betracht.

c) Subjektive Komponente

Nach der Grundnorm des § 18 genügt es, wenn der Täter bei erfolgsqualifizierten Delikten hinsichtlich der besonderen Folge wenigstens fahrlässig handelt.

Leichtfertigkeit

Davon weicht § 251 ab, indem hier als Untergrenze wenigstens Leichtfertigkeit hinsichtlich der Todesfolge gefordert wird.

Die Leichtfertigkeit entspricht dem Begriff der groben Fahrlässigkeit im Zivilrecht, d.h. es ist eine gesteigerte Form der Fahrlässigkeit erforderlich.

---

[196] Rengier, Tödliche Gewalt im Beendigungsstadium des Raubes, BGHSt 38, 295, JuS 1993, 460 - 463 m.w.N.

[197] BGHSt 38, 295 - 300 = **juris**byhemmer.

[198] BGH, Beschluss vom 20. Juni 2017 – 2 StR 130/17 = **juris**byhemmer = **Life&Law 03/2018.**

aa) Leichtfertigkeit im Hinblick auf den konkreten Erfolg

Der Täter muss gerade im Hinblick auf den ganz konkreten Erfolg leichtfertig handeln.

Dies ist etwa zu bejahen, wenn der Täter das Opfer mittels eines Schlages mit einer schweren Eisenstange auf den Kopf betäuben will, das Opfer aber stirbt.

Zu verneinen ist die Leichtfertigkeit hingegen, wenn das Opfer bei einem bewaffneten Raubüberfall der Aufregung wegen eine tödliche Herzattacke erleidet (dann § 222 gegeben).[199]

bb) § 251 im Zusammenhang mit vorsätzlicher Herbeiführung des Todes

In § 251 ist ausdrücklich normiert, dass der Täter „wenigstens" leichtfertig handeln muss. Dadurch hat der Gesetzgeber klargestellt, dass grobe Fahrlässigkeit ausreicht, aber auch die vorsätzliche Begehung erfasst wird. Damit hat der Gesetzgeber die so genannte „Konkurrenzlösung" abgesegnet, die der BGH hinsichtlich des Verhältnisses zu den §§ 212, 211 entwickelt hatte.[200] Dies bedeutet, dass Tateinheit mit den vorsätzlichen Tötungsdelikten möglich ist. Es handelt sich folglich um ein sog. „unechtes erfolgsqualifiziertes Delikt", welches nicht nur fahrlässig, sondern auch vorsätzlich begangen werden kann.[201]

Bsp.: A überfällt die 80-jährige O in ihrer Wohnung. Dort fesselt und knebelt er sie, bevor er Bargeld und Schmuck entwendet. Daraufhin verlässt er die Wohnung, ohne sich um die O zu kümmern.

Da diese sich selbst nicht befreien kann, erstickt O. Ob A mit Tötungsvorsatz handelte, kann nicht nachgewiesen werden, ist aber auch nicht ausgeschlossen.

(1) A hat einen schweren Raub begangen, vgl. §§ 249, 250 II Nr. 3a, Nr. 1b.

(2) §§ 211, 212 scheiden aus, da Vorsatz nicht nachgewiesen werden kann („in dubio pro reo", vgl. Art. 6 II EMRK). Es bleibt aber die Möglichkeit der Bestrafung nach § 222. Dem steht - auch wenn Vorsatz nicht ausgeschlossen werden kann - der Grundsatz „in dubio pro reo" nicht entgegen. Denn es besteht ein sog. „normatives Stufenverhältnis" von Vorsatz- zu Fahrlässigkeitstaten, d.h. es kann in jedem Fall aus dem Fahrlässigkeitsdelikt bestraft werden.[202]

(3) Daneben kommt eine Strafbarkeit aus § 251 in Betracht, mit erheblich höherer Strafandrohung.

a) Die Vertreter der sog. Exklusivitätstheorie zu § 251 a.F. folgerten aus dem Begriff „Leichtfertigkeit", dass die vorsätzliche Begehung nicht erfasst sei. „In dubio pro reo" musste im Hinblick auf § 251 folglich vom Vorsatz des A ausgegangen werden, da dieser sich dann nicht der höheren Strafandrohung des § 251 ausgesetzt sah.

---

[199] OLG Nürnberg, NStZ 1986, 556.

[200] BGHSt (GS) 39, 100 - 109 = **juris**byhemmer. Die sog. „Exklusivitätslösung" ging davon aus, dass vorsätzliches Verhalten nicht vom Wortlaut des § 251 a.F. erfasst war, vgl. etwa Lackner/Kühl, § 251, Rn. 4.

[201] Der Begriff stammt von Schröder, NJW 1956, 1737 ff. Als „echte erfolgsqualifizierte Delikte" verbleiben demnach nur noch diejenigen Tatbestände, die von Teilen der Literatur im Fall vorsätzlicher Begehung schon als tatbestandlich nicht einschlägig angesehen werden. Dies wird z.B. bei § 227 teilweise angenommen.

[202] Vgl. Sch-Sch-Eser, § 1, Rn. 91.

Der darin liegende Wertungswiderspruch (falls Vorsatz ausgeschlossen wäre, könnte A wegen § 251 a.F. bestraft werden!) könne nicht durch einen Rückgriff auf das Wort „wenigstens" in § 18 korrigiert werden, da § 251 das speziellere Delikt sei, und der Begriff „Leichtfertigkeit" auch eine Obergrenze hinsichtlich der Schuldformen darstelle. Es ging dieser Auffassung folglich um die Wahrung des Analogieverbotes, Art. 103 II GG.

b) Dieses Wortlautargument hielt der BGH nicht für ausschlaggebend.[203] Danach kann A auch aus § 251 bestraft werden. Diese Lösung ist durch die Neufassung („wenigstens") auch unproblematisch mit dem Wortlaut vereinbar.

(4) Im Ergebnis ist A nach §§ 249, 251 strafbar. Die §§ 222 und 250 werden aufgrund Gesetzeskonkurrenz verdrängt.[204]

hemmer-Methode: Auf den Streit ist in Zukunft in Klausuren nicht näher einzugehen. Wichtig ist hingegen, dass Sie in Fällen vorsätzlicher Todesherbeiführung bei einem Raubgeschehen neben den §§ 211 ff. auch an § 251 denken.

2. Versuch des § 251?

hemmer-Methode: § 251 eignet sich hervorragend dazu, Probleme des AT mit solchen des BT zu verbinden. Falls Sie mit den verschiedenen Konstellationen des Versuchs eines erfolgsqualifizierten Delikts noch nicht vertraut sind, wiederholen Sie diese anhand geeigneter Darstellungen.[205]
Zur Erinnerung: Es sind grundsätzlich zwei verschiedene Konstellationen auseinander zu halten. Falls das Grunddelikt vollendet bzw. versucht und gleichzeitig die Erfolgsqualifikation versucht ist, spricht man vom „Versuch der Erfolgsqualifikation".[206] Ist hingegen das Grunddelikt nur versucht, die qualifizierte Folge jedoch eingetreten, so liegt ein sogenannter „erfolgsqualifizierter Versuch" vor.

Fall: A will eine Tankstelle überfallen. Dazu hat er sich eine Schusswaffe besorgt, die er bei Auftreten von Widerstand auf Seiten des Tankwarts dazu verwenden will, in den Boden oder in die Luft zu schießen. Im Verlauf des Geschehens löst sich ein Schuss, der den Tankwart T tödlich trifft. Dabei handelt A jedoch nicht vorsätzlich. Sodann lässt A davon ab, die Kasse zu plündern, was er ursprünglich geplant hatte.[207]

Strafbarkeit des A?

Lösung:

(I) A könnte sich wegen versuchten Raubes mit Todesfolge, §§ 249, 251, 22, 23 I strafbar gemacht haben.

(1) Vorprüfung

a) Die Tat ist nicht vollendet, denn es kam nicht zur Wegnahme des Geldes.

---

203 Zum Fall: BGH, NStZ 1988, 311 = **juris**byhemmer; grundlegend: BGH (GS), NJW 1993, 1662 - 1664 (1663) = **juris**byhemmer.

204 Hinsichtlich § 250 auch „klarstellende Tateinheit" vertretbar.

205 Vgl. **Hemmer/Wüst, Strafrecht AT II, Rn. 36 ff.**

206 Diese Konstellation ist nur bei sog. „unechten erfolgsqualifizierten Delikten" denkbar, da hinsichtlich des versuchten Teiles selbstverständlich Vorsatz vorausgesetzt ist. I.R.d. § 251 stellen sich insoweit keine Probleme.

207 Der Fall ist leicht abgewandelt nach BGH, NJW 1996, 2663 - 2665 = **juris**byhemmer.

b) Der Versuch ist auch strafbar, denn sowohl § 249 als auch § 251 stellen Verbrechen i.S.v. § 23 I dar, vgl. § 12 I.[208] Der Strafbarkeit des Versuchs steht auch nicht entgegen, dass A hinsichtlich der Herbeiführung der Todesfolge nicht vorsätzlich handelte. Denn § 11 II bestimmt, dass Vorsatz-Fahrlässigkeits-Kombinationen einheitlich als Vorsatztaten zu behandeln sind.

(2) Tatbestand

a) §§ 249, 22, 23 I

aa) A hatte den Tatentschluss, eine fremde bewegliche Sache i.S.v. § 249 unter Anwendung von Drohung mit gegenwärtiger Gefahr für das Leben des T wegzunehmen. Er hatte auch die Absicht, sich das Geld rechtswidrig zuzueignen.

bb) Zum geplanten Raub hat A i.S.v. § 22 unmittelbar angesetzt.

b) §§ 251, 249 I

aa) Der Tod des T müsste „durch den Raub" unmittelbar herbeigeführt worden sein.

Problematisch ist hier, dass der Raub als solcher im Versuchsstadium stecken geblieben ist. Da andererseits die qualifizierte Todesfolge eingetreten ist, liegt eine Konstellation vor, die allgemein als „erfolgsqualifizierter Versuch" bezeichnet wird.

Umstritten ist, ob ein bloßer Versuch des Grunddelikts den besonderen Zurechnungsanforderungen genügt, die bei erfolgsqualifizierten Delikten zu stellen sind. Denn das Kriterium der Unmittelbarkeit setzt voraus, dass sich in der besonderen Folge eine im Grunddelikt typischerweise angelegte Gefahr realisiert haben muss.

Nach einer früher vertretenen Ansicht setzt die Anwendung einer Erfolgsqualifikation stets die Vollendung des Grundtatbestandes voraus. Denn erst im *Erfolg* des Grundtatbestandes liege die spezifische Gefährlichkeit, welche die erhöhte Strafandrohung rechtfertige.[209]

Nach einer anderen Ansicht hat sich bei jedem versuchten Grunddelikt durch den Eintritt des qualifizierten Erfolges bereits die tatbestandsspezifische Gefahr verwirklicht, die zur Bejahung des Unmittelbarkeitszusammenhangs erforderlich ist. Dies ergebe sich daraus, dass alle Erfolgsqualifikationen stets an die Gefährlichkeit der *Handlung* des Grunddelikts anknüpfen.[210]

Nach heute ganz überwiegender Meinung[211] muss jedoch bei den einzelnen erfolgsqualifizierten Delikten differenziert werden. Ist die besondere Folge eine typische Auswirkung der Tat*handlung*, so genügt das versuchte Grunddelikt zur Bejahung des Unmittelbarkeitszusammenhangs.

Ist der Erfolg hingegen nach der tatbestandlichen Struktur erst eine typische Auswirkung des zum Grunddelikt gehörenden *Erfolges*, so muss auch die Anwendung der erhöhten Strafdrohung an einen tatsächlich eingetretenen *Erfolg* anknüpfen. Erst diese Differenzierung nach Handlungsgefährlichkeit und Erfolgsgefährlichkeit erlaubt es, den Besonderheiten des jeweiligen Tatbestandes gerecht zu werden.

---

[208] Problematisch wäre dies bei § 221 III, denn dort ist der Versuch des Grundtatbestandes allein nicht strafbar. Vgl. dazu **Hemmer/Wüst, Strafrecht AT II, Rn. 35**.

[209] Vgl. RGSt 40, 321 (325); zu ähnlichen Ergebnissen gelangt Gössel, Lange-Festschrift (1967), 238, jedoch mit abweichender Begründung.

[210] So etwa Otto, Der Versuch des erfolgsqualifizierten Delikts, Jura 1985, 671 - 672; Schröder, JZ 1967, 368; ähnlich auch Wolter, Zur Struktur der erfolgsqualifizierten Delikte, JuS 1981, 168 - 179 (173,178).

[211] Statt aller Sternberg-Lieben, Versuch und § 243 StGB, Jura 1986, 183 - 189 (185) Fn. 45.

[211] Vgl. Laubenthal, Der Versuch des qualifizierten Delikts einschließlich des Versuchs im besonders schweren Fall bei Regelbeispielen, JZ 1987, 1065 - 1070 (1067); Sowada, Die erfolgsqualifizierten Delikte im Spannungsfeld zwischen Allgemeinen und Besonderem Teil des Strafrechts, Jura 1995, 664 - 653 (651); Kühl, Grundfälle zu Vorbereitung, Versuch, Vollendung und Beendigung, JuS 1981, 193 - 196 (196) jeweils m.w.N.

hemmer-Methode: Die Begriffe „Handlungsgefährlichkeit" und „Erfolgsgefährlichkeit" sollten Ihnen vertraut sein. Die diesbezügliche Differenzierung ist heute so sehr anerkannt, dass die Darstellung des Streits in voller Länge in einer Klausur nicht immer angebracht ist. Der Schwerpunkt der Diskussion verlagert sich in Grenzfällen auf die Frage, welche der erfolgsqualifizierten Delikte nun eigentlich an die Handlung bzw. an den Erfolg des Grunddelikts anknüpfen. Diesbezüglich verwischen sich die Unterschiede zur Lehre von der Handlungsgefährlichkeit, denn in den meisten Fällen – wie etwa beim Raub – ist anerkannt, dass gerade in der Handlung des Grunddelikts die spezifische Gefährlichkeit liegt. Nach wie vor umstritten ist die Frage bei § 227.[212]

Für § 251 ist allgemein anerkannt, dass die spezifische Gefährlichkeit des Grunddelikts in der Raub*handlung* liegt.[213] Denn die Todesgefahr für den T wurde hier schon durch den Einsatz der tatbestandlichen Nötigungsmittel seitens des A geschaffen.

Nach alledem liegt der für die Anwendung des § 251 erforderliche Unmittelbarkeitszusammenhang zwischen Grunddelikt und qualifizierter Folge vor.

Life&Law: Der BGH hatte einen Fall zu entscheiden, bei dem die Todesfolge durch Erschießen des Opfers erst nach dem Scheitern einer räuberischen Erpressung aufgrund der Verärgerung des Täters eingetreten ist.[214] Der Eintritt der schweren Folge steht insoweit weder im Zusammenhang mit Nötigungshandlungen zur Beuteerlangung, noch mit solchen zur Beutesicherung. Gleichwohl hat der BGH den gefahrspezifischen Zusammenhang bejaht. Der Tatbestand des § 251 setze nicht voraus, dass der Tod unmittelbar durch die Nötigungshandlung verursacht wird. Vielmehr sei es ausreichend, wenn die den Tod des Opfers herbeiführende Handlung derart eng mit dem Tatgeschehen verbunden ist, dass sich in der Todesfolge die der Tat eigentümliche besondere Gefährlichkeit realisiert.[215]

Der Entscheidung des BGH kann entgegengehalten werden, dass die „Eskalation" keine spezifische Folge des Raubgeschehens, sondern der Bewaffnung des Täters darstellt. Die Eskalationsgefahr besteht immer dann, wenn den „Wünschen" eines bewaffneten Täters nicht Folge geleistet wird.

Wichtig für Sie in der Klausur: I.R.d. gefahrspezifischen Zusammenhangs zählt in erster Linie Ihre Argumentation!

---

bb) A müsste leichtfertig i.S.v. § 251 gehandelt haben. Darunter ist eine gesteigerte Form der Fahrlässigkeit zu verstehen.

Die besonders grobe objektive Sorgfaltspflichtverletzung ist hier darin zu sehen, dass A eine geladene Schusswaffe auf einen Menschen richtete.

Der Tod des T war unter diesen Umständen auch objektiv vorhersehbar.

Daher hat A im Ergebnis den Tod des T leichtfertig herbeigeführt.

(3) Die Tat war auch rechtswidrig.

(4) A handelte schuldhaft. Insbesondere sind auch die subjektiven Fahrlässigkeits- (bzw. Leichtfertigkeits-)Elemente erfüllt, denn der Tod des T war auch subjektiv vorhersehbar und vermeidbar.

---

[212]   Nachweise dazu bei Krey, BT-1, Rn. 266 ff.; Sowada, Die erfolgsqualifizierten Delikte im Spannungsfeld zwischen Allgemeinen und Besonderem Teil des Strafrechts, Jura 1995, 664 - 653 (bezüglich § 226 a.F.).

[213]   Vgl. hierzu ausführlich **Life&Law 01/1999, 31 - 39 (35).**

[214]   BGH, NStZ 2003, 34 = **juris**byhemmer; ausführlich dazu **Life&Law 04/2003, 256 - 261**.

[215]   Vgl. auch BGH, NStZ 1998, 511 - 513 = **juris**byhemmer.

(5) A könnte aber i.S.v. § 24 strafbefreiend vom Versuch zurückgetreten sein.

a) Umstritten ist, ob bei einem erfolgsqualifizierten Versuch ein Rücktritt überhaupt noch möglich ist.

Teilweise wird diese Möglichkeit abgelehnt.[216] Vertreter dieser Ansicht verweisen darauf, dass das Wesen der erfolgsqualifizierten Delikte in der Realisierung der spezifischen, vom Grundtatbestand ausgehenden typischen Risiken besteht. Habe sich dieses Risiko erst einmal durch den Eintritt des Erfolges realisiert, so liege materiell – unter dem Aspekt der Gefahrverwirklichung – ein vollendetes Delikt vor. Im Hinblick auf die ratio legis sei die Strafverschärfung damit „perfekt".

Dem ist der BGH mit der überwiegenden Literaturmeinung zu Recht entgegengetreten.[217] Die Rspr. stützt sich dabei vor allem auf den Wortlaut des § 24. Dort wird ein Aufgeben der weiteren Ausführung *„der Tat"* verlangt. Dieser Begriff der „Tat" bezieht sich jedoch auf das versuchte Grunddelikt. Folglich kann ein Täter noch von diesem zurücktreten.

Tut er dies, so entfällt mit dem Grunddelikt auch der erforderliche Anknüpfungspunkt für die Qualifikation, da diese zumindest einen strafbaren Versuch des Grunddelikts voraussetzt. Die festgestellte Unmittelbarkeit der Verursachung des Erfolges durch die Raubhandlung ändert daran nichts. Denn sie führt nicht dazu, dass Grundtatbestand und Qualifikation so zu einer Einheit verschmelzen, dass diese wie ein Unternehmensdelikt (vgl. § 11 I Nr. 6) zu behandeln wäre. Daher ist ein Rücktritt auch im vorliegenden Fall noch möglich, soweit dessen Voraussetzungen vorliegen.

hemmer-Methode: Interessant an der Entscheidung ist auch, dass der BGH hier ausdrücklich die Geltung des Analogieverbots (Art. 103 II GG) im AT bestätigt hat: „Ebenso wenig wie die analoge Anwendung einer strafbegründenden Vorschrift über ihren eindeutigen Wortlaut hinaus (...), ist die Einschränkung einer die Strafbarkeit ausschließenden Vorschrift über ihren möglichen Wortlaut hinaus zulässig".[218]

b) Es liegt kein Fall des sog. „fehlgeschlagenen Versuchs" vor, da A das Geld noch hätte wegnehmen können. Da der Raubversuch noch unbeendet war, genügte gem. § 24 I S. 1 Alt. 1 auch das bloße Aufgeben der Tat.

c) Vorliegend geschah dies auch freiwillig.

(6) Im Ergebnis scheidet daher eine Strafbarkeit nach den §§ 251, 249, 22, 23 I aus.

(II) A ist aber nach § 222 wegen fahrlässiger Tötung strafbar.

XI. Räuberischer Diebstahl, § 252

1. Übersicht

§ 252 = raubähnliches Sonderdelikt

Der räuberische Diebstahl ist ein raubähnliches *Sonderdelikt*. Er stellt damit weder einen erschwerten Fall des Diebstahls noch eine Qualifikation zu § 242 dar. Der Täter wird „gleich einem Räuber" bestraft, so dass insbesondere die §§ 250, 251 auch auf § 252 Anwendung finden.

79

---

[216] Ulsenheimer, Bockelmann-Festschrift (1979), 405 (415); weitere Nachweise bei Martin, Rechtsprechungsübersicht: Rücktritt vom Raub bei leichtfertiger Verursachung der qualifizierenden schweren Folge, JuS 1997, 178 - 179.

[217] BGH, NJW 1996, 2663 - 2665 (2664) = **juris**byhemmer, vgl. dort auch die ausführlichen Nachweise.

[218] Dazu und auch sonst zur dogmatischen Absicherung des Urteils: Küper, Der Rücktritt vom "erfolgsqualifizierten Versuch", JZ 1997, 229 - 234.

Prüfungsschema zu § 252

I. Tatbestand

  1. Objektiver Tatbestand

    a) Vortat: Diebstahl i.w.S. (auch Raub)

    b) auf frischer Tat betroffen
      aa) zeitlich: zwischen Vollendung und Beendigung
      bb) räumlich: am Tatort oder in dessen unmittelbarer Umgebung

    c) Gewalt gegen eine Person oder Drohungen mit gegenwärtiger Gefahr für Leib oder Leben

  2. Subjektiver Tatbestand

    a) Vorsatz

    b) Besitzerhaltungsabsicht („sich")

II. Rechtswidrigkeit

III. Schuld

Zeitlicher und örtlicher Anwendungsbereich

2. Abgrenzung von § 252, § 249 und § 240

Für den Anwendungsbereich des § 252 in Abgrenzung zu § 249 und der einfachen Nötigung, § 240, sind vier Stadien auseinander zu halten:[219]

80

(1) Der Täter wendet qualifizierte Nötigungsmittel noch vor dem unmittelbaren Ansetzen zur Wegnahme einer fremden beweglichen Sache an. Mangels Finalität kommt keine Strafbarkeit gemäß §§ 249 ff. in Betracht.

(2) Der Täter wendet qualifizierte Nötigungsmittel nach dem unmittelbaren Ansetzen zur Wegnahme einer fremden beweglichen Sache an, aber noch vor Vollendung eines Diebstahls. Tut der Täter dies in der Absicht, die Wegnahme zu ermöglichen (sog. „Finalität"), ist regelmäßig § 249 einschlägig.

(3) Wendet der Täter diese Nötigungsmittel *nach Vollendung* des Diebstahls (d.h. nach der Wegnahme), *aber vor der Beendigung*, die mit der Sicherung der Diebesbeute eintritt, an, so ist der Anwendungsbereich des § 252 erfüllt, wenn der Täter mit Beutesicherungsabsicht handelte und auf frischer Tat betroffen wurde.

(4) Ist der Diebstahl mit der Beutesicherung bereits beendet und wendet der Täter erst jetzt Nötigungsmittel an, so macht er sich nur nach § 240 (und evtl. §§ 223 ff.) strafbar.

> **hemmer-Methode:** Die Aufteilung in diese Stadien zu verstehen und so die verschiedenen Delikte voneinander abgrenzen zu können, ist eines der Hauptprobleme im Zusammenhang mit § 252. Aufgrund der Formulierung „um sich im Besitz des *gestohlenen* Gutes zu erhalten" hat der Gesetzgeber klargestellt, dass § 252 einen vollendeten Diebstahl voraussetzt.

---

[219]   Vgl. Wessels, BT-2, Rn. 360 ff.

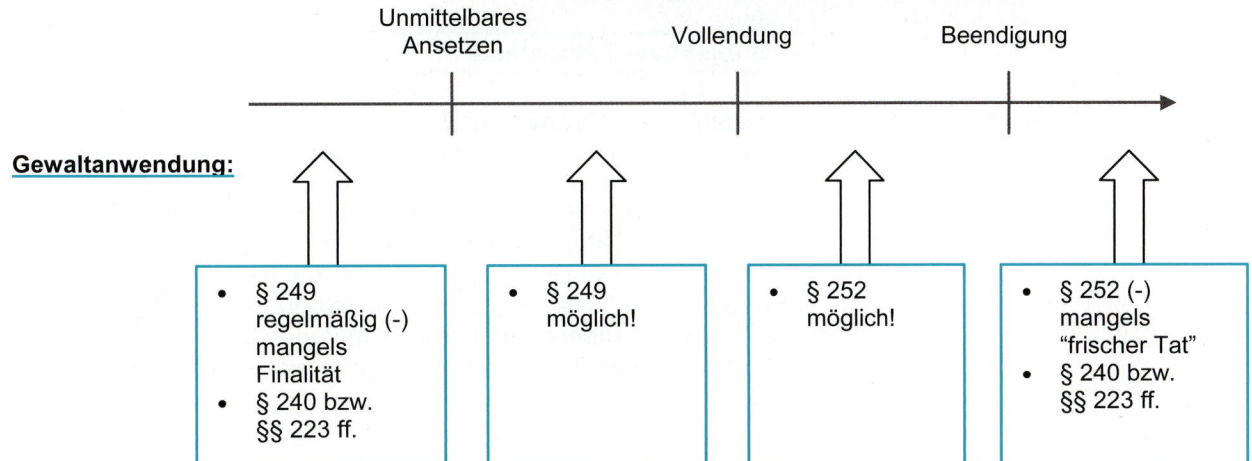

3. „Auf frischer Tat betroffen"

„Auf frischer Tat betroffen"

Der Täter muss bei dem Diebstahl (Raub) „auf frischer Tat" betroffen sein, d.h. die Gewaltanwendung muss in engem örtlichen und zeitlichen Zusammenhang mit der Wegnahme stehen, aber nicht unbedingt am Tatort erfolgen (z.B. Schuss des Täters auf den Verfolger).

81

> **Life&Law:** An einem solchen Zusammenhang fehlt es, wenn die Besitzerlangung durch den Täter nicht unmittelbares Ergebnis der Wegnahme ist, sondern der Täter die Beute zunächst in Tatortnähe versteckt, zu einem späteren Zeitpunkt wieder an sich nimmt und erst anschließend qualifizierte Nötigungsmittel zur Beutesicherung anwendet.[220]

Beim Merkmal des „Betroffenseins" ist umstritten, ob auch Fälle darunter fallen, bei denen der Täter der Wahrnehmung durch einen Dritten zuvorkommt (z.B. Niederschlagen des ahnungslosen Wachmanns).

Nach einer Mindermeinung widerspricht es dem Wortlaut des § 252, die Norm hier anzuwenden, da der Täter in derartigen Fällen gerade verhindert, bemerkt (und damit „betroffen") zu werden. Nach überwiegender Ansicht ist jedoch ein „Betroffen*werden*" (durch einen anderen) nicht erforderlich. Es genüge ein „Betroffen*sein*" in dem Sinne, dass der Täter davon ausgeht, gleich bemerkt zu werden, und dem durch sein Handeln zuvorkommt.[221]

Der Täter muss die Nötigungsmittel jedoch gerade deshalb anwenden, weil er fürchtet, dass das Opfer ihm den soeben erlangten Gewahrsam zugunsten des Verletzten wieder entziehen werde, oder dass er dem Fortschaffen der Beute in anderer Weise ein Hindernis in den Weg legen könnte.

Wer den Dieb betrifft, ist irrelevant. Es kann der Eigentümer, der Gewahrsamsinhaber oder irgendein Dritter sein.

Der Zeitpunkt der Gewaltanwendung ist entscheidend für die *Abgrenzung zum Raub*.

---

[220] BGH, Beschluss vom 22.11.2012 – 1 StR 378/12 = **Life&Law 07/2013, 507 - 514**. Instruktiv zum Begriff der „frischen Tat" auch BGH, Beschluss vom 06.11.2014 – 3 StR 373/14 = **Life&Law 07/2015, 494 – 501 = juris**byhemmer.

[221] Fischer, § 252, Rn. 6.

Abgrenzung zum Raub

Formelartig kann man sagen: § 249 dient der *Erlangung*, § 252 der *Erhaltung* der Sache. Maßgebliches Abgrenzungskriterium ist die Vollendung des Diebstahls.

82

4. Subjektiver Tatbestand

Vorsatz und Besitzerhaltungsabsicht

Erforderlich sind Vorsatz und Beutesicherungsabsicht. Dabei ist es nicht notwendig, dass der Erfolg (Erhaltung der Beute) eintritt. § 252 ist daher ein Delikt mit überschießender Innentendenz.[222] Beachten Sie, dass die Rechtsprechung die tatsächlichen Anforderungen für die Bejahung einer Beutesicherungsabsicht recht hoch ansetzt.[223] Beuteerhaltungsabsicht ist gekennzeichnet durch den zielgerichteten Willen des Täters, eine Gewahrsamsentziehung zu verhindern. Daran fehlt es insbesondere in den Fällen, in denen der Täter auf der Flucht die Beute wegwirft, um den Verfolgern leichter entkommen zu können.

83

> **Life&Law:** Die Absicht der Gewahrsamsbehauptung muss nicht der einzige Beweggrund des Täters für die Gewalthandlung gewesen sein. Andere Absichten dürfen aber die Absicht der Beutesicherung nicht vollständig verdrängt haben[224]. In einer anderen Entscheidung stellte der BGH hierzu fest:
>
> „Ergreift der Täter unter Mitnahme der Beute die Flucht, obwohl er die Möglichkeit hatte, sich ihrer zu entledigen, so rechtfertigt dies den Schluss, er habe bei der hierbei erfolgten Gewaltanwendung auch in Beuteerhaltungsabsicht gehandelt."[225]

5. Teilnahmeprobleme

Teilnehmer der Vortat = Täter des § 252?

Strittig ist, ob der Teilnehmer der Vortat Täter des § 252 sein kann. Die Rspr. bejaht dies, sofern er sich im Besitz der Diebesbeute befindet.[226] Dies ist zwingend Voraussetzung, da nach dem Wortlaut des § 252 der Täter handeln muss, um *sich* den Besitz zu erhalten (= Drittbeutesicherungsabsicht gerade nicht erfasst).

84

Dagegen spricht aber Folgendes: § 252 ist ebenso wie § 249 aus Diebstahls- und Nötigungselementen zusammengesetzt. Daher kann (Mit-)Täter des § 252 nur sein, wer beide Elemente tatbestandlich verwirklicht, also in der Absicht der Zueignung (Täter des Diebstahls) und der Besitzerhaltung (Täter des § 252) handelt.[227] Nur so erscheint die identische Strafandrohung bei § 249 und § 252 schlüssig.

6. Konkurrenzen

Für die Konkurrenzen gilt: Ein vorausgehender Diebstahl (§§ 242 ff.) wird im Wege der Gesetzeskonkurrenz verdrängt. Ein vorausgehender Raub (§§ 249 - 251) hat hingegen Vorrang vor § 252. Nur wenn der räuberische Diebstahl qualifiziert ist (z.B. §§ 252, 251), geht er dem einfachen Raub vor.

85

---

[222] Manche sprechen auch von einem sog. kupierten Erfolgsdelikt, weil der Erfolg auf subjektiver Ebene quasi „abgeschnitten" ist.

[223] Siehe dazu KG Berlin, StV 2004, 67 - 68 = **juris**byhemmer, sowie **Life&Law 05/2004, 317 - 323**.

[224] OLG Brandenburg, NStZ-RR 2008, 201 - 203 = **juris**byhemmer = **Life&Law 09/2008, 605 - 609**.

[225] BGH, NStZ 2005, 448 f. = **Life&Law 12/2005, 832 - 836**. In Grenzfällen wird sicherlich auch eine andere Ansicht gut vertretbar sein.

[226] BGHSt 6, 248 - 251.

[227] Fischer, § 252 Rn. 11.

XII. Räuberischer Angriff auf Kraftfahrer, § 316a

1. Überblick

Die Vorschrift dient dem Schutz des Straßenverkehres sowie dem Vermögensschutz.

86

Sie soll die Funktionsfähigkeit des Kraftverkehrs und das Vertrauen in dessen Sicherheit dadurch verbessern, dass sie den Strafschutz gegen Raub, räuberischen Diebstahl und räuberische Erpressung für den Fall intensiviert, bei dem der Täter einen Angriff unter Ausnutzung der besonderen Verhältnisse des Straßenverkehrs verübt.

hemmer-Methode: Die Norm liegt „auf der Nahtstelle zwischen Vermögens- und Verkehrsdelikten".[228] Unterschätzen Sie nicht die Examensrelevanz dieser häufig übersehenen Vorschrift. Sie lässt sich in einer Klausur gut mit den Standardfragen zu den §§ 249 ff. und §§ 315b ff. kombinieren, um so eine Notenabstufung zu ermöglichen. Sobald ein Kraftfahrzeug im Spiel ist, sollten Sie also an § 316a denken. Für die Praxis ist § 316a schon wegen der hohen Mindeststrafandrohung (fünf Jahre) bedeutsam.

2. Objektiver Tatbestand

Prüfungsschema zu § 316a

I. Tatbestand

  1. Objektiver Tatbestand

    a) Verüben eines Angriffs auf Leib oder Leben oder die Entschlussfreiheit des Kraftfahrzeugführers oder eines Mitfahrers

    b) dabei Ausnutzung der besonderen Verhältnisse des Straßenverkehrs

  2. Subjektiver Tatbestand

    a) Vorsatz

    b) Absicht der Begehung eines Raubs etc.

II. Rechtswidrigkeit

III. Schuld

IV. Minder schwerer Fall, § 316a II

Angriff

Erforderlich ist zunächst ein „Angriff". Allgemein wird darunter jedes feindselige Verhalten verstanden, das sich gegen eines der in § 316a aufgeführten Rechtsgüter richtet. Zu differenzieren sind Angriffe gegen „Leib oder Leben", die beispielsweise durch Körperverletzungen begangen werden können, und Angriffe auf die „Entschlussfreiheit".

87

Darunter fallen sämtliche Formen der Nötigung (soweit nicht schon „Angriff auf Leib oder Leben"), d.h. auch Drohungen, darüber hinaus auch Täuschungen.[229]

---

[228] Vgl. Geppert, Räuberischer Angriff auf Kraftfahrer (§ 316a StGB), Jura 1995, 310 - 316.

[229] Vgl. Sch-Sch-Cramer, § 316a, Rn. 4.

Bsp.: *Spannen von Drahtseilen über die Straße; Ergreifen des Steuerrades durch einen Mitfahrer; Vortäuschen einer polizeilichen Kontrolle.*

> **Life&Law**: Auf die Entschlussfreiheit eines Kraftfahrzeugführers wird bereits dann durch einen Angriff eingewirkt, wenn vom Täter eines geplanten Raubes eine Polizeikontrolle vorgetäuscht wird und sich der Geschädigte dadurch zum Anhalten gezwungen sieht. Die Täuschung muss somit auf den Führer eines Kraftfahrzeugs eine objektiv nötigungsgleiche Wirkung entfalten; die feindliche Willensrichtung des Täters braucht das Opfer dagegen nicht erkannt zu haben.[230]

Der Angriff muss gegen den Führer eines Kraftfahrzeuges oder einen Mitfahrer[231] verübt werden. Angreifer können der Fahrer (!), ein Mitfahrer oder ein Dritter sein.[232] Der angegriffene „Führer" muss dabei nicht unbedingt gerade fahren. Die Tat kann auch in oder bei einem haltenden Kraftfahrzeug begangen werden (wobei dann freilich besonderes Augenmerk auf die „Ausnutzung der besonderen Verhältnisse des Straßenverkehrs" zu richten ist, s.u.).

Bsp.: *A und B beschließen, den C zu überfallen und zu berauben. Sie verschanzen sich zu diesem Zweck hinter einem am Straßenrand geparkten Bus. Als C mit seinem Mofa herannaht, springen die beiden hinter dem Bus hervor.*

A bringt den C verabredungsgemäß zu Fall, indem er mit dem Fuß gegen das fahrende Mofa tritt. Während A den verletzt am Boden liegenden C festhält, durchsucht B den C nach Geld. Als bei C nichts zu finden ist, lassen sie ihn auf der Straße liegen.

(1) A und B haben sich wegen eines mittäterschaftlich begangenen gefährlichen Eingriffs in den Straßenverkehr (§§ 315b I Nr. 3, III, 315 III Nr. 2 Alt. 1, 25 II), einer gefährlichen Körperverletzung (§§ 223, 224 I Nr. 3 und 4, 25 II) und eines versuchten schweren Raubes (§§ 249, 250 I Nr. 1c, 22, 23 I, 25 II) strafbar gemacht.

(2) Zu prüfen bleibt § 316a I. A und B haben mittäterschaftlich (§ 25 II) und in räuberischer Absicht einen Angriff auf Leib und Leben des C verübt und dabei die besonderen Verhältnisse des Straßenverkehrs ausgenutzt. Problematisch ist, ob ein Mofa als „Kraftfahrzeug" i.S.d. Norm angesehen werden kann.

Darunter sind nach den § 248b IV StGB alle durch Maschinenkraft angetriebenen, nicht an Gleise gebundenen Landfahrzeuge zu verstehen. Ein Mofa erfüllt diese Voraussetzungen.

Eine einschränkende Auslegung könnte aber dennoch im Hinblick auf Sinn und Zweck des § 316a geboten sein. Dieser liegt darin, die Täter zu bestrafen, die sich eine Gefahrenlage zunutze machen, die dem fließenden Verkehr eigentümlich ist. Die Gefahren, denen sich ein Mofafahrer ausgesetzt sieht, sind zwar dieselben, die auch jeden Fahrradfahrer oder Fußgänger treffen.

Der entscheidende Gesichtspunkt liegt jedoch darin, dass ein Mofafahrer wegen der Möglichkeiten eines unmittelbaren körperlichen Angriffs im Vergleich zu den Führern anderer Kraftfahrzeuge erst recht schutzwürdig erscheint. Mofas fallen daher unter § 316a.[233]

(3) Im Ergebnis sind A und B auch nach den §§ 316a, 25 II strafbar. Alle verwirklichten Delikte stehen in Tateinheit, § 52 I.

---

[230]   BGH, Beschluss vom 23.04.2015 – 4 StR 607/14 = **Life&Law 01/2016, 31 – 36** = jurisbyhemmer.

[231]   Auch ein Angriff gegen einen Mitfahrer kann zur Verwirklichung des § 316a führen. Lassen Sie sich nicht von der amtlichen Überschrift des § 316a irreleiten.

[232]   Sch-Sch-Cramer, § 316a, Rn. 5, m.w.N.

[233]   BGH, NStZ 1993, 540 = **juris**byhemmer. Sehr kritisch dazu: Große, Einfluß der nationalsozialistischen Strafgesetzgebung auf das heutige StGB am Beispiel des § 316a StGB, NStZ 1993, 525 - 527 (auch und gerade wegen der historischen Ausführungen zur früheren „Autofalle" durchaus lesenswert).

> **Life&Law**: Das Führen eines Kfz umfasst alle Vorgänge, welche die Nutzung als Verkehrsmittel betreffen. Befindet sich das Fahrzeug nicht mehr in Bewegung, ist darauf abzustellen, ob der Führer noch mit der Bewältigung von Betriebs- und Verkehrsvorgängen befasst ist, was bei verkehrsbedingtem Halt z.B. an einer Ampel in der Regel anzunehmen ist. Bei nicht-verkehrsbedingtem Halt ist nach h.M. insbesondere danach zu differenzieren, ob der Motor noch angeschaltet ist. Ist das der Fall, ist i.d.R. von der Fahrzeugführereigenschaft auszugehen.[234]

Ausnutzung der besonderen Verhältnisse des Straßenverkehrs

Das wichtigste und auch problematischste Merkmal des objektiven Tatbestandes ist die *„Ausnutzung der besonderen Verhältnisse des Straßenverkehrs"*.[235]

Dies setzt in objektiver Hinsicht voraus, dass der Kraftfahrzeugführer mit der Bewältigung von Verkehrsvorgängen beschäftigt ist und gerade deshalb leichter Opfer eines Überfalls werden kann. In subjektiver Hinsicht genügt, dass der Täter die besonderen Verhältnisse des Straßenverkehrs, die das Opfer in dessen Verteidigungsfähigkeit einschränken, kennt.[236]

Erwähnenswert sind in diesem Zusammenhang insbesondere die Gefahren, die sich für den Fahrer aus der Beanspruchung durch das Lenken des Fahrzeugs und für die Insassen aus der Erschwerung von Flucht und Gegenwehr ergeben.

„Vereinzelungskriterium"

Daneben hat die ständige Rechtsprechung auch die Ausnutzung der „Vereinzelung" des Fahrers als Ausnutzen der besonderen Verhältnisse des Straßenverkehrs angesehen. So konnte das Anhalten auf einer einsamen Landstraße, um das Gegenüber auszurauben, prinzipiell den Tatbestand des § 316a erfüllen.

Aufgabe des Vereinzelungskriteriums durch den BGH

Beachten Sie: Der BGH hat dieses Kriterium der bisherigen Rechtsprechung aufgegeben. Die bloße „Vereinzelung" des Fahrers genügt für sich allein nicht für ein Ausnutzen der besonderen Verhältnisse des Straßenverkehrs. Ein solches Ausnutzen liegt hingegen vor, wenn verkehrsspezifische Umstände vorliegen, aus denen sich ergibt, dass der Führer eines Fahrzeugs zum Zeitpunkt des Angriffs noch in einer Weise mit Verkehrsvorgängen beschäftigt ist, dass es gerade dadurch für den Täter leichter wurde, sein Vorhaben zu realisieren.

Außerdem ist nach der Rechtsprechung „Führer" eines Fahrzeugs i.S.d. § 316a nur, wer es in Bewegung zu setzen beginnt, in Bewegung hält und/oder mit der Bewältigung von Verkehrsvorgängen beschäftigt ist.[237]

Damit verfolgt der BGH das Ziel, der ausufernden Bejahung des § 316a Herr zu werden und angesichts der hohen Strafandrohung des § 316a den Anwendungsbereich zu verkleinern.[238]

> *Bsp.: Der Beifahrer T lotst den Taxifahrer O in ein entlegenes Waldgebiet, um ihn dort ungestört überfallen zu können. Nachdem sie am gewünschten Ziel angekommen sind, lässt T den O aussteigen und fordert mit vorgezogener Waffe von ihm die Herausgabe seines Bargelds.*
>
> *Hat T sich aus § 316a I strafbar gemacht?*

88

---

234 Vgl. BGH, Beschluss vom 22.08.2012 – 4 StR 244/12 = **juris**byhemmer, besprochen in **Life&Law 04/2013, 269 - 274**.

235 Geppert, Räuberischer Angriff auf Kraftfahrer (§ 316a StGB), Jura 1995, 310 - 316 (313), sieht darin den prägenden „Schlüsselbegriff".

236 Vgl. BGH, Urteil vom 15.02.2018 – 4 StR 506/17 = **Life&Law 10/2018, 687 – 693** = **juris**byhemmer.

237 BGHSt 49, 8 - 17 = **juris**byhemmer.

238 Siehe dazu BGH, NJW 2005, 2564 - 2565 = **juris**byhemmer = **Life&Law 10/2005, 687 - 691**.

Nach der früheren Rechtsprechung wäre dieser Fall unter § 316a zu subsumieren gewesen. Argumentiert wurde damit, dass zu den besonderen Verhältnissen des Straßenverkehrs auch zähle, wenn das Opfer an einem entlegenen Ort ausgeraubt werde und damit dessen „Vereinzelung" ausgenutzt werde.[239] Nach der neueren Rechtsprechung genügt die bloße Vereinzelung des Opfers nicht. Zudem ist O im entscheidenden Zeitpunkt schon kein „Führer" eines Fahrzeugs. Es bleibt bei einer Bestrafung wegen eines schweren Raubes, §§ 249 I, 250 II Nr. 1.

Anhalten aus verkehrsbedingten Gründen

Weiterhin unproblematisch sind hingegen die Fälle, bei denen der Fahrer *aus verkehrsbedingten Gründen* anhält.

> **Bsp.:** *O muss nachts an einer roten Ampel halten. In diesem Moment öffnet T die Fahrertür und erschießt den O, wirft diesen aus dem Wagen und setzt sich selbst ans Steuer des Pkw.*
>
> *In dieser Fallkonstellation ist § 316a verwirklicht. Insbesondere war O zum Zeitpunkt der Tat ein „Führer" eines Kfz. Außerdem nutzte T die besonderen Verhältnisse des Straßenverkehrs aus, weil O damit beschäftigt war, auf die Ampel zu achten.*

89

> **Life&Law:** Der BGH hat betont, dass das Tatopfer die Eigenschaft „Führer oder Mitfahrer" gerade zum Tatzeitpunkt besitzen muss, d.h. bei Verüben des Angriffs. Möglich ist aber auch der Fall, dass das Opfer durch einen vor Fahrtantritt begonnenen Angriff zur (Mit-)Fahrt gezwungen wird und der Angriff während der Fahrt fortgesetzt wird.[240]

3. Subjektiver Tatbestand

Der Täter muss mit Vorsatz hinsichtlich aller Merkmale des objektiven Tatbestandes handeln. Besonderes Augenmerk ist auch hier auf die „Ausnutzung der besonderen Verhältnisse des Straßenverkehrs" zu legen, wobei dolus eventualis genügt.[241]

90

Darüber hinaus muss der Täter die Absicht haben, einen Raub, einen räuberischen Diebstahl oder eine räuberische Erpressung zu begehen. Es handelt sich daher um ein Delikt mit sogenannter „überschießender Innentendenz". Entscheidend ist, dass der Täter auch die Merkmale der §§ 249 ff., 252, 255 in seinen Vorsatz mit aufgenommen hat.[242]

> **hemmer-Methode:** Beachten Sie, dass hier eine Inzidentprüfung der Raubdelikte nötig sein kann, falls z.B. die dort erforderliche Zueignungsabsicht problematisch ist.
> Falls der Angriff noch nicht „verübt", d.h. vollendet wurde, ist der Versuch des § 316a zu prüfen. Auch dann muss sauber subsumiert werden, ob der Tatplan des Täters darauf gerichtet war, beim Angriff die besonderen Verhältnisse des Straßenverkehrs auszunutzen, und ob er daneben die Absicht hatte, einen Raub usw. zu begehen.

4. Konkurrenzen

Da die Vollendung der §§ 249, 250, 252, 255 genauso wenig zum Tatbestand des § 316a gehören wie die §§ 223 ff., 315b ff., ist – falls es zur Vollendung eines dieser Delikte kommt – zur Klarstellung Tateinheit (§ 52) anzunehmen.[243]

---

[239] Vgl. Krey, BT-2, Rn. 228 f.; zur Kritik an dieser Auslegung vgl. Geppert, Räuberischer Angriff auf Kraftfahrer (§ 316a StGB), Jura 1995, 310 - 316 (314 f.).

[240] Vgl. BGH, NJW 2008, 451 - 452 = **juris**byhemmer, besprochen in **Life&Law 03/2008, 172 - 178**.

[241] Geppert, Räuberischer Angriff auf Kraftfahrer (§ 316a StGB), Jura 1995, 310 - 316 (315).

[242] Sch-Sch-Cramer, § 316a, Rn. 8.

[243] Fischer, § 316a, Rn. 20.

Falls es jedoch nur zu einem Versuch der §§ 249, 252, 255 kommt, tritt dieser hinter dem vollendeten § 316a aufgrund Gesetzeskonkurrenz zurück. Denn dieser Versuch wird als „typische Begleittat" des § 316a konsumiert.[244]

5. § 316a III: Räuberischer Angriff auf Kraftfahrer mit Todesfolge

§ 316a III: erfolgsqualifiziertes Delikt

Der erfolgsqualifizierte Tatbestand § 316a III kann sowohl vorsätzlich als auch leichtfertig erfüllt werden[245], einfache Fahrlässigkeit i.S.v. § 18 reicht hingegen nicht.

91

Wiederholungsfall:

A und B begeben sich an einen ortsbekannten Homosexuellentreffpunkt. Dort lernen sie C kennen. Sie schlagen ihm vor, an einen einsamen Ort außerhalb der Stadt zu fahren, und sich dort gemeinsam homosexuell zu vergnügen. C geht auf diesen Vorschlag ein und nimmt die beiden in seinem Auto mit. Ursprünglich hatten sich A und B vorgestellt, sofort nach Erreichen des Parkplatzes, noch vor dem Aussteigen, den C zu bedrohen und auszurauben. Als sie jedoch am Parkplatz ankommen, befindet sich dort gerade eine Polizeistreife.

C schlägt deshalb vor, man könne doch zu einer nahe liegenden Schrebergartensiedlung gehen. Diese sei nur 500 m entfernt, und die drei seien dort ungestört. A und B folgen diesem Vorschlag. Als sie am Ziel angekommen sind, hält A dem C ein Messer an den Hals, während B ihm seine Brieftasche wegnimmt. Daraufhin verschwinden A und B in der Dunkelheit.

92

Strafbarkeit von A und B nach dem StGB? Auf §§ 239a, 239b ist nicht einzugehen.

Lösung:

(I) A und B haben einen schweren Raub im Mittäterschaft begangen, §§ 249 I, 250 II Nr. 1, 25 II.

(II) Fraglich ist, ob ein vollendeter räuberischer Angriff auf Kraftfahrer vorliegt, §§ 316a I, 25 II.

(a) In der Schrebergartensiedlung haben A und B einen Angriff auf Leib und Leben des C verübt.

(b) Dabei müssten sie auch die besonderen Verhältnisse des Straßenverkehrs ausgenutzt haben. Nach Erreichen des Fahrtzieles kann dies nur dann angenommen werden, wenn die auf den Verhältnissen des fließenden Verkehrs beruhende typische Gefahrenlage noch fortwirkt. Eine solche Fortwirkung setzt aber voraus, dass eine enge zeitlich-räumliche Beziehung zwischen Angriff und Benutzung des Fahrzeugs als Verkehrsmittels besteht. An einer solchen Beziehung fehlt es hier, da sich Täter und Opfer bereits 500 m vom Fahrzeug entfernt befanden.

(c) Der objektive Tatbestand des § 316a I ist damit nicht erfüllt.

(III) Es könnte jedoch ein versuchter räuberischer Angriff auf Kraftfahrer vorliegen, §§ 316a I, 22, 23 I, 25 II. Abzustellen ist auf den Zeitpunkt, in dem A und B in das Auto des C stiegen.

93

---

[244] Etwas anderes gilt jedoch für den versuchten schweren Raub (§ 250): hier gilt Tateinheit, um den spezifischen Unrechtsgehalt im Tenor klarzustellen, vgl. Sch-Sch-Cramer, § 316a, Rn. 15.

[245] Wie bei § 251 handelt es sich demnach um ein sog „unechtes erfolgsqualifiziertes Delikt".

(1) Es liegt keine Vollendung vor[246]; der Versuch ist strafbar, §§ 23 I, 12 I.

(2) Tatentschluss

(a) Der gemeinsame Tatplan von A und B war auf die Verübung eines Angriffs gegen Leib oder Leben des C gerichtet. Die gemeinsame Vorstellung müsste auch dahingehend konkretisiert sein, dass der geplante Überfall an einer Stelle begangen wird, bei der die besonderen Verhältnisse des Straßenverkehrs ausgenutzt werden sollten. Dabei ist nicht erforderlich, dass der Tatplan eine bis ins Einzelne genaue Vorstellung vom Überfallort enthält.[247]

Vorliegend hatten A und B ursprünglich beabsichtigt, den C sofort nach Erreichen des Fahrtziels anzugreifen. Nach diesem Tatplan wäre der erforderliche Zusammenhang mit den typischen Gefahren des Straßenverkehrs gegeben: Denn A und B wollten die fehlende Fluchtmöglichkeit des C ausnutzen, die sich daraus ergeben sollte, dass dieser noch an Steuer sitzt.

(b) A und B hatten auch die Begehung eines Raubes (§§ 249, 250) beabsichtigt.

(3) Unmittelbares Ansetzen, § 22

(a) Fraglich ist, ob mit dem Einsteigen in das Auto des C bereits zur Begehung des Angriffs unmittelbar angesetzt wurde. Unmittelbares Ansetzen liegt dann vor, wenn die Täter nach ihrer Vorstellung von der Tat die Schwelle zum „Jetzt geht's los" überschreiten, und das Geschehen ohne weitere Zwischenakte in die Tatbestandsverwirklichung übergehen soll.

Nach der älteren Rechtsprechung wurde das Platznehmen im Auto bzw. der Beginn der Fahrt als unmittelbares Ansetzen zum § 316a bejaht.

Diese Auffassung vermag indes nicht zu überzeugen. Denn das Besteigen des Autos allein ist eine typische Vorbereitungshandlung, die nach der Fassung des § 22 gerade von der Versuchsstrafbarkeit ausgenommen werden soll.[248] Zwischen dem Einsteigen und dem geplanten körperlichen Angriff besteht eine zeitliche und räumliche Zäsur, so dass nicht von einem unmittelbaren Einmünden in die Tatbestandsverwirklichung die Rede sein kann.

(4) Im Ergebnis scheidet damit auch der Versuch des § 316a aus.

(IV) A und B sind (nur) nach §§ 249, 250 II Nr. 1, 25 II strafbar.

XIII. Sachbeschädigungsdelikte

hemmer-Methode: Die Beschädigung oder Zerstörung von Sachen ist in zahlreichen, weit auseinander liegenden Straftatbeständen des BT erfasst. Es wäre daher unzweckmäßig, nur die im 26. Abschnitt in den §§ 303 ff. zusammengefassten Sachbeschädigungsdelikte isoliert zu lernen. Um auch wirklich alle im Examen in Betracht kommenden Straftatbestände erfassen zu können, ist es erforderlich, über die Gesetzessystematik hinauszugehen und die Vorschriften des BT nach entsprechenden Sachzusammenhängen zu gliedern.

---

[246] Die Täuschung über die wahren Absichten von A und B könnte zwar als „Angriff auf die Entschlussfreiheit" gedeutet werden, ein solcher wäre jedoch keinesfalls unter Ausnutzung der besonderen Verhältnisse des Straßenverkehrs erfolgt, vgl. Geppert, Räuberischer Angriff auf Kraftfahrer (§ 316a StGB), Jura 1995, 310 - 316 (313).

[247] BGHSt 33, 378 - 382 = **juris**byhemmer; sehr ähnlich gelagert auch der Fall in BGH, NStZ, 1989, 476 - 477 = **juris**byhemmer.

[248] Vgl. dazu Geppert, Zur Auslegung von StGB § 316a, NStZ 1986, 552 - 554 (553).

1. Überblick

§ 303 I = Grundtatbestand

a) § 303 I enthält den Grundtatbestand der Sachbeschädigung. Taugliches Tatobjekt ist hier eine fremde (bewegliche oder unbewegliche) Sache; Tatmodalität ist ein Beschädigen oder Zerstören. Schutzgut ist demnach ausschließlich das fremde Eigentum.

§ 303 II = weitere Variante

In § 303 II hat der Gesetzgeber eine weitere Variante eingefügt.[249] Demnach wird auch bestraft, wer unbefugt das Erscheinungsbild einer Sache nicht nur unerheblich und nicht nur vorübergehend verändert.

Sondertatbestände

b) Für bestimmte fremde Sachen und Angriffsarten existieren im StGB besondere Vorschriften:

§ 305 = Qualifikation

(1) Die Zerstörung bestimmter Bauwerke ist in § 305 geregelt. Schutzgut ist auch hier ausschließlich das fremde Eigentum. Bei § 305 handelt es sich um einen *Qualifikationstatbestand* zu § 303, so dass dieser insoweit zurücktritt.

§ 306 = lex specialis zu §§ 303, 305

(2) Ebenfalls ein Eigentumsdelikt ist *§ 306 I*: Fremde Gebäude und andere Anlagen werden hier gegen Brandstiftung, eine besonders gravierende Form der Zerstörung, geschützt. § 306 ist *lex specialis* zu den §§ 303, 305. Zu beachten ist, dass hinsichtlich der Zerstörung von Sachen innerhalb des abgebrannten Gebäudes Idealkonkurrenz zu § 303 bestehen kann, da diese von § 306 nicht erfasst werden.

§§ 306 I, 306d I Var. 1

(3) Über *§§ 306 I, 306d I Var. 1* ist ausnahmsweise auch eine *fahrlässige Eigentumsverletzung* in Form einer fahrlässigen Brandstiftung möglich. Konkurrenzprobleme entstehen hier zu den §§ 303, 305 nicht, da diese eine vorsätzliche Begehung voraussetzen.

hemmer-Methode: Die beliebte Fangfrage in der mündlichen Prüfung, ob es im StGB eine (strafbare) fahrlässige Sachbeschädigung gibt, wird nach wie vor gerne gestellt. Antwort: Ja, in § 306 I i.V.m. § 306d I Var. 1.

§ 133

(4) § 133 betrifft ausschließlich dienstlich verwahrte Sachen. Schutzgut ist demnach nicht das fremde Eigentum, sondern der dienstliche Gewahrsam. Wegen der Verschiedenheit der Rechtsgüter besteht zu § 303 Idealkonkurrenz.[250]

§ 136 I

(5) § 136 I schützt gepfändete oder sonst dienstlich in Beschlag genommene Sachen, § 136 II dienstlich angebrachte Siegel. Auch hier ist Idealkonkurrenz zu den §§ 303 ff. möglich.

§ 265 I

(6) Der Tatbestand des Versicherungsmissbrauchs in § 265 erfasst auch Fälle, bei denen eine versicherte Sache beschädigt oder zerstört wird. Die Fremdheit der Sache ist jedoch keine Voraussetzung, so dass bei einem Zusammentreffen mit den §§ 303 ff. von Idealkonkurrenz ausgegangen werden kann.

§ 273 I

(7) Auch § 273 I (Verändern von amtlichen Ausweisen) erfasst Fälle, die tatbestandlich eine Sachbeschädigung darstellen können.

---

[249]   Mit dem Graffiti-Bekämpfungsgesetz vom 08.09.2005, BGBl. I 2005, 2674.

[250]   Sch-Sch-Cramer, § 133, Rn. 23; Fischer, § 133, Rn. 16.

§ 274 I Nr. 1

(8) *§ 274 I Nr. 1* betrifft die Vernichtung, Beschädigung oder Zerstörung von Urkunden oder technischen Aufzeichnungen, die dem Täter entweder überhaupt nicht oder nicht ausschließlich gehören. Trotz des Begriffes „Gehören" kommt es nicht auf fremdes Eigentum, sondern auf ein fremdes Beweisführungsrecht an. § 303 tritt hinter § 274 I Nr. 1 infolge Gesetzeseinheit zurück.[251]

§ 304

(9) *Kein Eigentumsdelikt* ist *§ 304*: Der Tatbestand setzt die Beschädigung oder Zerstörung bestimmter Gegenstände, deren Erhaltung von besonderem öffentlichen Interesse ist, voraus. Schutzgut sind die Interessen der Allgemeinheit, so dass § 304 keine Qualifikation des § 303, sondern ein *selbständiges Delikt* ist. Zu § 303 kann daher Idealkonkurrenz bestehen.

Zur Erfüllung des Tatbestandes des § 304 ist erforderlich, dass durch die Beschädigung (oder Zerstörung) gerade die besondere Zweckbestimmung der Sache, um derentwillen sie geschützt ist, beeinträchtigt wird. Farbbesprühungen von Graffiti-Sprayern dürften daher in der Regel keine gemeinschädliche Sachbeschädigung darstellen, da die Gegenstände weiter nutzbar bleiben.[252]

> **Life&Law:** Bei einem Besprühen eines Starkstromkastens mit blauer Farbe hat das OLG Jena dementsprechend eine Strafbarkeit wegen § 304 II verneint, da die öffentliche Funktion dadurch nicht beeinträchtigt wurde. Eine Strafbarkeit gem. § 303 II war hingegen unproblematisch erfüllt.[253]

Bloße Sachentziehung

c) Die bloße Sachentziehung ist abgesehen von den in §§ 133, 274 geregelten Fällen grundsätzlich straflos. Sie ist dadurch gekennzeichnet, dass die Sache durch Veränderung ihres Aufenthaltsortes oder durch Verhinderung ihrer Zugänglichkeit der Verfügungsgewalt des Berechtigten entzogen wird, davon abgesehen aber von ihm (oder anderen) bestimmungsgemäß genutzt werden könnte.[254]

2. Begriff der Beschädigung und Zerstörung

Beschädigung/Zerstörung fremden Eigentums

Während der Diebstahl, die Unterschlagung und der Raub die Zueignung einer fremden Sache unter Strafe stellen, betreffen die Sachbeschädigungsdelikte - und hier insbesondere § 303 I – die *Beschädigung oder Zerstörung* fremden Eigentums.   **95**

Beschädigung

Unter einer *Beschädigung* i.S.d. § 303 I[255] versteht man nach h.M.[256] eine   **96**

⇨ unmittelbare körperliche Einwirkung auf die Substanz einer Sache, welche

⇨ die körperliche Unversehrtheit oder

⇨ die bestimmungsgemäße Brauchbarkeit nicht nur unwesentlich beeinträchtigt.[257]

---

[251]   Sch-Sch-Cramer, § 274, Rn. 32; Fischer, § 274, Rn. 8.

[252]   Vgl. **Life&Law 12/1999, 796 - 799 (797)** auch zur Ausnahme, wenn die Gebrauchsbestimmung des Gegenstandes offensichtlich mit seinem ästhetischen Zweck zusammenhängt.

[253]   Vgl. OLG Jena, NJW 2008, 776 = **juris**byhemmer, besprochen in **Life&Law 06/2008, 389 - 392**.

[254]   Vgl. **Life&Law 10/1998, 655 - 662 (657)**.

[255]   Vgl. zur Entwicklung des Begriffes der Beschädigung **Life&Law 05/1998, 316 f**.

[256]   BGHSt 13, 207 - 209 = **juris**byhemmer; BGHSt 29, 129 - 135 = **juris**byhemmer; Wessels, BT-2, Rn. 20 ff.; Krey, BT-2, Rn. 239 ff.

[257]   Vgl. **Life&Law 10/1998, 655 - 662** zur Sachbeschädigung durch Anbringen eines Stahlkörpers auf Schienen.

Die *Zerstörung* ist ein „Mehr" im Vergleich zur Beschädigung. Unter Zerstörung versteht man eine

⇨ unmittelbare körperliche Einwirkung auf die Substanz einer Sache, welche

⇨ die Sache der Substanz nach vernichtet oder

⇨ die bestimmungsgemäße Brauchbarkeit völlig aufhebt.

Unmittelbare Einwirkung

An einer *unmittelbaren Einwirkung* fehlt es z.B., wenn durch das Unterbrechen einer Stromleitung bestimmte Maschinen wegen des Stromausfalls nicht betrieben werden können, oder etwa dann, wenn ein Brunnen durch Abgrabungen an einer anderen Stelle trocken fällt. In diesen Fällen fehlt es zwar nicht an einer Beeinträchtigung der bestimmungsgemäßen Brauchbarkeit einer Sache, wohl aber an einer unmittelbaren Substanzeinwirkung.

Körperliche Unversehrtheit

Die körperliche Unversehrtheit einer Sache ist verletzt, wenn die Sache in ihrer *Substanz* verletzt wird.

Hierher gehören zum Beispiel das Einschlagen einer Fensterscheibe oder das Zerstechen eines Autoreifens. Jede Substanzverletzung stellt hier für sich schon eine Sachbeschädigung dar, ohne dass es auf die Beeinträchtigung der Brauchbarkeit ankommt. Diese wird jedoch regelmäßig vorliegen.

Bestimmungsgemäßer Gebrauch

Schließlich liegt eine Sachbeschädigung auch vor, wenn die Sache durch unmittelbare Einwirkung in ihrer *bestimmungsgemäßen Brauchbarkeit* nicht nur unwesentlich beeinträchtigt wird. Hier ist eine Substanzverletzung nicht erforderlich.[258]

97

Unwesentlich ist die Minderung der Brauchbarkeit dann, wenn deren Beseitigung keinen größeren Aufwand an Mühe, Zeit und Kosten verursacht.

Prüfungsschema zu § 303 I

I. Tatbestand

  1. Objektiver Tatbestand

    a) Tatobjekt: Fremde Sache

    b) Tathandlung: Beschädigen oder Zerstören

  2. Subjektiver Tatbestand: Vorsatz

II. Rechtswidrigkeit

III. Schuld/evtl. Strafantrag, § 303c

---

3. Veränderung des Erscheinungsbildes, § 303 II

Graffiti-Fälle

Mit § 303 II wurde der Tatbestand der Sachbeschädigung um eine weitere Variante erweitert. Hintergrund der Neuregelung ist, dass sich nach verschiedenen Schätzungen die durch Graffiti entstandenen Schäden auf eine Größenordnung zwischen 200 und 500 Millionen Euro jährlich belaufen und mit dem vormaligen Recht nicht zufriedenstellend erfasst wurden.

---

[258] Vgl. zur Sachbeschädigung durch Überkleben eines Verkehrsschildes mit einem anderen Zeichen **Life&Law 06/1999, 369 - 377 (373)**.

Prüfungsschema zu § 303 II

I. Tatbestand

   1. Objektiver Tatbestand

      a) Tatobjekt: Fremde Sache

      b) Tathandlung: Veränderung des Erscheinungsbildes

      c) Korrektive: nicht nur unerheblich, nicht nur vorübergehend und unbefugt

   2. Subjektiver Tatbestand: Vorsatz

II. Rechtswidrigkeit

III.Schuld/evtl. Strafantrag, § 303c

Bisherige Lösung

a) Lösung der Graffiti-Fälle nach § 303 I (= bisherige Lösung)

Fall: T besprüht die Wand eines alten Fabrikgebäudes mit politischen Parolen. Ein Sachverständigengutachten ergibt, dass die Farbe sich ohne Rückstände mit einem teuren Mittel ablösen lässt. Strafbarkeit des T?

Lösung:

Zu prüfen ist, ob T die Wand des Fabrikgebäudes i.S.d. § 303 I beschädigt hat. Dazu müsste T durch unmittelbare Einwirkung auf die Wand deren körperliche Unversehrtheit verletzt oder deren bestimmungsgemäße Brauchbarkeit nicht unerheblich beeinträchtigt haben.

(1) Fraglich könnte zunächst sein, ob eine *Verletzung* der körperlichen Unversehrtheit der Wand gegeben ist. Die stoffliche Zusammensetzung der Wand selbst ist aber durch das Besprühen nicht verändert worden. Auch durch das Entfernen der Farbe entsteht keine Beschädigung der Sachsubstanz. Eine Substanzverletzung liegt damit nicht vor.

(2) T könnte darüber hinaus aber die *bestimmungsgemäße Brauchbarkeit* der Wand nicht unerheblich beeinträchtigt haben. Zunächst ist die technische Brauchbarkeit der Wand als Teil des Fabrikgebäudes nicht beeinträchtigt. Fraglich ist, ob auch die äußerliche *Verunstaltung* des Erscheinungsbildes eine Beeinträchtigung der Gebrauchstauglichkeit darstellt.

Nach der Rechtsprechung des BGH liegt bei einem Verunstalten des Erscheinungsbildes einer Sache nur dann auch eine Minderung der Gebrauchstauglichkeit vor, wenn der Gegenstand seiner Bestimmung nach gerade durch sein Aussehen auf den Betrachter wirken soll (Kunstwerke, Plakate, Schaufenster und Ähnliches). Bei einer Fabrik- oder auch Häuserwand kommt es aber auf das Aussehen nicht entscheidend an.

Im Ergebnis hat sich T nicht einer Sachbeschädigung nach § 303 I strafbar gemacht.

hemmer-Methode: Der Lösungsansatz der Rechtsprechung vor Einführung des § 303 II sollte gerade für die mündliche Prüfung bekannt sein!

Neuer Ansatz

b) Neuer Ansatz über § 303 II

Die bisherige Gesetzeslage wurde zu Recht als unbefriedigend angesehen. Zum einen konnte nur über eine kostenintensive Beweisaufnahme geklärt werden, ob nicht etwa durch das Entfernen der Farbe zwingend eine Substanzverletzung entsteht.

Zum anderen hing die Strafbarkeit von der zum Teil schwierigen Fragestellung ab, wann Gegenstände einem gewissen ästhetischen Zweck dienen, so dass schon in der Verunstaltung eine Beeinträchtigung der bestimmungsgemäßen Brauchbarkeit liegt. In Konstellationen wie im Beispielsfall schließlich scheidet eine Strafbarkeit aus, obwohl das Verhalten überwiegend als strafwürdig eingestuft wird.

Durch die Neuregelung sollen diese Schwierigkeiten behoben werden. Strafbare Tathandlung ist jetzt bereits die bloße Veränderung des Erscheinungsbildes. Da dieser Anknüpfungspunkt recht unbestimmt ist und eine Veränderung des Erscheinungsbildes auch gegeben ist, wenn ein Gegenstand durch ein loses Tuch verhüllt wird oder lediglich Wasserfarben aufgetragen werden, hat der Gesetzgeber entsprechende Korrektive in den Tatbestand eingebaut.

Strafbar ist die Veränderung des Erscheinungsbildes dann, wenn diese „nicht nur unerheblich", „nicht nur vorübergehend" und „unbefugt" vorgenommen wurde.

hemmer-Methode: Als „vorübergehend" werden solche Veränderungen erfasst, die ohne Aufwand binnen kurzer Zeit selbst wieder vergehen oder entfernt werden können. Dies wird etwa bei Überklebungen mit leicht wieder ablösbarem Klebeband bejaht.

§ 3 STRAFTATEN GEGEN SONSTIGE VERMÖGENSRECHTE

I. Pfandkehr und Vollstreckungsvereitelung, §§ 288, 289; Verstrickungsbruch und Siegelbruch, § 136

1. Übersicht

Schutz vor Vereitelung und Gefährdung von Gläubigerrechten

Die §§ 288, 289 schützen das Vereiteln und Gefährden von Gläubigerrechten.

§ 289 setzt voraus, dass ein bereits bestehendes   *100*

⇨   Pfandrecht (z.B. das Vermieterpfandrecht aus § 562 BGB),

⇨   Nutznießungsrecht (z.B. der Nießbrauch, §§ 1030 ff. BGB),

⇨   Gebrauchsrecht (z.B. Miete, Pacht, §§ 535, 581 BGB) oder

⇨   Zurückbehaltungsrecht (§§ 273, 972, 1000 BGB)

beeinträchtigt wird.

Als Pfandrecht i.S.d. Vorschrift ist nach h.M. auch das Pfändungspfandrecht (§ 804 ZPO) anzusehen.[259] Dieses entsteht nach der h.M. mit der wirksamen Pfändung schuldnereigener Sachen durch den Gerichtsvollzieher (§§ 808 ff. ZPO).[260]

Abgrenzung zu § 288 und § 136

Dadurch ergibt sich eine Abgrenzungsproblematik zu § 288 und   *101*
§ 136.

Hierbei ist davon auszugehen, dass § 288 in zeitlicher Hinsicht („drohende Zwangsvollstreckung") lediglich verlangt, dass ein begründeter Anspruch besteht (keine Fälligkeit erforderlich) und nach den Umständen des Falles anzunehmen ist, dass der Gläubiger den Willen hat, demnächst zur zwangsweisen Durchsetzung seines Anspruchs zu schreiten.

Darüber hinaus ist § 288 aber auch anwendbar, wenn die Zwangsvollstreckung bereits begonnen hat, und zwar solange, bis alle Vollstreckungsmaßnahmen (in der Regel durch die Verwertung der Sache) abgeschlossen sind. Also kann bei einer Vereitelungshandlung, die nach der Pfändung erfolgt, Idealkonkurrenz zwischen § 288 und § 289 in Betracht kommen, da ja auch das Pfändungspfandrecht nach h.M. unter § 289 fällt.[261]

Da das Pfändungspfandrecht aus § 804 ZPO nur bei wirksamer Pfändung entsteht, also eine wirksame Verstrickung voraussetzt[262], ist in diesen Fällen immer auch an § 136 zu denken.

hemmer-Methode: Kommentieren Sie sich § 136 an die §§ 288 ff., soweit dies nach Ihrer Prüfungsordnung zulässig ist. Obwohl diese Vorschriften unterschiedliche Schutzrichtungen besitzen (§§ 288 ff. schützen private Vermögensrechte, § 136 schützt dagegen den Bestand dienstlicher Akte an Sachen), besteht doch ein derart enger praktischer Sachzusammenhang, dass diese häufig gemeinsam in der Klausur auftauchen. Daher erfolgt auch die Darstellung des § 136 (an sich systemwidrig) in diesem Skript Strafrecht BT I.

---

[259]   Vgl. Fischer, § 289 Rn. 2.

[260]   Sog. gemischt öfftl.-rechtl.-privatrechtl. Theorie, vgl. **Hemmer/Wüst, ZPO II, Rn. 131 ff**.

[261]   Vgl. oben Rn. 100.

[262]   Vgl. **Hemmer/Wüst, ZPO II, Rn. 134**.

2. Pfandkehr, § 289

a) Übersicht

Prüfungsschema zu § 289 I

I. Tatbestand

   1. Objektiver Tatbestand

     a) Tatobjekt: Eigene oder fremde bewegliche Sache, an der ein Nutzungsrecht, Pfandrecht, Gebrauchsrecht oder Zurückbehaltungsrecht besteht

     b) Tathandlung: Wegnahme vom Rechtsinhaber (zugunsten des Eigentümers, wenn die Sache für den Täter fremd ist)

   2. Subjektiver Tatbestand

     a) Vorsatz

     b) rechtswidrige Absicht

II. Rechtswidrigkeit

III. Schuld

IV. Strafantrag als Strafverfolgungsvoraussetzung, § 289 III

b) Zum Begriff der Wegnahme

Wegnahme i.S.d. § 289

Außer in § 289 I findet sich der Begriff der Wegnahme noch in § 168 I (Störung der Totenruhe) und in den §§ 242, 249.   *102*

H.M.: keine Identität mit „Wegnahme" i.S.d. § 242

Umstritten ist der Begriff der Wegnahme in § 289. Die h.M. legt ihn aus teleologischen Gründen weit und insofern anders als i.R.d. § 242 aus: Sie versteht unter einer „Wegnahme" i.R.d. § 289 das Entfernen der Sache aus dem Macht- und Zugriffsbereich des Pfandrechtsinhabers. Auch ist die Begründung neuen Gewahrsams hier nicht erforderlich.

M.M.: Identität mit „Wegnahme" i.S.d. § 242

Nach einer Mindermeinung ist das Merkmal „Wegnahme" in § 289 wie i.R.d. § 242 auszulegen: Die erhöhte Strafdrohung gegenüber den §§ 136 I, 288 rechtfertige sich nur dann, wenn zusätzlich ein Gewahrsamsbruch vorliege.

Die h.M. bezweckt mit ihrer Auslegung dagegen vor allem den Schutz der besitzlosen Pfandrechte (vgl. z.B. das Vermieterpfandrecht, § 562 BGB), bei denen der Täter die Pfandsache regelmäßig in Alleingewahrsam hat und deshalb kein „Gewahrsamsbruch" i.S.d. § 242 vorliegt. Zu beachten ist aber, dass sich die Sache im Macht- oder Zugriffsbereich des Pfandgläubigers etc. befinden muss. Daran fehlt es z.B. beim Pfändungspfandrecht (§ 804 ZPO), wenn die gepfändete Sache unter Anbringung eines Pfandsiegels beim Schuldner verbleibt, § 808 II S. 2 ZPO.   *103*

Hier hat der Gläubiger keine tatsächlichen Zugriffsmöglichkeiten, die eine Anwendung des § 289 rechtfertigen würden. Für den Schutz des Pfändungspfandrechts ist daher nur § 136 I einschlägig, wenn die Sache beim Schuldner verbleibt.

3. Vereitelung der Zwangsvollstreckung, § 288

Prüfungsschema zu § 288

I. Tatbestand

  1. Objektiver Tatbestand

    a) Täter droht Zwangsvollstreckung

    b) Veräußerung oder Beiseiteschaffen von Bestandteilen des eigenen Vermögens

  2. Subjektiver Tatbestand

    a) Vorsatz

    b) Absicht, die Befriedigung des Gläubigers zu vereiteln

II. Rechtswidrigkeit

III. Schuld

IV. Strafantrag, § 288 II

Problematisch ist bei § 288 I die Frage, ob die Strafbarkeit auch bei Einschaltung eines qualifikationslosen Tatmittlers zu bejahen ist.   *104*

> *Fall:* Max ist völlig pleite. Er weiß, dass ihm die Zwangsvollstreckung droht. Um wenigstens seine teure Stereoanlage vor der Zwangsvollstreckung zu retten, bittet er seinen voll eingeweihten Freund Moritz, diese aus der Wohnung des Max zu holen und bei sich (Moritz) unterzustellen. Der Moritz tut, wie ihm geheißen.
>
> Strafbarkeit von Max und Moritz nach § 288 I?
>
> (I) Moritz kann sich nicht nach § 288 I strafbar gemacht haben, weil *ihm* die Zwangsvollstreckung nicht drohte.
>
> (II) Da Max die Anlage nicht selbst holte, kann er nur mittelbarer Täter des § 288 I sein, § 25 I Alt. 2 (Teilnahme scheidet mangels Haupttat von vornherein aus).
>
> Mittelbare Täterschaft setzt Tatherrschaft des Hintermannes voraus. Der Moritz weist jedoch keinerlei Defizit auf. Er kann nur deshalb nicht bestraft werden, weil nicht ihm, sondern dem Max die Zwangsvollstreckung drohte.
>
> E.A. bejaht hier trotzdem eine mittelbare Täterschaft des Max.[263] Es liege hier ein Fall normativer Tatherrschaft vor. Nur so könne eine Strafbarkeitslücke vermieden werden.
>
> Die h.M.[264] verneint indessen im vorliegenden Fall das Vorliegen mittelbarer Täterschaft. Die Tatherrschaft kann als für alle Delikte des BT geltendes Kriterium des AT nicht derart deliktsspezifisch ausgelegt werden, um Strafbarkeitslücken zu vermeiden. Diese Vorgehensweise würde gegen das Analogieverbot aus Art. 103 II GG verstoßen.
>
> Daher hat auch Max sich nicht gemäß § 288 I strafbar gemacht.

hemmer-Methode: Die h.M. vermag zu überzeugen. So auch das OLG Stuttgart bei der vergleichbaren Problemstellung, ob bzw. wann eine falsche Verdächtigung in mittelbarer Täterschaft (§§ 164 I, 25 I Alt. 2) möglich ist.[265]

---

263   Ausführlich dazu vgl. Herzberg, Täterschaft und Teilnahme, 31 ff.

264   Vgl. Krey, BT-2, Rn. 292 m.w.N.

265   Vgl. OLG Stuttgart, Beschluss vom 07.04.2017 – 1 Ws 42/17 = **Life&Law 12/2017, 846 – 841** = **juris**byhemmer.

4. Verstrickungsbruch, Siegelbruch, § 136

a) Verstrickungsbruch, § 136 I

Prüfungsschema zu § 136 I

I. Tatbestand

  1. Objektiver Tatbestand

    a) Tatobjekt: gepfändete oder sonst dienstlich in Beschlag genommene Sache

    b) Tathandlung: Zerstören, Beschädigen, Unbrauchbarmachen oder Entziehung der Verstrickung in anderer Weise

  2. Subjektiver Tatbestand: Vorsatz

II. Rechtswidrigkeit: (-) im Fall des § 136 III

III. Schuld

IV. Evtl. Milderung, Straflosigkeit gem. §§ 136 IV, 113 IV

Fall (gleichzeitig zu den §§ 288, 289):

Aufgrund rechtskräftigen und ordnungsgemäß zugestellten Titels des Gläubigers Geier gegen den Schuldner Sam pfändet der Gerichtsvollzieher auf ordnungsgemäße Weise die Stereoanlage des Sam durch Anbringen eines Pfandsiegels. Sam schafft die Anlage daraufhin zu seiner Freundin in deren Wohnung, damit sie nicht versteigert wird. Wie hat er sich strafbar gemacht?

I. Strafbarkeit gem. § 136 I:

1. Sam müsste eine gepfändete Sache der Verstrickung entzogen haben. Da § 136 I die Verstrickung als Hoheitsakt schützen soll, greift die Norm nur bei formell ordnungsgemäßer Pfändung ein[266] (materielle Wirksamkeit nach h.M. nicht erforderlich). Vorliegend hat der Gerichtsvollzieher als gem. § 808 ZPO zuständiges Vollstreckungsorgan die Pfändung nach § 808 II S.2 ZPO bei Vorliegen der allgemeinen Vollstreckungsvoraussetzungen (Titel, Klausel, Zustellung und Antrag) vorgenommen. Somit war die Pfändung formell ordnungsgemäß. Durch das Verbringen hat Sam die Sache der Verstrickung entzogen.

2. Da Sam vorsätzlich, rechtswidrig und schuldhaft handelte, hat er sich gem. § 136 I strafbar gemacht.

II. Strafbarkeit gem. § 288

1. Objektiver Tatbestand

Dem Sam drohte die Zwangsvollstreckung i.S.v. § 288 I. Darunter ist auch eine begonnene, aber noch nicht beendete Zwangsvollstreckung zu verstehen. Da § 288 das Gläubigerrecht schützen soll, ist zudem erforderlich, dass überhaupt eine materiellrechtliche Forderung des Gläubigers existiert. Davon ist hier auszugehen. Sam hat auch Bestandteile seines Vermögens „beiseite geschafft".

2. Subjektiver Tatbestand

Sam handelte vorsätzlich. Für die Absicht der Befriedigungsvereitelung lässt die h.M. dolus directus 2. Grades genügen.[267] Sam wies direkten Vorsatz auf.

---

[266] Fischer, § 136, Rn. 4 m.w.N.

[267] Fischer, § 288, Rn. 12; Gleiches gilt für die Absicht i.S.v. § 289 I, vgl. Fischer, § 289, Rn. 4.

3. Sam handelte rechtswidrig und schuldhaft.

4. Die Tat wird gem. § 288 II nur auf Antrag verfolgt.

III. Strafbarkeit gem. § 289 I

Sam hat sich durch das Wegschaffen der Stereoanlage nicht gem. § 289 strafbar gemacht. Nach allen Ansichten liegt hier keine Wegnahme vor, da Geier als Pfändungspfandrechtsinhaber keinerlei Zugriffsmöglichkeit auf die im Gewahrsam des Sam belassene Sache hatte.

Sam hat sich gem. §§ 136 I, 288, 52 strafbar gemacht.

b) Siegelbruch, § 136 II

Beim Siegelbruch ist die durch das Siegel manifestierte staatliche Autorität geschütztes Rechtsgut.

Der Aufbau des § 136 II entspricht dem des § 136 I. Bzgl. des objektiven Tatbestands vgl. Wortlaut des § 136 II.

hemmer-Methode: Gerade im Bereich der §§ 136, 288, 289 lassen sich in der Klausur Querverbindungen zum Zwangsvollstreckungsrecht herstellen. Beherzigen Sie daher unseren Grundsatz, in Zusammenhängen zu denken und zu lernen.

II. Jagd- und Fischwilderei, §§ 292, 293

1. Übersicht

Schutz des Aneignungsrechts des Jagdberechtigten

Geschütztes *Rechtsgut* ist nach h.M. das Aneignungsrecht des Jagdberechtigten.

§ 292 I enthält zwei Fälle:

a) *Objekt* der Nr. 1 ist ausschließlich das *lebende* Wild. Darunter versteht man herrenlose, wildlebende Tiere i.S.v. § 1 I BJagdG. Welche Tiere dem Jagdrecht unterliegen, ist in § 2 BJagdG geregelt.

Tathandlungen sind das Nachstellen, Fangen, Erlegen oder Zueignen. Dabei handelt es sich bei dem Fall des Nachstellens (aber auch nur bei diesem) um ein sog. *unechtes Unternehmensdelikt*. Dies bedeutet zwar nicht die Anwendbarkeit des § 11 I Nr. 6 (dort sind die sog. „echten Unternehmensdelikte" geregelt). Die Tathandlung des Nachstellens erfasst aber Fälle, die auf den ersten Blick wie ein Versuch erscheinen (der straflos wäre, § 23 I), d.h. es ist kein Erfolg vorausgesetzt.

> *Bsp.:* Heranpirschen, Verfolgen, Auslegen vergifteter Köder.[268]

hemmer-Methode: Beachten Sie daher, dass in diesen Fällen schon eine Vollendung des § 292 angenommen werden kann.

b) *Objekt* der Nr. 2 sind das *tote* Wild und *andere herrenlose Sachen*, die dem Jagdrecht unterliegen. Hier kann man sich an § 1 V BJagdG orientieren. Zu diesen Sachen zählen demnach neben totgefahrenen Tieren auch Eier.

105

---

[268] Vgl. Fischer, § 292, Rn. 11.

Tathandlungen sind Zueignung, Beschädigung oder Zerstörung.

c) Inhaber des dinglichen *Jagdrechts* ist der Eigentümer, § 3 I BJagdG. Darunter ist das Recht zu verstehen, sich wilde und herrenlose Tiere anzueignen, § 1 I BJagdG. Das *Jagdausübungsrecht* kann auch an einen Dritten verpachtet werden, vgl. §§ 11 ff. BJagdG. Dann kann auch der Eigentümer eines Jagdreviers das Jagdausübungsrecht des Pächters verletzen.

Dem Merkmal „unter Verletzung fremden Jagdrechts oder Jagdausübungsrechts" kommt die gleiche Funktion zu wie dem Merkmal der „Fremdheit" in § 242. Es sind im objektiven Tatbestand die Eigentumsverhältnisse zu klären. Nur an herrenlosen Sachen, d.h. an solchen, die in niemandes Eigentum stehen, kann Wilderei begangen werden.

Prüfungsschema zu § 292 I

I. Tatbestand

   1. Objektiver Tatbestand

      a) Nr. 1: Nachstellen, Fangen, Erlegen oder Zueignen des Wildes

      b) Nr. 2: Zueignen, Beschädigen, Zerstören einer Sache, die dem Jagdrecht unterliegt

      c) Verletzung fremden Jagd- oder Jagdausübungsrechts

   2. Subjektiver Tatbestand: Vorsatz

II. Rechtswidrigkeit

III. Schuld

IV. Evtl. Regelbeispiel des § 292 II

---

2. Entwendung toten Wildes

Entwendung toten Wildes

Problematisch sind die Fälle, in denen ein Dritter erlegtes oder gewildertes Wild entwendet.

> *Fall 1: W wildert einen Hasen, nimmt ihn mit in seine Hütte und brät ihn in der Pfanne. T hat alles beobachtet und entwendet den Hasen aus der Pfanne, als W für kurze Zeit die Hütte verlässt.*

> *Fall 2: Der Jagdausübungsberechtigte J schießt einen Hasen und versteckt ihn. T hat ihn dabei beobachtet und entwendet den Hasen.*

Strafbarkeit des T?

Lösung Fall 1:

a) Für § 242 I (Diebstahl) ist die Wegnahme einer *fremden* Sache erforderlich. Ursprünglich war der Hase herrenlos, vgl. § 960 I S. 1 BGB, damit kein taugliches Objekt eines Diebstahls. Fraglich ist, ob gewilderte Tiere herrenlos bleiben.

Ein Eigentumserwerb seitens des W nach § 950 BGB (Verarbeitung) liegt nicht vor, da davon auszugehen ist, dass die Wertsteigerung durch das Braten nur unerheblich war.

106

Schließlich käme ein gesetzlicher Eigentumserwerb des W kraft Aneignung gemäß § 958 BGB in Betracht. Jedoch hatte W keine Aneignungsberechtigung im Sinne von § 958 II BGB, vielmehr hat W fremde Aneignungsrechte (vgl. § 1 BJagdG) verletzt.

Damit war der Hase herrenlos, § 242 scheidet aus.

b) In Betracht kommt § 292 I Nr. 2:

T könnte sich eine Sache, die fremdem Jagdrecht unterliegt (vgl. § 1 V BJagdG), zugeeignet haben. Voraussetzung für ein taugliches Tatobjekt in diesem Sinne ist, dass die Sache noch herrenlos ist. Dies ist wegen § 958 II BGB der Fall (s.o.). T hat sich demgemäß gem. § 292 I Nr. 2 strafbar gemacht.

hemmer-Methode: Dies gilt auch dann, wenn (wie hier) der Wilderer das tote Tier in Eigenbesitz genommen und aus dem Jagdrevier fortgeschafft hat. Damit wird das Aneignungsrecht des Jagdberechtigten effektiv geschützt.

Lösung Fall 2:

§ 292 entfällt, da der Jagdausübungsberechtigte J durch das Erlegen Eigentum an der Sache gem. § 958 I und II BGB i.V.m. §§ 1 I, 11 BJagdG begründet hat. Der Versuch des § 292 I ist gem. § 23 I straflos. T ist aber strafbar gem. § 242.

hemmer-Methode: Sofern Wilderei in Frage steht, müssen Sie immer ganz genau prüfen, ob die Sache dem Jagdrecht unterliegt (nur dann § 292) oder im Eigentum eines anderen steht (dann § 242). Oft sind hier die §§ 958, 960 BGB zu prüfen. § 242 und § 292 schließen sich denknotwendig gegenseitig aus:
§ 242 erfordert die Wegnahme einer fremden Sache, also einer Sache, die nicht im Alleineigentum des Täters, sondern im Eigentum eines anderen steht. Eine herrenlose Sache, die von § 292 vorausgesetzt wird, steht aber gerade nicht im Eigentum einer Person.

3. Subjektiver Tatbestand

Subjektiver Tatbestand

Der Vorsatz muss das Bewusstsein umfassen, fremdes Jagdrecht zu verletzen. Die Bewertung der hierbei möglichen *Irrtümer* ist umstritten.

107

Fall 1: T findet einen vom Jagdberechtigten J geschossenen Hasen und nimmt ihn mit.

a) T denkt, entweder J oder ein Wilderer W hat den Hasen erlegt.

b) T macht sich überhaupt keine Vorstellungen.

Strafbarkeit des T?

Lösung Fall 1:

a) T hatte *alternativen Vorsatz*, d.h. beide Möglichkeiten (§ 242 bei J bzw. § 292 bei W) waren von seinem Vorsatz umfasst. T ist daher aus dem Tatbestand zu verurteilen, den er objektiv verwirklicht hat, also hier § 242.

b) Hier hatte T nicht etwa keinen, sondern *generellen Vorsatz*, die in Betracht kommenden Rechte zu verletzen. T ist daher auch hier aus dem Tatbestand zu verurteilen, den er objektiv verwirklicht hat, also § 242.

Fall 2: *O kauft einen vom Berechtigten erlegten Hasen. T glaubt, O habe den Hasen gewildert und entwendet ihn. Strafbarkeit des T?* **108**

Lösung Fall 2:

(1.) § 292 ist nicht erfüllt, weil der Hase nicht mehr herrenlos war. Der Versuch des § 292 ist nicht strafbar.

(2.) T hat den objektiven Tatbestand des § 242 verwirklicht. Ihm fehlte aber der Vorsatz für die Fremdheit, weil er den Hasen für herrenlos hielt (Parallelwertung in der Laiensphäre). T ist wegen Tatbestandsirrtums (§ 16 I S. 1) nicht strafbar.

(a) Von einer Mindermeinung[269] wird diese Strafbarkeitslücke für unerträglich gehalten. Sie will die Lücke mit dem Argument schließen, dass Diebstahls- und Wildereivorsatz gleichartig seien.

(b) Dagegen wendet sich zu Recht die h.M.:[270] Zum einen ist die Wilderei kein Zueignungsdelikt, so dass auch der Vorsatz andersartig ist. Zum anderen verstößt die Mindermeinung gegen das Analogieverbot aus Art. 103 II GG, denn dieses ist auch im Vorsatzbereich zu beachten. T hat sich daher nicht strafbar gemacht.

Fall 3: *O wildert einen Hasen. T glaubt, O habe ihn ordnungsgemäß vom Berechtigten gekauft und entwendet ihn. Strafbarkeit des T?* **109**

Lösung Fall 3:

(1.) Der objektive Tatbestand des § 242 ist nicht erfüllt (§ 958 II BGB, s.o.). Es liegt aber ein versuchter Diebstahl am untauglichen Objekt vor. T ist demnach gem. §§ 242 II, 22, 23 I strafbar.

(2.) Der objektive Tatbestand des § 292 ist hingegen erfüllt, T hatte aber keinen Wildereivorsatz. Hier wird vertreten, der Diebstahlsvorsatz schließe durch ein qualitatives „Plus" den Wildereivorsatz als „Minus" ein (Plus-Minus-Theorie).[271] Diese Ansicht ist aber abzulehnen. Der Wildereivorsatz ist kein „Minus", sondern ein „aliud" zum Diebstahlsvorsatz.

Außerdem besteht hier keine Strafbarkeitslücke, weil der versuchte Diebstahl strafbar ist. Daher scheidet eine Strafbarkeit nach § 292 aus.

§ 293

110-111

> ## 4. § 293 ist dem § 292 nachgebildet und enthält keine weiteren Probleme.

hemmer-Methode: § 292 ist ein etwas exotisches Delikt. Examensrelevant sind aber die Irrtumsproblematik und das Verhältnis zu § 242. Beachten Sie nochmals: § 292 und § 242 schützen unterschiedliche Rechtsgüter: § 242 schützt vor allem das Eigentum und daneben Gewahrsam; § 292 schützt das Aneignungsrecht des Jagdausübungsberechtigten.

---

[269] Welzel, Das Deutsche Strafrecht, 363.

[270] Vgl. Fischer, § 292 Rn. 15 ff.

[271] Lackner/Kühl, § 292, Rn. 5.

§ 4 STRAFTATEN GEGEN DAS VERMÖGEN ALS GANZES

Schutz des Vermögens als Ganzes

Schutzgut der Vermögensdelikte im engeren Sinn ist das *Vermögen als Ganzes*. Dabei kann ein Vermögensschaden einerseits durch die Verletzung eines Eigentumsrechts, andererseits aber auch durch die Beeinträchtigung eines beliebigen anderen Vermögenswerts herbeigeführt werden. Nach h.M. kann in Einzelfällen sogar eine konkrete Vermögensgefährdung ausreichen. Die wichtigsten Tatbestände sind der Betrug, § 263, die Untreue, § 266, die Hehlerei, § 259, und die (räuberische) Erpressung, §§ 253, (255). *112*

I. Betrug, § 263

hemmer-Methode: Instruktiv hierzu auch die überblicksartige Darstellung mit zahlreichen Fallbeispielen von *Berberich/Hauburger* in Life&Law 07/2011, 515 ff.

1. Übersicht

Betrug

Der Betrug ist ein sog. *Vermögensverschiebungsdelikt*, d.h. kennzeichnend für den Betrug ist die Verschiebung von Vermögen zugunsten des Täters (oder eines Dritten) und zu Lasten des Opfers. Tathandlung ist eine Täuschung über Tatsachen. *113*

Im Einzelnen hat der Betrug folgende Tatbestandsvoraussetzungen: *114*

Im objektiven Tatbestand

1. Täuschung über Tatsachen

2. Irrtum

3. Vermögensverfügung (= ungeschriebenes Tatbestandsmerkmal)

4. Vermögensschaden

Kausalität

Alle Merkmale des objektiven Tatbestands müssen *unmittelbar kausal* aufeinander zurückzuführen sein, d.h. der Irrtum muss auf der Täuschung beruhen, die Vermögensverfügung muss zumindest auch aufgrund des Irrtums vorgenommen werden und die Vermögensverfügung muss unmittelbar zu einem Vermögensschaden führen. *115*

hemmer-Methode: In Klausuren ist der erforderliche Ursachenzusammenhang häufig unproblematisch gegeben. Machen Sie bei der Prüfung des § 263 I trotzdem stets deutlich, dass eine solche Kausalbeziehung auch tatsächlich vorliegt. Dabei bietet sich beispielsweise die Formulierung an, dass *„durch"* die Täuschung ein entsprechender Irrtum beim Opfer entstanden ist bzw. die Vermögensverfügung auf dem Irrtum *„beruht"*.

Im subjektiven Tatbestand:

1. Vorsatz bezüglich des objektiven Tatbestands

2. Absicht, sich oder einem Dritten einen rechtswidrigen Vermögensvorteil zu verschaffen:

   a) (Erstrebter) Vermögensvorteil

   b) Absicht bezüglich a)

   c) Rechtswidrigkeit des Vermögensvorteils

   d) Stoffgleichheit

   e) Vorsatz bezüglich c) und d)

Beachten Sie: Nur der Vermögensvorteil als solcher muss von der Absicht im technischen Sinne (dolus directus 1. Grades) getragen sein. Hinsichtlich Rechtswidrigkeit des Vermögensvorteils und Stoffgleichheit ist zunächst das objektive Vorliegen zu prüfen, welches zumindest vom bedingten Vorsatz des Täters getragen sein muss.

Sog. überschießende Innentendenz

Der Vermögensvorteil muss nicht tatsächlich erlangt werden; es genügt, dass er angestrebt wird. Es handelt sich daher beim Betrug um ein Delikt mit *überschießender Innentendenz*, weil im subjektiven Tatbestand mehr als nur die subjektive Entsprechung des objektiven Tatbestands gefordert wird.

§ 263 I ist ein Vergehen (§ 12 II). In Abs. 2 ist die Strafbarkeit des Versuchs ausdrücklich festgestellt.

Nach § 263 IV in Verbindung mit § 243 II ist ein besonders schwerer Fall nach § 263 III zwingend ausgeschlossen, wenn es sich um eine geringwertige Vermögensschädigung handelt. Die prozessualen Privilegierungen der §§ 247, 248a (Antragserfordernis) gelten nach Abs. 4 auch i.R.d. Betrugs.

Schließlich sieht § 263 V eine Qualifikation für den Fall vor, dass der Betrug banden- und gewerbsmäßig begangen wurde. Hierbei handelt es sich um ein Verbrechen, so dass insoweit auch eine Strafbarkeit gemäß § 30 I, II in Betracht kommt.

hemmer-Methode: Beachten Sie, dass sowohl die bandenmäßige Begehung als auch das Merkmal des gewerbsmäßigen Handelns besondere (bei § 263 V strafschärfende) persönliche Merkmale darstellen. Insoweit gilt es § 28 II zu beachten.

2. Betrug in Mehrpersonenverhältnissen

I.d.R. Beteiligung zweier Personen

Im Normalfall sind an einem Betrug zwei Personen beteiligt: Der Täter ist der Täuschende, der sich bereichern will, während das Opfer der Irrende, Verfügende und Geschädigte ist. Die erstrebte Vermögensverschiebung findet also zwischen dem Täter und dem Opfer statt. **116**

Dreiecksbetrug

Beim sog. *Dreiecksbetrug* dagegen verfügt ein getäuschter (und damit auch irrender) Dritter über das Vermögen des Opfers (z.B. die Verkäuferin verfügt über das Eigentum des Ladeninhabers). Die Vermögensverschiebung findet hier nicht zwischen dem Täter und dem Verfügenden statt, sondern zwischen dem Täter und demjenigen, über dessen Vermögen der Dritte verfügt. Zu beachten ist, dass hier zumindest ein „tatsächliches Näheverhältnis" zwischen Verfügendem und Opfer bestehen muss. **117**

Eigen- und fremdnütziger Betrug

Sowohl der Betrug als auch der Dreiecksbetrug können nicht nur zugunsten des Täters, sondern auch zugunsten eines Dritten begangen werden. **118**

Man spricht hier von einem *fremdnützigen Betrug.* Der Vermögensvorteil liegt hier nicht beim Täter, sondern bei dem Dritten (vgl. Wortlaut § 263).

hemmer-Methode: Insgesamt können somit ohne weiteres vier Personen bei einem Betrug eine Rolle spielen (im Fall des sog. „fremdnützigen Dreiecksbetrugs"). Kommen in einem Fall mehrere Personen vor, so zeigen Sie gleich in der Überschrift, welchen Betrug Sie prüfen: z.B. „Strafbarkeit des T wegen Betrugs nach § 263 I gegenüber A zu Lasten des B und zugunsten des C". Sie zeigen damit, dass Sie die möglichen unterschiedlichen Konstellationen erkannt haben.

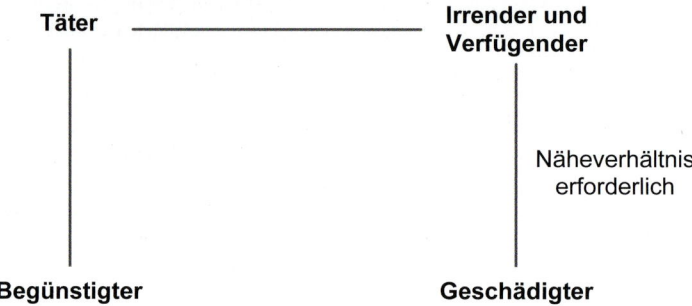

Mehrpersonenverhältnis beim Betrug

Täter _____ Irrender und Verfügender

Näheverhältnis erforderlich

Begünstigter   Geschädigter

3. Objektiver Tatbestand

a) Täuschung über Tatsachen

Täuschung über Tatsachen

Nach dem Wortlaut des § 263 I setzt der Betrug eine Tatbegehung „durch Vorspiegelung falscher oder durch Entstellung oder Unterdrückung wahrer Tatsachen" voraus. Diese sprachlich missglückte Formulierung (es gibt keine „falschen" Tatsachen) ist als *„Täuschung über Tatsachen"* zu verstehen und so auch zu prüfen.

119

aa) Tatsachen

Tatsachen

Gegenstand der Täuschung müssen Tatsachen sein. Unter den Begriff der Tatsachen fallen alle Umstände, die *einem Beweis zugänglich* sind.[272]

120

Keine Tatsachen sind daher reine Werturteile oder subjektive Meinungsäußerungen. Wer sich auf Werturteile verlässt, ist nach der Konzeption des Gesetzes weniger schutzwürdig. Aber: Man kann darüber täuschen, dass man von der Richtigkeit einer Behauptung überzeugt ist. Die Abgrenzung kann im Einzelfall schwierig sein: Es kommt darauf an, ob die Äußerung zumindest einen greifbaren, dem Beweis zugänglichen Tatsachenkern aufweist.[273]

hemmer-Methode: Das gleiche Abgrenzungsproblem von Tatsachen auf der einen und Werturteil auf der anderen Seite ist auch im Verhältnis von § 185 zu §§ 186 f. zu beachten.[274]

Abgrenzung:

Unterschieden wird zwischen *inneren* und *äußeren Tatsachen*.

121

Äußere Tatsachen

Äußere Tatsachen sind z.B. die Herkunft oder Beschaffenheit einer Sache oder das Alter einer Person.

Innere Tatsachen

Innere Tatsachen können dagegen z.B. bestimmte Überzeugungen oder auch Kenntnisse oder Absichten des Täters oder eines Dritten sein. Die Täuschung kann sich sowohl auf innere als auch auf äußere Tatsachen beziehen: Etwa bei der sog. „Zechprellerei" kann der Täter über seine Zahlungsfähigkeit (= äußere Tatsache) oder auch über seine Zahlungswilligkeit (= innere Tatsache) täuschen.

---

[272]   RGSt 56, 227.

[273]   Einen instruktiven Beispielsfall zu den Anforderungen an die Täuschungshandlung im Zusammenhang mit der Vorlage eines kondizierbaren Schecks bei einer Bank finden Sie bei **Life&Law 05/2002, 320 - 322** (BGH, NStZ 2002, 144 - 145 = **juris**byhemmer).

[274]   Vgl. dazu **Hemmer/Wüst, Strafrecht BT II, Rn. 170**.

Fall: A klagt wegen eines auf eine mangelhafte Reparatur zurückzuführenden Unfalls gegen die Autoreparaturwerkstatt R auf Schadenersatz. Im Prozess legt der Sachverständige T ein bewusst falsches Gefälligkeitsgutachten vor, das bestätigt, dass der Unfall tatsächlich auf einen Fehler bei der Reparatur des Wagens zurückzuführen sei.

Täuschung über Tatsachen?

Lösung:

Fraglich ist, ob T hier über eine Tatsache getäuscht hat. Keine Tatsachen sind *reine Werturteile*, die keinen greifbaren Tatsachenkern enthalten.

Ein *Sachverständigengutachten* ist grundsätzlich ein subjektiv gefärbtes Werturteil, da es lediglich die Meinung des Sachverständigen über einen bestimmten Geschehensablauf wiedergibt. Ausnahmsweise können jedoch auch Werturteile als Tatsachen i.S.d. § 263 I zu behandeln sein: Sachverständigengutachten (wie z.B. auch Rechtsauskünfte von Anwälten) haben nach der herrschenden Meinung einen Anspruch auf objektive Richtigkeit und Verbindlichkeit.[275] Im täglichen Leben gelten solche Urteile nach der Verkehrsanschauung nicht als subjektiv gefärbt, sondern als objektiv richtig.

Nach anderer Ansicht[276] stellen Sachverständigengutachten ein reines Werturteil dar. Der Sachverständige täuscht nach dieser Ansicht jedoch über seine innere Überzeugung (= innere Tatsache): So behauptet der Urteilende i.R.d. Gutachtens konkludent, dass er von der Richtigkeit seiner Behauptung überzeugt sei. Dies gelte insbesondere immer dann, wenn ein Gutachten mit dem Anspruch auf Überparteilichkeit und Autorität gefällt werde. Im Ergebnis liegt demgemäß nach beiden Ansichten eine Täuschung über Tatsachen vor, so dass ein Streitentscheid entbehrlich ist.

bb) Täuschungshandlung

Täuschungshandlung

Eine Täuschungshandlung liegt vor, wenn der Täter mit dem Ziel der Irreführung über Tatsachen auf das intellektuelle Vorstellungsbild eines anderen einzuwirken sucht.[277] Die Täuschungshandlung enthält damit (ähnlich dem Gewaltbegriff) bereits ein subjektives Element, nämlich die Absicht des Täters, auf das Vorstellungsbild eines anderen einzuwirken. In der bloßen Veränderung der tatsächlichen Umstände liegt daher schon objektiv keine Täuschungshandlung.

Fall: T möchte eine Kreuzfahrt machen. Als T den Eingang des Schiffes einen Moment unbeobachtet wähnt, schleicht er sich an Bord. Er merkt nicht, dass er vom Kapitän beobachtet wird.

Täuschungshandlung?

Lösung:

Hier kommt eine Täuschung durch schlüssiges Verhalten in Betracht. Voraussetzung ist, dass das Verhalten des T einen entsprechenden Erklärungswert für einen objektiven Betrachter hat. Hier lässt sich das Betreten des Schiffes durch T nur so verstehen, dass T ordnungsgemäß zahlender Passagier ist. Eine Täuschungshandlung setzt jedoch den Willen des Täters voraus, auf den Intellekt eines anderen einzuwirken.

122

123

275 Krey, BT-2, Rn. 342.

276 OLG Stuttgart, JZ 1979, 575 - 576 = **juris**byhemmer.

277 Sch-Sch-Cramer, § 263, Rn. 11; Fischer, § 263, Rn. 14.

Hier wollte sich T jedoch unbemerkt an Bord schleichen. Damit liegt nicht etwa ein unvorsätzliches Täuschen des T vor, sondern es fehlt bereits an einer Täuschungshandlung.

Die Täuschung kann durch *Tun* oder auch durch *Unterlassen* begangen werden.

124

Täuschung durch positives Tun

Eine Täuschung durch positives Tun kann dabei durch eine ausdrückliche Erklärung, aber auch durch *schlüssiges (konkludentes) Verhalten* geschehen. Entscheidend ist hier, welcher Erklärungswert einem Verhalten nach der *Verkehrsanschauung* zukommt. Wer z.B. eine Sache veräußert, erklärt damit konkludent, dass er Eigentümer derselben oder zumindest verfügungsberechtigt ist.[278]

125

> **Life&Law:** Das sogenannte „(An-)Pingen", das nur dazu dient, die Angerufenen zu einem kostenpflichtigen Rückruf zu veranlassen, erfüllt den Tatbestand des (versuchten) Betrugs. Durch das automatisierte Anwählen der Rufnummer wird dem Anrufempfänger ein nicht vorhandener Kommunikationswunsch, also das über das Herstellen einer Kommunikationsverbindung hinausgehende Interesse an einer Gesprächsführung, vorgespiegelt. Der Einsatz einer inhaltlich richtigen Erklärung, die geeignet ist, einen Irrtum hervorzurufen, wird dann zur Täuschung, wenn dieses Verhalten planmäßig erfolgt und damit unter dem Anschein äußerlich verkehrsgerechten Verhaltens gezielt die Schädigung des Adressaten verfolgt wird.[279]

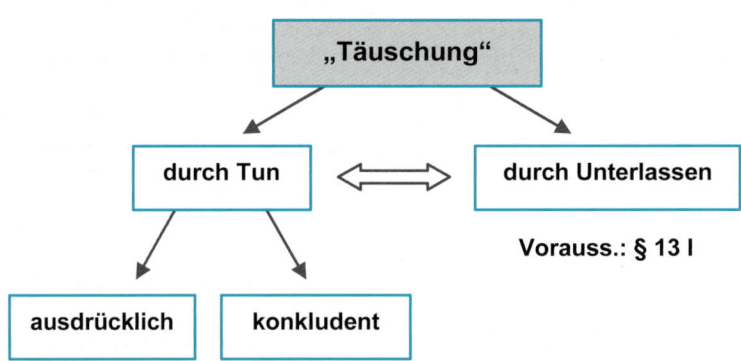

> **Life&Law:** Wer Angebotsschreiben planmäßig durch Verwendung typischer Rechnungsmerkmale so abfasst, dass der Eindruck einer Zahlungspflicht entsteht, begeht eine konkludente Täuschung i.S.d. § 263 I. Maßgebend hierfür ist, welcher Erklärungswert dem Verhalten des Täters nach der objektiven Verkehrsanschauung zukommt.[280]
>
> Eine weitere interessante und lesenswerte Entscheidung des BGH[281] zur Problematik einer konkludenten Täuschung betrifft den berühmten „Hoyzer-Fall" (= „Fußballwettskandal").

---

[278]   Sch-Sch-Cramer, § 263, Rn. 16b.

[279]   OLG Oldenburg, wistra 2010, 453 - 455 = **juris**byhemmer = **Life&Law 03/2011, 182 - 188**. Vgl. auch BGH, Urteil vom 27.03.2014 - 3 StR 342/13. Instruktiv in diesem Kontext auch die Feststellung des BGH, dass im Mahnverfahren durch falsche Tatsachenbehauptungen bei der Antragstellung eine Täuschungshandlung in Betracht kommt, auch wenn die Angaben des Antragstellers nicht auf ihre Richtigkeit hin durch einen Rechtspfleger überprüft werden (§§ 691 I, 692 I Nr. 2 ZPO), BGH, Beschluss vom 20.12.2011 – 4 StR 491/11 = **juris**byhemmer = **Life&Law 07/2012, 500 - 505**.

[280]   BGH, NJW 2001, 2187 - 2189 = **juris**byhemmer; ausführlich dazu **Life&Law 10/2001, 709 - 713**. Zur sog. „Abo-Falle im Internet" (etwa bezüglich der Verschleierung der Kostenpflichtigkeit eines Routenplaner-Angebots) vgl. BGH, Urteil vom 05.03.2014 – 2 StR 616/12.

[281]   BGH, NJW 2007, 782 - 787 = **juris**byhemmer, besprochen in **Life&Law 03/2007, 183 - 190**. Vgl. hierzu auch BGH, Urteil vom 20.12.2012 – 3 StR 55/12 = **juris**byhemmer, besprochen in **Life&Law 08/2013, 588 - 594**.

Dort ging die Rechtsprechung davon aus, dass ein Spielwettenteilnehmer bei Abschluss eines Spielwettvertrages gleichzeitig konkludent erkläre, er habe das Wettrisiko nicht zu seinen Gunsten beeinflusst.

Anders liegt der Fall aber, wenn ein Nichtberechtigter mit einer fremden EC-Karte kontaktlos (via near field communication-Technologie, „NFC") einen elektronischen Zahlungsvorgang auslöst, ohne dass die zur Karte gehörende PIN abgefragt wird. Dieses Verhalten verwirklicht mangels Täuschung nicht den Betrugstatbestand gem. § 263 I StGB.[282]

Täuschen durch Unterlassen

126

Fehlt ein solcher Erklärungswert, kommt nur ein *Täuschen durch Unterlassen* in Betracht. Das Unterlassen ist nach allgemeinen Regeln jedoch nur tatbestandsmäßig, wenn den Täter eine Rechtspflicht zur Aufklärung trifft, § 13 I. Diese kann sich aus Gesetz (z.B. aus § 666 BGB, § 138 ZPO), aus pflichtwidrigem Vorverhalten (sog. Ingerenz) oder aus einem vertraglich oder außervertraglich begründeten besonderen Vertrauensverhältnis ergeben. Eine umfangreiche Judikatur besteht in diesem Zusammenhang zum Problem des Gebrauchtwagenkaufs.

Fall: O will bei T einen Gebrauchtwagen kaufen. T räumt dem O gegenüber ein, dass es sich bei dem Pkw um einen Unfallwagen handelt. Da O aber keine weiteren Nachfragen stellt, klärt T den O nicht darüber auf, dass der Pkw einen schweren Frontrahmenschaden hat, der den Wert des Pkw nicht unerheblich mindert. O kauft daraufhin den Pkw.

T könnte einen Betrug (§ 263 I) begangen haben. Fraglich ist, ob hier zunächst über die Existenz des schweren Frontrahmenschadens getäuscht wurde. Da T die Existenz dieses Mangels nicht ausdrücklich abstritt, kommt hierbei eine Täuschung durch konkludentes Handeln oder durch Unterlassen in Betracht.

Es ist zu erwägen, ob man im Anbieten eines Pkws zu einem bestimmten, überhöhten Preis die konkludente Äußerung sehen kann, es lägen keine weiteren als die angegebenen Mängel vor. Dann könnte ein Vorspiegeln falscher bzw. eine Unterdrückung wahrer Tatsachen durch schlüssiges Verhalten vorliegen. Beim schlüssigen Verhalten ist also entscheidend, welcher Erklärungswert dem Gesamtverhalten des Täters nach der Verkehrsanschauung zukommt. Diese ist nach den objektiven Maßstäben der Verkehrsweise in Bezug auf den konkret in Frage stehenden Geschäftstyp zu bestimmen.

Der Kauf eines Gebrauchtwagens wird allgemein als risikoreiches Geschäft angesehen, bei dem der Käufer ein Informationsdefizit durch gezieltes Fragen ausgleichen kann. Daher ist dem Angebot einer Ware zu einem bestimmten Preis nicht zugleich die Erklärung zu entnehmen, der Preis sei angemessen oder üblich.[283] Andernfalls würden die Anforderungen an einen Verkäufer überspannt. Daher ist eine Täuschung durch schlüssiges Handeln abzulehnen.

In Betracht käme jedoch eine Täuschung durch Unterlassen. Erforderlich ist in diesem Fall jedoch eine Garantenstellung, die eine entsprechende Aufklärungs- und Offenbarungspflicht nach sich zieht.

Diese Garantenstellung könnte sich im vorliegenden Fall aus den sich anbahnenden Vertragsbeziehungen ergeben. Auch hier ist wieder nach der Art der Rechtsbeziehung zu differenzieren: Bei einem Kauf, der sich gewöhnlich in dem einmaligen und kurzzeitigen Vorgang des Austausches von Leistung und Gegenleistung erschöpft, ist eine Pflicht zur Beseitigung etwaiger Informationslücken in der Regel zu verneinen.

---

[282] Ein solches Verhalten verwirklicht auch nicht - mangels Betrugsähnlichkeit - die Tatbestände des Computerbetruges gem. § 263a I StGB und - mangels Vorliegens einer „Datenurkunde" - der Fälschung beweiserheblicher Daten gem. §§ 269 I, 270 StGB. Instruktiv hierzu vgl. OLG Hamm, Beschluss vom 07.04.2020 – 4 RVs 12/20 = **Life&Law 09/2020** = **juris**byhemmer.

[283] Vgl. BayObLG, NJW 1994, 1078 - 1079 = **juris**byhemmer; OLG Stuttgart, NStZ 1985, 503 - 505.

Allerdings findet dieser Grundsatz eine Einschränkung, wenn sich ein an objektiven Kriterien messbares, wucherähnliches Missverhältnis zwischen Leistung und Gegenleistung ergibt. So wird in der Rechtsprechung seit längerem die Forderung aufgestellt, ein Gebrauchtwagenhändler, der einen durch einen Unfall schwer geschädigten, jedoch wiederhergestellten Kraftwagen verkaufe, habe dem Kaufinteressenten auch ungefragt zu offenbaren, dass es sich bei dem Fahrzeug um ein Unfallfahrzeug handle.[284]

T hat jedoch den O darüber aufgeklärt, dass es sich um einen Unfallschaden handelte, und dieser Unfall ein nicht völlig unerheblicher Blechschaden war. Daher würde die Verpflichtung des T, seinen Gegenüber auch noch auf die genauen Einzelheiten hinzuweisen, eine Überspannung der dem Vertragspartner gegenüber bestehenden Aufklärungspflicht bedeuten. Daher trifft T insofern keine Garantenpflicht, so dass eine Strafbarkeit wegen Betrugs (§ 263 I) nicht in Betracht kommt.

> **Life&Law:** Der BGH hatte sich mit einem Fall auseinander zu setzen, in dem aufgrund einer Fehlbuchung ein Geldbetrag auf das Konto eines Kunden gutgeschrieben wurde.[285] Dies erkannte der Kunde und verfügte über das Geld durch verschiedene Banküberweisungen.
>
> Zunächst verneinte der BGH, dass im bloßen Einreichen eines Überweisungsauftrags die Erklärung liege, dem Überweisenden stehe ein entsprechendes Guthaben auch materiell zu. Im Regelfall erschöpfe sich der Erklärungsgehalt im Begehren auf Durchführung der gewollten Transaktion.
>
> In einem nächsten Schritt prüfte der BGH eine Strafbarkeit wegen Unterlassen der Aufklärung, sah eine entsprechende Rechtspflicht aus dem Girovertrag jedoch als nicht begründet. Eine Strafbarkeit wegen Betrugs scheidet hiernach aus.

hemmer-Methode: Der BGH ist mit der Annahme einer Garantenstellung zurückhaltend! Kann eine Täuschung durch konkludentes Tun nicht konstruiert werden, so wird nur in seltenen Fällen ein Täuschen durch Unterlassen gegeben sein: Für eine Garantenpflicht bestehen strenge Voraussetzungen.[286] Wichtig in diesem Zusammenhang ist vor allem, wie das Ergebnis hergeleitet wird.

b) Irrtum

Irrtumserregung

Durch die Täuschungshandlung muss ein *Irrtum* erregt werden, d.h. es muss eine mit der Wirklichkeit nicht übereinstimmende *Fehlvorstellung über Tatsachen* beim Opfer hervorgerufen oder unterhalten werden.[287]

127

Sachgedankliches Mitbewusstsein oder Begleitwissen

Nicht notwendig ist, dass das Opfer die betreffende Tatsache im aktuellen Bewusstsein hat. Umstritten ist, ob das allgemeine Gefühl „alles ist in Ordnung" schon zum Irrtum genügt. Einigkeit besteht jedoch, dass die irrige Annahme „alles ist in Ordnung" dann als Irrtum zu behandeln ist, wenn sie sich auf bestimmte Tatsachen stützt.[288]

128

> *Bsp.: Erhält der Schaffner auf seine Frage, ob nach einem Halt in einem Abteil noch jemand zugestiegen sei, keine Antwort, so geht er - ohne sich eine konkrete Vorstellung zu machen - davon aus, dass „alles seine Ordnung" habe; diese Annahme stützt er auf ausbleibende Rückmeldungen auf seine Frage nach Zugestiegenen hin. Befindet sich in dem Abteil ein Fahrgast ohne Ticket, liegt deshalb ein Irrtum des Schaffners i.S.d. § 263 vor.*

---

[284]   Vgl. BayObLG, NJW 1994, 1078 – 1079 = **juris**byhemmer.

[285]   Siehe BGH, NJW 2001, 453 - 455 = **juris**byhemmer; ausführlich dazu **Life&Law 06/2001, 416 - 421**.

[286]   Zur Prüfung eines Betrugs durch Unterlassen siehe **Life&Law 03/2001, 178 - 184**. In der dem Sachverhalt zugrunde liegenden Entscheidung hat der BGH ebenfalls hohe Anforderungen an die Garantenpflicht gestellt und eine Strafbarkeit gem. § 263 I verneint, siehe BGH, NJW 2000, 3013 - 3014 = **juris**byhemmer.

[287]   Sch-Sch-Cramer, § 263, Rn. 33 ff.

[288]   Sch-Sch-Cramer, § 263, Rn. 38.

Anders wäre nach h.M.[289] der Fall zu beurteilen, wenn der Fahrgast sich in den Speisewagen gesetzt hätte und der Kontrolleur ohne konkrete Nachfrage davon ausgegangen wäre, alle im Speisewagen befindlichen Gäste hätten ordnungsgemäße Fahrkarten. In diesem Fall wäre dann aber nach der Rechtsprechung § 265a einschlägig.

Abgrenzung: Irrtum/reines Nichtwissen

In ähnlich gelagerten Fällen ist der Irrtum aber vom *reinen Nichtwissen* (sog. „ignorantia facti"; lat.) abzugrenzen. Hier macht sich das Opfer von der maßgeblichen Tatsache überhaupt keine Vorstellung, ein Begleitwissen fehlt gänzlich.

129

Life&Law: Problematisch sind in diesem Zusammenhang die Fälle, in denen der Täter in vorgefasster Absicht an einer Selbstbedienungstankstelle tankt und wegfährt, ohne zu bezahlen und das Tankstellenpersonal ihn gar nicht wahrgenommen hat. Ein Irrtum des zu täuschenden Personals ist zu verneinen. Jedoch ist der Täter wegen versuchten Betrugs zu bestrafen. In diesem Zusammenhang sollten Sie außerdem eine Strafbarkeit wegen §§ 242 I, 246 I am Benzin diskutieren, die wesentlich von der zivilrechtlichen Frage des Eigentumsübergangs abhängt.[290]

Ein Anwendungsfall dieser Problematik liegt in der Verwendung von garantierten Schecks, obwohl der Scheckinhaber genau weiß, dass er im Innenverhältnis zur bezogenen Bank aufgrund der Unterdeckung seines Kontos gar nicht mehr zur Benutzung des Schecks berechtigt ist.

Bsp.: T hat den Kreditrahmen seines Kontos völlig ausgeschöpft und darf daher nach dem mit seiner Bank B geschlossenen Vertrag bis zur Wiederherstellung der Deckung keine Schecks mehr ausgeben. Trotzdem kauft T im Kaufhaus K Waren im Wert von 200 € und reicht einen auf die B-Bank bezogenen Scheck, ausgestellt auf 200 €, ein.

Strafbarkeit gem. § 263 I?

Fraglich ist innerhalb des objektiven Tatbestands, ob hier eine Täuschung des T über seine Berechtigung zur Verwendung des Schecks beim Schecknehmer K einen Irrtum hervorgerufen hat.

Ein Irrtum kann aber nur hervorgerufen werden, wenn sich der Schecknehmer Gedanken über die Berechtigung des Scheckausstellers zur Belastung des Kontos macht.

Nach vorzugswürdiger Ansicht entspricht es der Verkehrsauffassung, dass der Schecknehmer wegen der Scheckgarantie sich gerade keine Gedanken über die Deckung des Kontos macht.[291] Daher ist eine Irrtumserregung (bzw. nach anderer Ansicht bereits die Täuschungshandlung) zu verneinen.

hemmer-Methode: Ob der Getäuschte sachgedankliches Mitbewusstsein oder reines Nichtwissen hat, lässt sich nur unter Wertungsgesichtspunkten abgrenzen. Argumentieren Sie vor allem mit Hinweisen aus dem Sachverhalt und ziehen Sie die Worthülse „allgemeine Lebenserfahrung" heran.

Zweifel des Getäuschten hindern in der Regel die Annahme eines Irrtums nicht. Wenn nämlich der Getäuschte seine Zweifel überwindet, so hat sich die vom Täter herbeigeführte Fehlvorstellung durchgesetzt (str.).[292]

130

---

[289] Vgl. Krey, BT-2, Rn. 382 ff. m.w.N.

[290] OLG Köln, NJW 2002, 1059 - 1060 = **juris**byhemmer; ausführlich dazu **Life&Law 07/2002, 474 - 478**.

[291] Gössel, Betrug und Untreue bei Scheckkartenmißbrauch, JR 1978, 469 - 473 (470).

[292] Wessels, BT-2, Rn. 510 m.w.N.

Auch eine Vermeidbarkeit des Irrtums lässt den Tatbestand nicht entfallen. Es gibt i.R.d. Betrugs grundsätzlich kein „Mitverschulden" des Opfers, welches den Tatbestand entfallen lassen würde. Das leichtgläubige oder naive Opfer wird von § 263 also ebenfalls geschützt. Voraussetzung ist allein, dass die Fehlvorstellung des Opfers wenigstens mitursächlich war für die Vermögensverfügung.

c) Vermögensverfügung

aa) Grundsatz

Vermögensverfügung

Drittes und ungeschriebenes Tatbestandsmerkmal des § 263 I ist die sog. Vermögensverfügung, die das Opfer aufgrund oder zumindest auch aufgrund des Irrtums vornehmen muss. Man versteht hierunter *jedes Tun, Dulden oder Unterlassen, das sich beim Getäuschten oder einem Dritten unmittelbar vermögensmindernd auswirkt.*

131

Die Vermögensverfügung bildet damit das kausale Bindeglied zwischen Irrtum und Vermögensschaden. Die *Unmittelbarkeit* der Vermögensminderung liegt dann vor, wenn sie ohne weiteres deliktisches Dazwischentreten des Täters erfolgt.

Str.: unbewusste Vermögens-verfügung

Strittig ist, ob eine Vermögensverfügung *auch unbewusst* vorgenommen werden kann.

132

Fall 1: Die Kassiererin T gibt dem Kunden O – in der Hoffnung, dass dieses nicht bemerkt werde – zu wenig Wechselgeld heraus. O zählt das Geld nicht nach und geht. Vermögensverfügung des O?

Lösung:

T spiegelt dem O hier durch schlüssiges Verhalten vor, genug Wechselgeld gegeben zu haben. O irrt, da er aufgrund seines „ständigen Begleitwissens" davon ausgeht, ausreichend Wechselgeld erhalten zu haben.

Zu prüfen ist, ob O eine irrtumsbedingte Vermögensverfügung getroffen hat. Eine Vermögensverfügung kann *auch in einem Unterlassen* liegen: Hier hat es der O aufgrund eines Irrtums unterlassen, seine bestehende restliche Wechselgeldforderung geltend zu machen. Um den Schutz des Getäuschten umfassend zu gewährleisten, nimmt die h.M.[293] an, dass eine Vermögensverfügung *kein Verfügungsbewusstsein* voraussetzt. Es ist deshalb unerheblich, dass O hier unbewusst auf die Geltendmachung der Forderung verzichtet hat. T ist demnach gem. § 263 I strafbar.

Fall 2: Die Kassiererin O gibt dem Kunden T zu viel Wechselgeld heraus. T bemerkt dies, nimmt das Geld aber dennoch dankend entgegen.

Strafbarkeit des T?

Lösung:

Hier kommt eine Täuschung durch Unterlassen oder durch schlüssiges Verhalten in Betracht. Die bloße Entgegennahme einer nicht geschuldeten Leistung enthält keinerlei Erklärungswert, so dass kein schlüssiges Verhalten vorliegt. Für die Strafbarkeit durch Unterlassen ist eine Garantenstellung, § 13 I, erforderlich.

T traf weder eine gesetzliche, noch eine unmittelbar rechtsgeschäftliche, noch eine Garantenstellung aus Ingerenz. Sein Vorverhalten (Kauf und Bezahlung) war keinesfalls pflichtwidrig. Es liegen auch keine besonderen Umstände vor, die eine Offenbarungspflicht aus *Treu und Glauben* (§ 242 BGB) begründen würden.

---

[293]   BGHSt 14, 170 - 172 = **juris**byhemmer; Wessels, BT-2, Rn. 517; zu Ausnahmen siehe unten, Rn. 140.

Für diese ist bei alltäglichen Kaufverträgen ohne Schaffen einer besonderen Risikolage durch den Käufer kein Raum.[294] T hat sich nicht strafbar gemacht.

Weitere Beispiele

Weitere Beispiele für eine Vermögensverfügung: die Herausgabe einer Sache; die Entgegennahme einer angeblich mangelfreien Leistung; der Abschluss eines Vertrags; das Nichtweiterbetreiben der Zwangsvollstreckung; das Urteil in einem Zivilprozess. 133

bb) Trickdiebstahl und Sachbetrug

Abgrenzung: Betrug / Diebstahl

In vielen Fällen stellt die Vermögensverfügung das Tatbestandsmerkmal dar, das den Betrug zu anderen Tatbeständen abgrenzt. Problematisch ist in diesem Zusammenhang vor allem das *Verhältnis des Betrugs zum Diebstahl*. Sachbetrug und Trickdiebstahl sind wie folgt abzugrenzen: 134

Ein sog. Sachbetrug liegt vor, wenn das Opfer dem Täter aufgrund einer Täuschung eine Sache aushändigt (= Vermögensverfügung, sog. *Weggabe*) und sich dadurch schädigt. 135

Beim Trickdiebstahl dagegen erleichtert sich der Täter die *Wegnahme* einer fremden Sache durch eine Täuschung des Opfers.

H.M.: § 242 und § 263 nebeneinander (-)

Die ganz h.M.[295] geht davon aus, dass sich eine „Wegnahme" i.S.d. § 242 I und eine „Vermögensverfügung" i.S.d. § 263 I ausschließen, dass also nicht gleichzeitig Diebstahl und Betrug vorliegen können. 136

Der Betrug ist ein *Selbstschädigungsdelikt*, d.h. der Täter bringt das Opfer durch eine Täuschung dazu, sich selbst zugunsten eines anderen zu schädigen, während der Diebstahl ein *Fremdschädigungsdelikt* ist, d.h. der Täter nimmt die Sache ohne den Willen des Opfers an sich.

Eine Handlung kann daher nicht zugleich eine - wenn auch täuschungsbedingte, aber doch freiwillige - Vermögensverfügung (= "Weggabe") und eine unfreiwillige Wegnahme i.S.d. § 242 I darstellen.

hemmer-Methode: Merken Sie sich, dass das Verfügungsbewusstsein nur dann im Rahmen der Vermögensverfügung zu fordern ist, wenn es um die Abgrenzung von Trickdiebstahl und Sachbetrug geht, also wenn das Verfügungsobjekt eine Sache (und keine Forderung) ist.

Sicherungsbetrug

Beachten Sie: Ein nachfolgender Betrug (sog. Sicherungsbetrug) ist nach herrschender Meinung unter Umständen möglich, stellt aber eine mitbestrafte Nachtat dar, tritt also infolge Gesetzeseinheit zurück (vgl. hierzu Rn. 171).

hemmer-Methode: Der Bereich der Abgrenzung von Trickdiebstahl und Sachbetrug gehört zu den Strafrechtsklassikern. Es ist gerade in diesem Bereich sehr wichtig, die typischen Fälle zu kennen.

Fall 1: Die alte Dame Anna aus Würzburg möchte ihre Enkel in München besuchen. Da sie schon viel zu früh am Würzburger Bahnhof ist, möchte sie ihre Koffer in ein Schließfach geben, um noch einen Kaffee trinken zu gehen. Der Gauner Ede bemerkt Annas Vorhaben. Nachdem er in das Schließfach Nr. 33 eine 1,- €-Münze als Mietgebühr eingeworfen und den Schlüssel abgezogen hat, bietet er Anna an, er könne ihr doch ihren schweren Koffer ins Schließfach heben. Anna freut sich über diese Hilfsbereitschaft und stimmt zu. 139

294   Vgl. Krey, BT-2, Rn. 363, 352 ff.

295   BGHSt 18, 221 - 224 = **juris**byhemmer; BGHSt 17, 205 - 210 (206); Wessels, BT-2, Rn. 619; Krey, BT-2, Rn. 384 ff.

Ede stellt Annas Koffer in das Schließfach Nr. 38. Er wirft die 1,- €-Münze, welche ihm Anna gibt, ein, verschließt das Fach und zieht den Schlüssel ab. Statt des Schlüssels für das Fach Nr. 38 gibt er Anna den Schlüssel mit der Nr. 33. Als Anna sich entfernt hat, öffnet er mit dem einbehaltenen Schlüssel Nr. 38 das Schließfach und nimmt Annas Koffer weg. Hat sich Ede nach § 242 I oder nach § 263 I strafbar gemacht?

Lösung:

Für die Abgrenzung von Diebstahl und Betrug kommt es hier allein darauf an, ob Ede den Koffer von Anna weggenommen hat oder ob Anna diesbezüglich eine Vermögensverfügung getroffen hat.

Nach h.M. ist hier Diebstahl und nicht Betrug gegeben.[296] Ede hat Anna getäuscht, um die Herbeiführung des Schadens durch eine eigene Handlung zu ermöglichen. Durch das Einschließen des Koffers von Anna in das Fach hat Ede nach der Verkehrsanschauung den Gewahrsam von Anna *nur gelockert*, aber noch nicht endgültig aufgehoben. Erst als Ede den Koffer aus dem Schließfach holte, hat er den Gewahrsam von Anna endgültig gebrochen und eigenen begründet, was nicht mehr in unmittelbarem Zusammenhang zur Täuschung der Anna steht. Den Gewahrsam am Koffer hat Ede also durch eine Wegnahmehandlung i.S.d. § 242 I erlangt.

Fall 2: T gibt sich gegenüber O als Polizist aus und „beschlagnahmt" ein wertvolles Bild des O als „Beweismaterial in einer Strafsache". **140**

Lösung:

In Betracht kommt eine Strafbarkeit wegen Betrugs, § 263 I.

T hat dem O vorgespiegelt, dass er Beamter ist und einen dienstlichen Auftrag ausführt (= äußere Tatsachen). Aufgrund seines Irrtums hat O dem T das Bild herausgegeben. Zu prüfen ist, ob in der Herausgabe des Bildes eine Vermögensverfügung liegt.

Problematisch ist hier, dass die Herausgabe des Bildes möglicherweise auch eine „Wegnahme" i.S.d. § 242 I darstellen könnte. Nach herrschender Meinung stehen aber Betrug und Diebstahl im Exklusivitätsverhältnis, so dass nur einer der beiden Tatbestände erfüllt sein kann.

Fraglich ist, nach welchen Kriterien die *Abgrenzung Weggabe / Wegnahme* zu erfolgen hat:

(a) Es ist für die Abgrenzung *nicht* das „äußere Bild des Gebens oder Nehmens" entscheidend. Es kommt maßgeblich auf die innere Vorstellung des Opfers an.

(b) Nach der Rspr.[297] ist für die Fälle des Sachbetrugs ausnahmsweise eine *„freiwillige"* (und damit notwendigerweise *bewusste*) Vermögensverfügung erforderlich. Es komme darauf an, ob das Opfer die Sache nach seiner Vorstellung „aus freien Stücken" aus der Hand gebe. Dann liege eine Vermögensverfügung und keine Wegnahme i.S.d. § 242 I vor.

Dieser Ansicht lässt sich entgegenhalten, dass sie von einem gespaltenen Begriff der Vermögensverfügung ausgeht: Im Regelfall kann eine Vermögensverfügung auch nach der Rspr.[298] bewusst oder unbewusst vorgenommen werden. Daher wird im Rahmen der Vermögensverfügung grds. nicht auf den inneren Willen des Verfügenden abgestellt.

(c) Ein Teil der Lit.[299] stimmt mit der Rspr. zwar im Ergebnis überein, setzt aber mit ihrer Argumentation bei dem Begriff der Wegnahme an: Eine Wegnahme scheide aufgrund eines *tatbestandsausschließenden Einverständnisses* aus, wenn das Opfer mit der Aufhebung seines Gewahrsams einverstanden sei.

---

[296] BGH, GA 1966, 212; Krey, BT-2, Rn. 402.

[297] BGHSt 7, 222 - 231 (225); BGHSt 18, 221 - 224 = **juris**byhemmer.

[298] BGHSt 14, 170 - 172 = **juris**byhemmer.

[299] Wessels, BT-2, Rn. 634 m.w.N.

Im Gegensatz zur rechtfertigenden Einwilligung schlössen auch Willensmängel das Einverständnis des Gewahrsamsinhabers nicht aus. Werde deshalb z.B. dessen Zustimmung durch Täuschung erschlichen, sei sie trotzdem gültig. In der Abgrenzung zum Betrug komme es darauf an, ob das Opfer die Wegnahme lediglich „dulde" oder eben „aus freien Stücken weggebe". In diesem Fall sei es gerade nicht mit ihr einverstanden.

Im vorliegenden Fall ist damit entscheidend, ob O das Bild „freiwillig" herausgegeben hat. Dabei ist die Herausgabe der Sache durch das Opfer nicht schon deshalb unfreiwillig, weil sie durch Täuschung erschlichen wurde.

Das Opfer muss die Sache nach seiner Vorstellung vielmehr „aus freien Stücken" aus der Hand geben. Handelt - wie hier - der getäuschte O angesichts der drohenden „Beschlagnahme" unter dem Druck der Vorstellung, dass Widerstand nicht zulässig oder zwecklos ist, so ist die Weggabe nicht freiwillig in diesem Sinne.[300] Im Ergebnis liegt daher nach der Literaturmeinung ein Diebstahl und kein Betrug vor. Zum selben Ergebnis kommt auch die Rspr.

> **hemmer-Methode: Der obige Beschlagnahmefall bildet einen Grenzfall zwischen einer Wegnahme und einer Vermögensverfügung. Entscheidendes Abgrenzungskriterium ist die „Freiwilligkeit" der Weggabe. Wichtig ist, dass der Bearbeiter in einer Klausur für die Argumentation den richtigen „Aufhänger" findet: Nach der Rspr. kommt es auf eine freiwillige Vermögensverfügung i.R.d. § 263 I an, nach einer Literaturmeinung auf ein tatbestandsausschließendes Einverständnis i.R.d. § 242 I. Die Ergebnisse sind identisch.**

> **Life&Law:** Eine Wegnahme ist auch dann anzunehmen, wenn der Gewahrsamsinhaber aufgrund einer vorgetäuschten amtlichen Beschlagnahme und der damit verbundenen Drucksituation es geschehen lässt, dass ein anderer einen Gegenstand an sich nimmt.[301]

SB-Laden-Fall

Fraglich ist, was beim Passieren der Kasse eines Selbstbedienungsladens mit im Einkaufswagen „versteckter Ware" anzunehmen ist. Es geht dabei um die Abgrenzung von Betrug und Diebstahl sowie von vollendetem und nur versuchtem Diebstahl.

Fall 3: Der A legt im Selbstbedienungsladen S mehrere CDs und zwei Paar Socken in seinen Einkaufswagen und bedeckt diese mit einem Werbeprospekt des Kaufhauses. An der Kasse lässt er diese Waren unter dem Prospekt liegen. Er geht davon aus, die Kassiererin übersehe diese Waren bei der Abrechnung und er könne so das Geld hierfür sparen. Dieser Plan gelingt zunächst auch. Beim Verlassen des Geschäfts wird A, der die Waren zwischenzeitlich in einen mitgebrachten Rucksack verstaut hat, jedoch von zwei Kaufhausdetektiven gestellt.

In Betracht kommt eine Strafbarkeit des A wegen Betrugs bezüglich der Waren unter dem Werbeprospekt gegenüber der Kassiererin und zu Lasten des Kaufhausinhabers (Dreiecksbetrug). Als Täuschungshandlung kommt die konkludente Erklärung an der Kasse in Betracht, keine Waren versteckt zu haben. Diesbezüglich ließe sich ein entsprechendes sachgedankliches Mitbewusstsein der Kassiererin bejahen.

Fraglich ist, ob eine Vermögensverfügung darin gesehen werden kann, dass die Kassiererin den Kunden mit versteckter Ware passieren lässt. Vermögensverfügung in diesem Sinne wäre demzufolge das Unterlassen, bestehende schuldrechtliche Forderungen geltend zu machen.

Dies könnte bejaht werden, wenn man nach der Verkehrsauffassung davon ausgeht, dass die Kassiererin einen generellen Verfügungswillen bezüglich aller Waren habe, welche sich im Einkaufswagen befinden.[302]

---

[300]   Krey, BT-2, Rn. 405.

[301]   BGH, NJW 2011, 1979 - 1981 = **juris**byhemmer = **Life&Law 11/2011, 892 - 896**.

[302]   In diese Richtung OLG Düsseldorf, NJW 1993, 1407 - 1408.

Dies läuft jedoch auf eine unzulässige Fiktion hinaus. Ein generelles Verfügungsbewusstsein der Kassiererin entspricht nicht der Interessensituation im Verhältnis Kunde / Kaufhausinhaber. Vielmehr ist davon auszugehen, dass ein Verfügungswille nur bezüglich solcher Waren besteht, welche von der Kassiererin konkretisiert und individualisiert werden.[303] Bezüglich versteckter Waren ist dies gerade nicht der Fall, so dass vorliegend eine Vermögensverfügung zu verneinen ist. Eine Strafbarkeit wegen Betrugs scheidet folglich aus.

A hat sich jedoch gem. § 242 I strafbar gemacht. Jedenfalls mit dem Einpacken der Waren in seinen Rucksack als Gewahrsamsenklave hat A fremden Gewahrsam gebrochen und neuen begründet. Ein vollendeter Diebstahl liegt somit vor. Daran ändert nichts, dass kurz danach A von zwei Kaufhausdetektiven gestellt wurde.

Dieses Ergebnis ist auch deshalb vorzugswürdig, weil nur so § 252 eingreift, wenn der Täter zur Sicherung der Beute Gewalt gegenüber den Detektiven anwendet. Das entgegengesetzte Ergebnis würde zu unbefriedigenden Wertungswidersprüchen mit anderen, sehr ähnlich gelagerten Konstellationen führen.

Sog. Wechselgeldfalle

Große Abgrenzungsschwierigkeiten bestehen auch bei der sog. Wechselgeldfalle:

141

Fall 4:[304] *A kauft eine Packung Zigaretten und legt einen 50 €-Schein auf den Ladentisch. Verkäufer V nimmt den Schein in die Hand und zählt Wechselgeld aus der Kasse ab. Daraufhin sagt A: „Moment, ich habe es doch passend." V legt den Schein auf den Ladentisch zurück. A gibt vor, nun doch nicht genug Kleingeld zu haben. Während V das Wechselgeld wieder aus der Kasse holt, nimmt A unbemerkt den Schein wieder an sich. V gibt ihm die Zigaretten und das Wechselgeld in dem Glauben, er habe den 50 €-Schein schon in die Kasse eingeordnet.*

Wie hat sich A strafbar gemacht?

Lösung:

142

(1.) Diebstahl an Zigaretten und Wechselgeld, § 242 I

Wechselgeld und Zigaretten waren zunächst fremde Sachen, an denen V Gewahrsam hatte (und zwar auch dann, wenn V nur ein Besitzdiener, § 855 BGB, für den Inhaber des Ladens sein sollte). V hat dem A beides aber freiwillig gegeben und dem A damit Gewahrsam und Eigentum gem. § 929 S. 1 BGB verschafft. Mangels Fremdheit der Sache und mangels Wegnahme liegt demzufolge kein Diebstahl vor.

(2.) Diebstahl am 50 €-Schein, § 242 I

Der Schein müsste für A eine fremde bewegliche Sache sein. Er stand zunächst im Eigentum des A. Als A aber dem V den Schein gab, erklärte er damit konkludent sein Angebot hinsichtlich der dinglichen Einigung gem. § 929 S. 1 BGB.

Der geheime Vorbehalt des A, der durch das Manöver nur die Täuschung des V vorbereiten wollte, ist unbeachtlich, § 116 S. 1 BGB. V hat dieses Angebot auch angenommen. Auch ist die gem. § 929 S. 1 BGB erforderliche Übergabe erfolgt. V hat durch Ergreifen Besitz am Schein erlangt, A hat keinerlei Besitzrest zurückbehalten. Damit liegt eine Übereignung gem. § 929 S. 1 BGB vor.[305]

Es könnte aber eine Rückübereignung des Scheines an A erfolgt sein, als V den Schein wieder auf den Ladentisch legte.

Dies wäre dann der Fall, wenn man darin, dass V den Schein auf den Tisch legte, eine auf Rückübereignung gerichtete Willenserklärung sehen könnte.

303 BGH NStZ 1995, 593 - 595 = **juris**byhemmer.

304 Nach BayObLG, NJW 1992, 2041 = **juris**byhemmer.

305 Palandt-Bassenge, § 929, Rn. 9.

Dafür spricht, dass V ja auch das Wechselgeld wieder in die Kasse zurückgelegt hat. Gegen eine Rückübereignung spricht aber, dass V schon die Zigaretten für A auf den Ladentisch gelegt hatte und die Rückgabe des Scheines an A nur für den Fall wollte, dass er die Zahlung in Kleingeld erhielt.

Der Schein war für A daher fremd, als er ihn vom Ladentisch nahm (andere Ansicht vertretbar).

A müsste fremden Gewahrsam am Schein gebrochen und neuen begründet haben.

V hatte Alleingewahrsam am Schein erlangt, als er ihn in die Hand nahm. Durch das Zurücklegen auf den Tisch trat lediglich eine Gewahrsamslockerung ein. Daher brach A den Gewahrsam des V, als er den Schein wieder an sich nahm.

Der A handelte mit Vorsatz und Zueignungsabsicht. Die Tat war rechtswidrig und schuldhaft.

Somit hat sich A gem. § 242 I bezüglich des 50 €-Scheins strafbar gemacht.

(3.) Betrug hinsichtlich des Wechselgeldes und der Zigaretten, § 263 I **143**

Durch die unbemerkte Wegnahme des Scheines erregte A bei V den Irrtum, den Schein schon eingeordnet zu haben, weil er ihn nicht mehr auf dem Ladentisch sah. Damit liegen Täuschungshandlung und Irrtum vor. Die Vermögensverfügung liegt in der Übereignung des Wechselgeldes und der Zigaretten.

Fraglich ist, ob ein Vermögensschaden entstanden ist.

Man könnte argumentieren, A habe aufgrund des Kaufvertrags einen Anspruch (wenn auch einredebehaftet) auf die Übereignung der Zigaretten und des Wechselgeldes. Der Schaden sei deshalb schon durch den Diebstahl eingetreten.

Es erscheint aber plausibler, hinsichtlich der Zigaretten und des Wechselgeldes einen Schaden anzunehmen. Hätte V nämlich den Diebstahl bemerkt, dann hätte er beides behalten. A hat sich daher gem. § 263 I strafbar gemacht, weil auch der subjektive Tatbestand erfüllt ist und die Tat rechtswidrig und schuldhaft war.

Dieser Sicherungsbetrug tritt aber als mitbestrafte Nachtat hinter dem Diebstahl zurück.

(4.) Ein Betrug bezüglich des 50 €-Scheins scheidet aus, da insofern schon ein Diebstahl des Scheins vorliegt.

> **hemmer-Methode:** Der Sammelbegriff „Wechselgeldfalle" umfasst viele verschiedene Fälle. Daher kommt es ganz besonders auf die Analyse des konkreten Sachverhaltes an. Die strafrechtliche Bewertung hängt insoweit häufig von den zivilrechtlich zu bewertenden Eigentumsverhältnissen ab.

cc) Dreiecksbetrug und Diebstahl in mittelbarer Täterschaft

Sog. Dreiecksbetrug

Ein weiteres Problem entsteht im Rahmen der innerhalb des § 263 I zu prüfenden Vermögensverfügung, wenn nicht der Geschädigte selbst über sein Vermögen verfügt, sondern ein Dritter (sog. *Dreiecksbetrug*, z.B. die Ladenangestellte verkauft Waren des Inhabers). Der Tatbestand des § 263 I setzt allgemein nicht voraus, dass Personenidentität zwischen Verfügendem und Geschädigtem besteht.[306] **144**

---

[306] RGSt 73, 384; BGHSt 18, 221 - 224 = **juris**byhemmer; Sch-Sch-Cramer, § 263, Rn. 65 m.w.N.

Personenidentität zwischen Getäuschtem und Verfügendem

Beachten Sie: Getäuschter und Verfügender müssen personengleich sein, Verfügender und Geschädigter müssen hingegen nicht identisch sein.

Umstritten ist hier, welches Verhältnis der verfügende Dritte zu dem geschädigten Opfer haben muss.

145

Diebstahl in mittelbarer Täterschaft

Liegt die Vermögensverfügung des Dritten in der Weggabe einer Sache, so verläuft hier eine Grenze zwischen dem Dreiecks(sach)betrug und dem Diebstahl in mittelbarer Täterschaft.

Aus Sicht des § 242 I ergibt sich folgendes Bild:

Die fremde Sache wird in diesem Fall dem Täter nicht von dem Gewahrsamsinhaber selbst, sondern von einem Dritten (= Verfügender i.S.d. § 263!) ausgehändigt. Dabei ist der Dritte aufgrund der Täuschung mit der Hingabe der Sache einverstanden. Hier kommt es darauf an, ob die Verfügung des Dritten dem Gewahrsamsinhaber „zugerechnet" werden kann. Bejaht man dies, so scheidet eine Wegnahme aufgrund des tatbestandsausschließenden Einverständnisses aus: § 242 I kommt dann nicht in Betracht.

Rechnet man die Vermögensverfügung des Dritten dem Gewahrsamsinhaber dagegen nicht zu, so liegt ein Bruch fremden Gewahrsams und damit eine Wegnahme vor. Zu berücksichtigen ist hier dann, dass der Täter die Wegnahme nicht selbst vornimmt:

Er benutzt den gutgläubigen Dritten als sein „Werkzeug" dazu, eine Wegnahmehandlung zu begehen. Es handelt sich damit um einen Diebstahl in mittelbarer Täterschaft.

Nach h.M.[307] schließen sich auch in diesen Fällen Betrug und Diebstahl, d.h. eine Vermögensverfügung und eine Wegnahme, gegenseitig aus. Wird die Vermögensverfügung des Dritten dem Opfer „wie eine eigene" zugerechnet, so könne nicht gleichzeitig die dem Diebstahl eigene Fremdschädigung vorliegen.

Zur Verdeutlichung dieser Konstellationen folgende Fälle:

146

> *Fall 1: Der T kommt am Garten des O vorbei und sieht dort dessen Fußball liegen. Er bittet den zufällig vorbeikommenden D, über den Zaun in den Garten des O zu klettern. Er, T, habe „seinen" Fußball versehentlich dort hineingeschossen. D kommt der Bitte bereitwillig nach.*

> *Fall 2: O wohnt zur Untermiete bei D. T klingelt bei D und gibt sich als Freund und Beauftragter von O aus. Er solle die Videokamera des O aus dessen Wohnung abholen. Der gutgläubige D händigt ihm die Kamera aus.*

Lösung Fall 1 / Strafbarkeit des T:

147

(1.) Strafbarkeit nach § 263 I gegenüber D zu Lasten des O?

T hat dem D vorgespiegelt, Eigentümer des Fußballs zu sein. D hat T aufgrund dieses Irrtums den Fußball aus dem Garten des O geholt.

Fraglich ist, ob die Herausgabe des Fußballs eine Vermögensverfügung darstellt: D hat nicht über sein eigenes Vermögen verfügt. Zunächst setzt § 263 I nicht voraus, dass Verfügender und Geschädigter eine Person sind. Eine Verfügung über fremdes Vermögen ist aber nicht tatbestandsmäßig i.S.d. § 263 I, wenn der Verfügende *keinerlei rechtliche oder tatsächliche Verfügungsgewalt* über die Sache besitzt.[308]

---

[307] BGHSt 17, 205 - 210 (209); BGHSt 18, 221 - 224 = **juris**byhemmer; Krey, BT-2, Rn. 410; a.A. Sch-Sch-Cramer, § 263, Rn. 67.

[308] Sch-Sch-Cramer, § 263, Rn. 66 m.w.N.

Andernfalls wäre unter anderem eine Abgrenzung zu den Fällen des Diebstahls in mittelbarer Täterschaft nicht möglich. Da D keinerlei Verfügungsgewalt über das Vermögen des O hatte, konnte er über dessen Vermögen i.S.d. § 263 I nicht wirksam verfügen.

Eine Strafbarkeit nach § 263 I scheidet damit aus.

(2.) Strafbarkeit nach §§ 242 I, 25 I Alt. 2?

T könnte sich aber eines Diebstahls in mittelbarer Täterschaft strafbar gemacht haben. Hier hat der vorsatzlos handelnde D den objektiven Tatbestand des § 242 I erfüllt. Die Tatherrschaft lag dagegen bei dem bösgläubigen T.[309] Dieser hielt kraft seines überlegenen Wissens das Tatgeschehen in den Händen. T hatte Vorsatz und Zueignungsabsicht. T hat sich damit eines Diebstahls in mittelbarer Täterschaft strafbar gemacht.

Lösung Fall 2 / Strafbarkeit des T: *148*

Strafbarkeit nach § 263 I gegenüber D zu Lasten des O?

(1.) T hat dem D vorgetäuscht, von O zur Abholung der Videokamera beauftragt zu sein. Aufgrund seines Irrtums hat D die Kamera des O herausgegeben.

Zu prüfen ist, ob in der Herausgabe der Kamera durch D eine Vermögensverfügung liegt. Problematisch ist dies, da D nicht einmal Besitzer bzw. Gewahrsamsinhaber der Kamera war und somit nicht über eigenes Vermögen verfügt hat.

hemmer-Methode: Schöpfen Sie beim Dreiecksbetrug alle Feinheiten aus, und prüfen Sie zunächst, ob der Handelnde nicht auch einen Teil seines eigenen Vermögens preisgibt. Da der berechtigte Besitz nach ganz h.M. zum strafrechtlich geschützten Vermögen zählt, sind also bei derartigen Drei-Personen-Konstellationen zunächst die Besitzverhältnisse zu erörtern.

(2.) Da die Verfügung des D in der Herausgabe einer Sache besteht, könnte hier nicht nur ein Fall eines Dreiecksbetrugs, sondern auch der Fall eines Diebstahls in mittelbarer Täterschaft vorliegen. Nach h.M. schließen sich auch in diesen Fällen jedoch § 263 I und § 242 I gegenseitig aus, da die Delikte als exklusive Tatbestände konzipiert sind. Eine Handlung kann demnach nicht gleichzeitig eine Vermögensverfügung und eine Wegnahme darstellen.

(3.) Daher ist zu entscheiden, ob eine Verfügung über fremdes Vermögen oder eine Wegnahme in mittelbarer Täterschaft vorliegt. Hierbei kommt es entscheidend auf das Verhältnis des verfügenden Dritten zum Geschädigten an.

Erforderlich für Verfügungen ist jedenfalls die rein tatsächliche Einwirkungsmöglichkeit (vgl. Fall 1).

Nach ganz allgemeiner Auffassung ist dies aber nicht ausreichend für die Abgrenzung zum Diebstahl.[310] Vielmehr bedarf es darüber hinaus einer bestimmten Beziehung des Dritten zum Vermögen des Geschädigten. Strittig ist, wie eng diese Beziehung sein muss.

(a) Einigkeit besteht darüber, dass i.R.d. § 263 I Verfügungen über das Vermögen Dritter möglich sind, soweit der Dritte den Geschädigten quasi „im Gewahrsam vertritt" und sich im Rahmen seiner Befugnisse hält, dem Verfügenden also eine rechtliche Befugnis zur Übergabe zusteht (sog. Ermächtigungs- oder Befugnistheorie). Dies ist hier jedoch nicht der Fall, da der Vermieter keinerlei rechtliche Befugnis hatte, über die Gegenstände in der Wohnung des O zu verfügen.

309   Vgl. Wessels, BT-2, Rn. 642.

310   Sch-Sch-Cramer, § 263, Rn. 66.

Gegen die Befugnistheorie spricht jedoch, dass sie zumindest mittelbar auf die Stellvertretungsregeln abstellt, die grundsätzlich nur für Rechtsgeschäfte und nicht – wie im Zusammenhang mit § 263 I häufig vorkommend – auf Realakte Anwendung findet.

(b) Daher ist es umstritten, wie die Fälle, in denen der Dritte lediglich eine tatsächliche Nähebeziehung zur Sache hat, zu behandeln sind.

(aa) Nach der Rspr.[311] ist erforderlich, dass der Dritte neben der rein tatsächlichen Verfügungsmöglichkeit schon vor der Tat ein *besonderes Näheverhältnis* zur Sache hat, das ihn in engere Beziehung zum Vermögenskreis des Geschädigten bringt als einen beliebigen Außenstehenden.

Dies ist nach der Rspr. wohl nur dann der Fall, wenn der Getäuschte zumindest untergeordneten Mitgewahrsam hat.[312] Mangels Mitgewahrsams des D an den Gegenständen im Zimmer des O scheidet nach der Rspr. im vorliegenden Fall § 263 I aus.

(bb) Dieses Erfordernis ist aber nach h.L. zu unbestimmt formuliert. Nach der h.L.[313] ist zu verlangen, dass der Dritte aufgrund einer Obhutsbeziehung - bildlich gesprochen - schon vor der Tat im „Lager" des Geschädigten steht (sog. Lagertheorie), beim Vollzug der Vermögensverschiebung also faktisch als „Repräsentant" des Sachherrn tätig wird. Nach beiden Ansichten darf der Dritte in subjektiver Hinsicht seine Befugnisse nicht wissentlich überschreiten.

Im vorliegenden Fall genügt nicht die Tatsache, dass D aufgrund der bestehenden Mietverhältnisse irgendwo im Lager des Geschädigten stand, da bezüglich der Videokamera des O, an welcher dieser Alleingewahrsam hatte, eine Obhutsbeziehung des D nicht vorlag.

T ist damit auch nach der h.L. nicht nach § 263 I strafbar. Es liegt vielmehr ein Diebstahl in mittelbarer Täterschaft (§§ 242 I, 25 I Alt. 2) vor.

> **hemmer-Methode: Bauen Sie die Abgrenzung in der Klausur dogmatisch sauber auf. Sind Sie beim Streit über die Anforderungen an die Nähe des Dritten zum Vermögen angelangt, dann helfen Ihnen die Begriffe „Lagertheorie" und „besonderes Näheverhältnis" nicht weiter, sie geben nur den Einstieg. Hier müssen Sie den Sachverhalt genau auswerten, um zu einem vertretbaren Ergebnis zu gelangen.**

dd) Prozessbetrug

Sog. Prozessbetrug

Ein weiteres examensrelevantes Problemfeld ist der sog. Prozessbetrug. Dieser wird dadurch begangen, dass ein Richter oder ein anderes Rechtspflegeorgan durch falsche Behauptungen zu einer das Vermögen des Prozessgegners schädigenden Handlung veranlasst wird.

149

Die erforderliche Beziehung zu dem geschädigten Vermögen besteht hier darin, dass der getäuschte Richter kraft seiner hoheitlichen Stellung unmittelbar zum Nachteil des fremden Vermögens Anordnungen treffen kann.

> *Fall:* K schuldet dem V aus einem wirksamen Kaufvertrag den Kaufpreis in Höhe von 250 €. Die Forderung ist fällig und nicht einredebehaftet. Da K nicht zahlt, klagt V die Forderung ein. In der mündlichen Verhandlung vor dem zuständigen Amtsgericht bestreitet der K den Abschluss eines Kaufvertrags. Der beweisbelastete V kann den Abschluss nicht beweisen. Der Richter glaubt dem K und weist die Klage ab. Hat sich K gem. § 263 I strafbar gemacht?

---

[311]   BGHSt 18, 221 - 224 = **juris**byhemmer.

[312]   Vgl. Krey, BT-2, Rn. 415 m.w.N.

[313]   Sch-Sch-Cramer, § 263, Rn. 66.

1. Objektiver Tatbestand

Der K hat den Richter über den Abschluss des Kaufvertrags getäuscht.

Der Richter unterlag auch einem entsprechenden Irrtum. Er nahm mit dem abweisenden Urteil auch eine irrtumsbedingte Vermögensverfügung vor. Da der getäuschte Richter nicht der Geschädigte ist, bedarf es eines Näheverhältnisses zum Geschädigten V. Dies ist in der Befugnis des Richters, kraft seiner hoheitlichen Stellung Anordnungen über fremdes Vermögen zu treffen, zu bejahen.

Der V erlitt aufgrund der Klageabweisung auch einen entsprechenden Vermögensschaden.

2. Subjektiver Tatbestand

Der K handelte vorsätzlich und in der Absicht, sich einen rechtswidrigen Vermögensvorteil zu verschaffen.

3. Die Tat war rechtswidrig und schuldhaft. K hat sich gem. § 263 I strafbar gemacht.

Abwandlung: Ändert sich etwas, wenn der Richter die Klage des V nur deshalb abweist, weil der beweisbelastete V nicht Beweis erbringen kann (sog. „non liquet"-Situation)?

Fraglich ist hier i.R.d. objektiven Tatbestands, ob bei dem Richter überhaupt ein Irrtum erregt wurde. Dies kann man verneinen, weil der Richter den Ausführungen des K ja keinen Glauben schenkte, sondern alleine wegen der Beweisfälligkeit des V die Klage abgewiesen hat.

Nach anderer Auffassung wäre trotzdem ein Irrtum des Richters zu bejahen.[314] Denn K hat gegen seine Wahrheitspflicht aus § 138 I ZPO verstoßen. Der Richter habe jedenfalls ein sachgedankliches Mitbewusstsein, dass die Partei nicht bewusst Unwahres behauptet. Ein Beweislasturteil würde nicht ergehen, wenn der Richter von der bewussten Unrichtigkeit des Vorbringens des K wüsste, denn bewusst wahrheitswidriges Vorbringen ist gem. § 138 I ZPO unbeachtlich.

> **Life&Law**: Wenn der Täter täuschend auf einen Sachverständigen einwirkt, kommt ein (versuchter) Prozessbetrug in mittelbarer Täterschaft in Betracht. Dabei wäre der Sachverständige entsprechend des Täterplans ein undoloses Werkzeug, welches den Richter von unwahren Tatsachen überzeugen soll.[315]

d) Vermögensschaden

Vermögensschaden

Letztes Merkmal des objektiven Tatbestands ist das Vorliegen eines Vermögensschadens.[316] Dieser muss unmittelbar durch die Vermögensverfügung herbeigeführt werden (Kausalität).

150

> **Life&Law:** Durch die Verwendung eines verfälschten Parkscheins wird nicht der Tatbestand des (versuchten) Betrugs erfüllt. Es ist weitgehend anerkannt, dass die Abwehr einer Geldbuße nicht zu dem durch § 263 I geschützten Vermögen des Staates gerechnet werden kann. Die Strafe ist Vergeltung für begangenes Unrecht und ist daher ihrem Wesen nach nicht vermögensrechtlicher Natur, sondern ein Rechtsgut eigener Art.[317]

---

[314]   Krey, BT-2, Rn. 421 m.w.N.

[315]   Vgl. OLG München, NJW 2006, 3364 - 3366 = **juris**byhemmer, besprochen in **Life&Law 01/2007, 31 - 37**.

[316]   **Life&Law 08/1999, 513 - 521 (520)**.

[317]   Vgl. OLG Köln, NJW 2002, 527 - 528 = **juris**byhemmer; ausführlich dazu **Life&Law 04/2002, 242 - 248**.

Diskutieren sollten Sie ferner, ob nicht eine betrugsrelevante Täuschung in Bezug auf die Nichtgeltendmachung der Parkgebühr vorliegt. Auch dies ist zu verneinen, da die Täuschungshandlung den ordnungsbehördlichen Überwachungskräften gilt und diese nicht die Erhebung geschuldeter Gebühren betreiben.[318] Regelmäßig wird dagegen der Tatbestand der Urkundenfälschung (§ 267 I) zu bejahen sein.

Ein Vermögensschaden ist grds. dann zu bejahen, wenn der Gesamtwert des Vermögens des Geschädigten nach der Verfügung geringer ist als vor der Verfügung, sich also ein *negativer Saldo* ergibt. In den Gesamtsaldo gehen alle (positiven und negativen) Vermögensveränderungen ein, die *unmittelbar durch die Vermögensverfügung* verursacht werden (Prinzip der Gesamtsaldierung). Ein Vermögensschaden liegt demnach nicht vor, wenn der durch die Vermögensverfügung bedingte Abfluss durch einen Zufluss vollständig kompensiert wird (*Kompensationsprinzip*).

hemmer-Methode: Beachten Sie: Als Vermögens*verfügung* kommt nur ein Tun, Dulden oder Unterlassen in Betracht, das *unmittelbar* zu einer Vermögens*minderung* führt. Davon ist die nun zu behandelnde Frage zu unterscheiden, ob eben diese Vermögensverfügung auch zu einem Vermögens*schaden* geführt hat. Die h.M. prüft erst an dieser Stelle die Definition des strafrechtlichen Vermögensbegriffs.
Für die h.M. spricht die einheitliche Auslegung des Merkmals Vermögensschaden im Verhältnis zu den Delikten (z.B. § 266), die das Tatbestandsmerkmal der Vermögensverfügung nicht kennen.[319]

aa) Vermögensbegriff

Vermögensbegriff

Um die nötige Saldoprüfung überhaupt vornehmen zu können, ist es zunächst erforderlich, sich über den Vermögensbegriff i.S.v. § 263 klar zu werden. Die Definition des Vermögens ist dabei umstritten.[320]

151

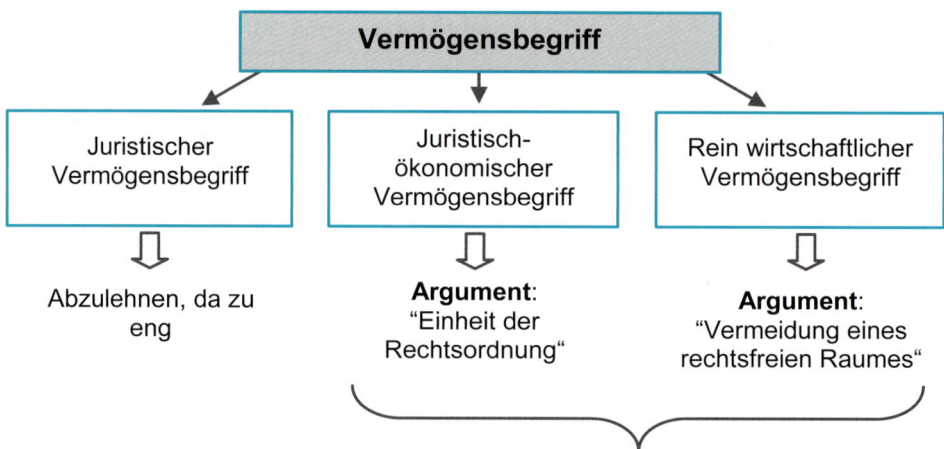

---

318 Siehe dazu OLG Saarbrücken, DAR 1989, 233 - 234.

319 Vgl. zum Ganzen Rengier, BT-1, Rn. 28 f.

320 **Life&Law 08/1999, 513 - 521 (519 f.).**

Juristischer Vermögensbegriff	Nach dem älteren *juristischen Vermögensbegriff*[321] stellt das Vermögen i.S.d. § 263 die *Summe der einzelnen Vermögensrechte i.S.d. Rechtsordnung* dar. Nichtige Ansprüche stellen damit keinen Vermögenswert dar. Diese Ansicht verkennt jedoch, dass einerseits auch Rechte wertlos sein und andererseits rein tatsächliche Positionen (wie z.B. die Arbeitskraft) einen wirtschaftlichen Wert darstellen können.[322]	*152*

Juristisch-ökonomischer Vermögensbegriff

Ein Teil des Schrifttums und die frühere Rechtsprechung des RG gehen von einem *juristisch-ökonomischen Vermögensbegriff* aus, was dazu führt, dass bei rechts- und sittenwidrigen Rechtsgeschäften ein Vermögensschaden zu verneinen ist. Begründet wird dies damit, dass der Tatbestand des § 263 I einen Eingriff in das *rechtlich geschützte* Vermögen anderer voraussetze. Sonst käme es unter dem Gesichtspunkt der Einheit der Rechtsordnung zu unauflösbaren und untragbaren Wertungswidersprüchen zwischen Zivil- und Strafrecht.

153

Wirtschaftlicher Vermögensbegriff

Schließlich geht eine dritte Ansicht von einem *wirtschaftlichen Vermögensbegriff* aus. Danach ist das Vermögen die Summe aller wirtschaftlich wertvollen Vermögenspositionen einer Person. Eine Beschränkung auf rechtlich geschütztes Vermögen sei nach dem Wortlaut gerade nicht erfolgt. Die zivilrechtliche Unwirksamkeit berühre die Frage nach dem Schaden gerade nicht. Angesichts der unterschiedlichen Aufgaben des Zivil- und Strafrechts sei der Grundsatz der Einheit der Rechtsordnung nicht verletzt. Das Strafrecht müsse untragbare Strafbarkeitslücken vermeiden, so dass die Rechtsordnung auch im Verhältnis von Verbrechern untereinander gelten müsse.

154

Rechtsprechung

Die *Rechtsprechung* geht seit der Entscheidung der Vereinigten Strafsenate des RG[323] von einem wirtschaftlichen Vermögensbegriff aus.[324] Trotz ihres wirtschaftlichen Ausgangspunktes nähert sich die Rechtsprechung in vielen Fällen, in denen rechts- oder sittenwidrige Verpflichtungen zu Grunde liegen, im Ergebnis dem juristisch-ökonomischen Vermögensbegriff wieder an, indem sie auf die Notwendigkeit normativer Korrekturen hinweist.

> *Dazu folgender Fall: A ist mit B verheiratet. Da A nicht länger mit B zusammenleben will und eine Scheidung nicht in Betracht kommt, entschließt sich A, B töten zu lassen. A wendet sich an den Killer K, welcher für die Ausführung der Tat 10.000 € Vorkasse verlangt. A zahlt das Geld. K verschwindet damit, wie von Anfang an geplant. Strafbarkeit des K gem. § 263 I?*

> K hat den A über seine Bereitschaft, B zu töten, getäuscht. Aufgrund seines Irrtums zahlte A dem K 10.000 € in Vorkasse aus. Dadurch müsste bei A ein Vermögensschaden eingetreten sein. Bei Vergleich der Vermögensmassen des A vor und nach dieser Verfügung liegt ein negativer Saldo vor. Allerdings ist fraglich, ob das Vermögen des A insoweit überhaupt schützenswert ist, da der zugrunde liegende Vertrag gegen die guten Sitten verstößt und damit nichtig ist, § 138 I BGB.

> Nach dem juristischen Vermögensbegriff wäre ein Vermögensschaden zu verneinen. Allerdings stellt dieser allein auf Rechtspositionen ab und ist deshalb als zu eng abzulehnen.

> Nach anderer Auffassung erfolgt eine rein wirtschaftliche Betrachtungsweise. Danach wäre auch bei sittenwidrigen Verträgen ein Vermögensschaden zu bejahen, wenn bei Vergleich der Vermögensmassen vor und nach der Vermögensverfügung ein negativer Saldo entsteht. Für den wirtschaftlichen Vermögensbegriff spricht, dass so die Entstehung rechtsfreier Räume im Milieu wirksam bekämpft werden kann.

---

[321]   Heute ähnlich: personale Vermögenslehren, Nachweise bei Sch-Sch-Cramer, § 263, Rn. 81.

[322]   Genauer Krey, BT-2, Rn. 427.

[323]   RGSt 44, 230 (235 ff.).

[324]   So zum Beispiel das KG Berlin, NJW 2001, 86 - 87 = **juris**byhemmer; ausführlich dazu **Life&Law 04/2001, 261 - 267** sowie BGH, NStZ 2002, 33 = **juris**byhemmer; **Life&Law 04/2002, 256 - 262**; BGH, StV 2002, 425 - 426 = **juris**byhemmer; **Life&Law 11/2002, 754 - 759**.

Schließlich ließe sich vertreten, einen juristisch-ökonomischen Vermögensbegriff zugrunde zu legen. Ausgehend von einer wirtschaftlichen Betrachtungsweise wären nur solche Positionen schützenswert, welche auch mit der Rechtsordnung im Einklang stehen. Dafür spricht, dass auch im Zivilrecht nur Geschäfte innerhalb der Rechtsordnung Schutz genießen (vgl. z.B. § 817 BGB). Würde man diese im Strafrecht anders bewerten, wäre der Grundsatz der Einheit der Rechtsordnung gefährdet.

Möglicherweise muss der Streit zwischen dem rein wirtschaftlichen und juristisch-ökonomischen Vermögensbegriff hier nicht entschieden werden. Denn auch nach letzterem Ansatz ist zu beachten, dass A jedenfalls den Besitz an seinem Geld verloren hat. Diese Rechtsposition wird im Zivilrecht gem. den §§ 854 ff. BGB in rein tatsächlicher Hinsicht geschützt. Dann muss auch im Strafrecht die rein tatsächliche Besitzposition geschützt werden, unabhängig von der möglichen Sittenwidrigkeit des schuldrechtlichen Grundgeschäfts.

Ein Vermögensschaden des A ist somit nach beiden Auffassungen zu bejahen. Da auch die sonstigen Voraussetzungen gem. § 263 I erfüllt sind, hat K sich eines Betrugs gegenüber und zu Lasten des A strafbar gemacht.

> **Life&Law:** Die Rechtsordnung kennt im Bereich der Vermögensdelikte kein wegen seiner Herkunft, Entstehung oder Verwendung schlechthin schutzunwürdiges Vermögen. Der Besitz ist daher schon dann Bestandteil des geschützten Vermögens, wenn ihm ein eigenständiger wirtschaftlicher Wert zukommt. Auch der strafbare Besitz an Betäubungsmitteln ist daher ein durch Strafrecht zu schützendes Rechtsgut.[325]

> **hemmer-Methode:** Letztlich sind beide letztgenannten Auffassungen gut vertretbar. Soweit der Vermögensschaden in der Übergabe einer Sache besteht, können Sie mit obiger Argumentation den Streit offen lassen. Anders sieht es aus, wenn die Vermögensverfügung beispielsweise in einer Arbeitsleistung besteht. Dies wäre etwa der Fall, wenn der Killer K in Vorleistung B tötet und A – wie von Anfang an geplant – den K nicht bezahlt. Mit dem Besitzverlust an einer Sache als Vermögensschaden kann nicht argumentiert werden, der Streit ist zu entscheiden. Vorzugswürdig dürfte sein, Strafbarkeitslücken zu vermeiden und somit dem wirtschaftlichen Vermögensbegriff zu folgen. Eine Betrugsstrafbarkeit wäre demzufolge auch in dieser Konstellation zu bejahen.

bb) Vermögensschaden und konkrete Vermögensgefährdung; Eingehungsbetrug

Berechnung des Schadens

(1) Die *Berechnung des Schadens* wird i.R.d. § 263 I anhand eines Vergleichs der Vermögenslage vor und nach der Verfügung vorgenommen. Berücksichtigt werden *alle Vor- und Nachteile, die unmittelbar aus der Vermögensverfügung* resultieren. Eine nachteilige Vermögensdifferenz begründet einen Vermögensschaden.

Ausgleichsansprüche

Außer Betracht bleiben hier von vornherein alle Ausgleichsansprüche (und insbesondere Schadensersatzansprüche), die dem Opfer gerade aufgrund des Betrugs zustehen (so z.B. aus § 826 BGB).[326] Andernfalls würde ein Schaden regelmäßig entfallen.

(2) Nach h.M.[327] ist jedoch nicht unbedingt eine tatsächlich eingetretene Minderung des Vermögens notwendig:

155

156

---

[325] Vgl. BGH, Urteil vom 16.08.2017 – 2 StR 335/15 = **Life&Law 04/2018, 256 - 261** = **juris**byhemmer.

[326] Fischer, § 263 Rn. 155.

[327] BGHSt 21, 112 - 115 = **juris**byhemmer; BGHSt 15, 24 - 28 = **juris**byhemmer; BGHSt 23, 294 - 296; Sch-Sch-Cramer, § 263, Rn. 143 ff.; Krey, BT-2, Rn. 448.

Konkrete Vermögensgefährdung

Es reicht bereits eine *konkrete Vermögensgefährdung* zur Begründung eines Vermögensschadens aus. § 263 I ist tatbestandlich bereits mit einem drohenden Vermögensschaden erfüllt, sofern die Gefährdung des Vermögens nur hinreichend konkret ist.

Dies wird allgemein angenommen, wenn bei wirtschaftlicher Betrachtungsweise bereits eine Verschlechterung der Vermögenslage eingetreten ist.

> **Bsp.:** *Die Bank B gewährt dem T einen Kredit in Höhe von 350.000 €. Als einzige Sicherheit kann T der Bank Diamanten - angeblich im Wert von 400.000 € - bieten. Nach Auszahlung des Betrages stellt sich heraus, dass die Diamanten lediglich 25.000 € wert sind und das vorgelegte Wertgutachten gefälscht war.*

Life&Law: Der BGH hat entschieden, dass mit dem Abschluss eines Lebensversicherungsvertrags ein Vermögensschaden bereits dann vorliegt und damit ein Eingehungsbetrug vollendet ist, wenn der Versicherungsnehmer darüber getäuscht hat, dass er den Versicherungsfall fingieren will, um die Versicherungssumme geltend machen zu können[328]. Insoweit stellte der BGH fest, dass aufgrund der beabsichtigten Manipulation die Inanspruchnahme sicher zu erwarten gewesen sei. Die Leistungswahrscheinlichkeit sei damit gegenüber dem vertraglich vereinbarten Einstandsrisiko signifikant erhöht, so dass sich auch die vereinbarte Prämie nicht als angemessenes Äquivalent zum erhaltenen Versicherungsschutz darstelle. Unter Beachtung des Zweifelssatzes seien im Wege einer Schätzung Mindestfeststellungen zu treffen.

Zwar könne eine Berechnung der Schadenshöhe nach bilanziellen Maßstäben schwierig sein, weil es für die Bewertung der Verpflichtung aus einem täuschungsbedingt abgeschlossenen Lebensversicherungsvertrag keine anerkannten Richtgrößen gebe. Dies führe jedoch lediglich dazu, dass sich das Gericht erforderlichenfalls der Hilfe von Sachverständigen aus den Gebieten der Versicherungsmathematik oder der Versicherungsökonomik und/oder des Bilanzwesens bedienen müsse.

Das BVerfG hält eine solche Vorgehensweise bei der Bejahung eines Vermögensschadens im konkreten Fall für nicht vereinbar mit dem Bestimmtheitsgrundsatz gemäß Art. 103 II GG.[329] Ein Mindestschaden muss grundsätzlich explizit beziffert und dargelegt werden, um den verfassungsrechtlichen Vorgaben gerecht zu werden. Ein bloßer Hinweis auf die Möglichkeit, Sachverständige hierzu heranzuziehen, genügt dem nicht.

hemmer-Methode: Das BVerfG hat mit seinen Ausführungen nicht beanstandet, dass bereits der Abschluss eines Vertrags zu einem Vermögensschaden führen kann. Zur Verhinderung einer Überdehnung des Betrugstatbestandes muss jedoch – von einfach gelagerten und eindeutigen Fällen abgesehen – der Vermögensschaden der Höhe nach beziffert und dies in wirtschaftlich nachvollziehbarer Weise in den Urteilsgründen dargelegt werden. Damit bezweckt das BVerfG eine klarere Grenzziehung zwischen Versuch und Vollendung.[330]

157

(3) Nach der Art der Vermögensverfügung unterscheidet man den *Eingehungsbetrug* und den *Erfüllungsbetrug*.

157

---

[328] BGHSt 54, 69 - 132 = **juris**byhemmer = **Life&Law 03/2010, 173 - 179**.

[329] BVerfG, NJW 2012, 27 - 32 = **juris**byhemmer.

[330] Vgl. zu den Konsequenzen für den sog. Sportwettenbetrug BGH, Urteil vom 20.12.2012 – 4 StR 55/12 = **juris**byhemmer = **Life&Law 08/2013, 588 - 594**.

Eingehungsbetrug

Kennzeichnend für den *Eingehungsbetrug* ist der Abschluss eines für das Opfer nachteiligen Vertrags infolge einer Täuschung. Der Vermögensschaden liegt hier darin, dass der objektive Wert der versprochenen Gegenleistung hinter der Leistung des Opfers zurückbleibt. Nicht erforderlich ist, dass der Vertrag bereits durchgeführt ist.

Die *konkrete Vermögensgefährdung* durch Abschluss des Vertrags reicht insoweit bereits aus, um einen Vermögensschaden zu begründen.[331] Außer Betracht bleibt deshalb auch, dass der Vertrag regelmäßig nach § 123 BGB anfechtbar ist.

> *Fall: O kauft im Laden des T eine Hose für 150 €, da der Verkäufer ihm zusichert, diese sei aus reiner Schurwolle. In Wirklichkeit enthält die Hose 50 % Kunststoffgewebe und ist daher nur 100 € wert. Noch vor Kaufpreiszahlung ficht O den Kaufvertrag wegen arglistiger Täuschung an. Dies wird von T widerspruchslos akzeptiert.*

Hier könnte, da die Kaufpreiszahlung noch nicht erfolgt war, § 263 I in Form des Eingehungsbetrugs verwirklicht worden sein.

Beim Eingehungsbetrug stehen vereinbarte Leistung und Gegenleistung in einem Missverhältnis. O verpflichtet sich zur Zahlung des Kaufpreises in Höhe von 150 € (§ 433 II BGB), während sein Übereignungsanspruch (§ 433 I S. 1 BGB) lediglich auf eine Hose im Wert von 100 € gerichtet ist.

Fraglich ist, ob bereits im Abschluss des Kaufvertrags eine hinreichend konkrete Vermögensgefährdung gesehen werden kann. Dies ist nach h.M. auch dann zu bejahen, wenn der Vertragspartner von Anfang an bereit war, den geschlossenen Vertrag zu stornieren.[332] Im Zeitpunkt des Vertragsschlusses sei ungewiss, ob der getäuschte Käufer vor Erbringung seiner Leistung die Fehlerhaftigkeit der gekauften Sache erkennen werde; ungewiss sei weiterhin, ob der Käufer mangels Kenntnis von der Stornierungsbereitschaft aus irgendwelchen Gründen von einer Beanstandung absehen werde.[333] Aber auch im Fall des sog. Eingehungsbetrugs muss nach der Rechtsprechung des BVerfG grundsätzlich ein wirtschaftlicher Mindestschaden beziffert werden, um eine Überdehnung des Betrugstatbestandes zu verhindern.

> **Life&Law:** Der Anstellungsbetrug ist ein Unterfall des Eingehungsbetruges, bei dem der Eintritt eines Vermögensschadens – wie auch sonst beim Eingehungsbetrug – nach wirtschaftlicher Betrachtungsweise zu ermitteln ist. Die nach Vertragsschluss erbrachten Leistungen können bei der Beurteilung der Frage, ob bei Vertragsschluss eine – für den Vermögensschaden ausreichende – konkrete Vermögensgefährdung eingetreten war, als Indiz herangezogen werden.[334]

Erfüllungsbetrug

Beim *Erfüllungsbetrug* (= Täuschung bei Vornahme der Leistung) bleibt der Wert der tatsächlich geleisteten hinter der in Wirklichkeit geschuldeten Leistung zurück. Aufgrund der Täuschung akzeptiert das Opfer jedoch die mangelhafte Leistung.

Beachten Sie: Eingehungs- und Erfüllungsbetrug können nur in Austauschverhältnissen vorkommen. Sie sind z.B. beim Sachbetrug nicht möglich, da es dort an gegenseitigen Leistungen fehlt.

> *Fall: vgl. oben; diesmal verkauft der Verkäufer im Laden eine Hose aus reiner Schurwolle. Bei der Warenausgabe an der Kasse gibt die Kassiererin dem O absichtlich eine Hose mit 50 % Kunststoffgewebe, die nur 100 € wert ist.*

---

[331] Vgl. nur: Krey, BT-2 Rn. 449; a.A. Lenckner, JZ 1991, 320 m.w.N.

[332] Vgl. BGHSt 23, 300 - 304 = **juris**byhemmer; Krey, BT-2, Rn. 451 m.w.N.

[333] BGH a.a.O.

[334] BGH, Beschluss vom 21.08.2019 – 3 StR 221/18 = **Life&Law 03/2020, 177 – 181** = **juris**byhemmer.

Beim sog. Erfüllungsbetrug wird bei der Saldierung die Verpflichtung mit der erbrachten Leistung verglichen. Es bestand ein Anspruch des O gem. § 433 I S. 1 BGB auf eine Hose im Wert von 150 €. Übereignet wurde lediglich eine Hose im Wert von 100 €, so dass sich auf diese Weise ein negativer Saldo für O ergibt.

cc) Makeltheorie

Ein alter Streit dreht sich um die Frage, ob auch dann ein Vermögensschaden vorliegt, wenn der Täter eine ihm nicht gehörende Sache an einen gutgläubigen Erwerber veräußert und dieser daher gem. §§ 929 S. 1, 932 I S. 1 BGB Eigentum erwirbt. An sich drängt sich in diesem Fall auf, einen Vermögensschaden zu verneinen, weil der durch die Vermögensverfügung erlittene Nachteil durch den Eigentumserwerb kompensiert zu sein scheint. In diesen Fällen müssen Sie jedoch stets an die *Makeltheorie* denken.

158

> *Fall: Spediteur T führt einen Umzug durch. Da er während der Fahrt Hunger auf ein gutes Mittagessen verspürt, veräußert er aus dem Transportgut einen Teppich an den gutgläubigen O. Der Teppich ist objektiv „seinen Preis wert". Strafbarkeit des T nach § 263 I?*
>
> Lösung:
>
> T hat hier konkludent über sein Eigentum an dem Teppich getäuscht und O so zum Abschluss eines Kaufvertrags (= Eingehungsbetrug) veranlasst.
>
> Fraglich erscheint hier, ob O einen Vermögensschaden erlitten hat, da er gegen Bezahlung des Kaufpreises nach den §§ 929 S. 1, 932 I S. 1 BGB gutgläubig Eigentum an dem gleichwertigen Teppich erworben hat.
>
> (a) Nach der früher von der Rspr. vertretenen *Makeltheorie*[335] liegt ein Vermögensschaden immer schon darin, dass der Eigentumserwerb des O mit dem „sittlichen Makel" des Erwerbs vom Nichtberechtigten behaftet ist.
>
> Diesem Ansatz ist der BGH früh entgegen getreten.[336] Das Risiko rechtlicher Auseinandersetzungen, wie beim Erwerb vom Nichtberechtigten, kann aber im Einzelfall einen Gefährdungsschaden begründen.[337]

159

> (b) Dem vergleichbar stellt die h.L. entscheidend darauf ab, ob dem gutgläubigen Erwerber *im Einzelfall* eine konkrete Vermögensgefährdung droht. Dies hänge von den beteiligten Personen, der Art des Vertragsobjekts und den sonstigen Umständen ab.[338]

160

> Ein sittlicher Makel sei für den Betrug als Vermögensdelikt wegen der angebrachten rein wirtschaftlichen Betrachtungsweise genauso unerheblich wie die Gefahr der Bezichtigung als Hehler. Das Prozessrisiko habe grundsätzlich jeder Eigentümer. Nur wenn im Einzelfall das allgemeine Prozessrisiko durch besondere Gründe erhöht sei, könne von einer Vermögensgefährdung die Rede sein. Dies ist jedoch typischerweise gerade nicht der Fall, da die Beweislast für die Bösgläubigkeit des Erwerbers gem. § 932 II BGB (nur wenn dieser Beweis gelingt, ist ja der Vindikationsanspruch aus § 985 BGB begründet) gerade den Alteigentümer als Kläger trifft. Ebenso bestünde ein merkantiler Minderwert nur im Einzelfall.[339]
>
> Im vorliegenden Fall wurde T der Teppich im Rahmen seines Speditionsvertrags ausgehändigt, so dass er ihn nicht durch eine strafbare Handlung erlangt hat (§ 935 I BGB liegt nicht vor). Zu berücksichtigen ist hier aber, dass sich T den Teppich durch den Verkauf an O im Wege einer veruntreuenden Unterschlagung (§ 246 II) zugeeignet hat, so dass möglicherweise O einer Beihilfe zur Unterschlagung verdächtigt werden könnte. Hierfür fehlen vorliegend indes hinreichende Anhaltspunkte, so dass sich auch über die Makeltheorie kein Vermögensschaden begründen lässt.

---

[335]   RGSt 73, 61; a.A. noch RGSt 49, 16.

[336]   BGHSt 1, 94 - 103; BGHSt 3, 370 - 372; BGHSt 15, 83 - 88.

[337]   Vgl. BGH, Urteil vom 15.04.2015 – 1 StR 337/14 = **Life&Law 11/2015, 819 – 826 = juris**byhemmer.

[338]   Krey, BT-2, Rn. 476 ff.

[339]   Krey, BT-2, Rn. 479.

hemmer-Methode: Das Problem dreht sich also im Kern darum, wann von einem Gefährdungsschaden ausgegangen werden kann.

dd) Individueller Schadenseinschlag

Fall: Teppichhändler T verkauft O einen Teppich im objektiven Wert von 4.000 € zu eben diesem Preis. Beim Verkauf schwindelt T dem O allerdings vor, der Teppich sei in Persien in Handarbeit hergestellt worden; der Preis sei ein einmaliges Sonderangebot im Rahmen einer Werbeaktion. Aufgrund dieser Täuschung kauft O den Teppich, muss dafür aber einen hoch verzinsten Kredit aufnehmen und gerät in ernsthafte finanzielle Schwierigkeiten. Strafbarkeit des T nach § 263 I?

161

Lösung:

T hat den O durch die Täuschung über die Herkunft des Teppichs zum Abschluss eines Kaufvertrags veranlasst (= Eingehungsbetrug).

Zu prüfen ist, ob das Vermögen des O durch Abschluss des Kaufvertrags unmittelbar geschädigt oder zumindest konkret gefährdet wurde.

Als Vermögensnachteil ist zu berücksichtigen, dass sich O zur Zahlung von 4.000 € verpflichtet hat. Auf der anderen Seite hat O durch den Kaufvertrag einen kompensationsfähigen Lieferanspruch erlangt, der ebenfalls 4.000 € wert ist. Der Zahlungsanspruch ist damit wirtschaftlich voll ausgeglichen worden. Das Vermögen des O wurde objektiv im Ergebnis nur in seiner Zusammensetzung, nicht aber im Gesamtwert verändert. Der Betrug setzt nach seinem Deliktscharakter einen Vermögensschaden voraus; die wirtschaftliche Dispositionsfreiheit ist als solche allein nicht geschützt.[340] Ein Vermögensschaden liegt damit nicht vor. Eine Strafbarkeit nach § 263 I scheidet damit auf den ersten Blick aus.

Sog. individueller Schadenseinschlag

Trotz wirtschaftlicher Gleichwertigkeit von Leistung und Gegenleistung kann im Einzelfall dennoch ein Vermögensschaden zu bejahen sein. Dies wird allgemein bei Vorliegen eines sog. *individuellen Schadenseinschlags* angenommen.[341]

162

Diese Figur wird dogmatisch folgendermaßen hergeleitet:[342]

Subjektiver Schadensbegriff

(1) Nach dem subjektiven Schadensbegriff ist das Vermögen in seinem jeweiligen Bestand (Summe der einzelnen Rechte) geschützt. Damit ist auch die Dispositionsfreiheit des Vermögensinhabers geschützt, also seine Freiheit, darüber zu entscheiden, welche einzelnen Rechte zusammen sein Vermögen ausmachen.

Diese Ansicht ist abzulehnen, da sie aus dem Betrug ein Delikt gegen die Dispositionsfreiheit macht, wobei ein geldwerter Schaden nicht mehr erforderlich ist. Dies widerspricht der Konzeption des § 263 als Vermögensdelikt.

Objektiver Schadensbegriff

(2) Nach dem objektiven Schadensbegriff sind nicht einzelne Vermögensbestandteile (Einzelrechte) geschützt, sondern das Gesamtvermögen. Dessen Zusammensetzung ist gleichgültig, es sind daher alle Kompensationen in die Schadensberechnung einzubeziehen. Der Ausgangspunkt dieser Theorie ist richtig, da sie den Betrug als Vermögensdelikt erhält. Sie ist aber zu starr, da sie die persönlichen Verhältnisse des Vermögensinhabers völlig unberücksichtigt lässt. Gerade aufgrund persönlicher Verhältnisse kann nämlich eine Leistung für eine bestimmte Person viel weniger wert sein.

---

[340] BGHSt 16, 321 - 330 = **juris**byhemmer; BGH, NJW 1991, 1841.

[341] BGHSt 16, 321 - 330 = **juris**byhemmer.

[342] Ausführlich SK-Samson/Günther, § 263, Rn.126 ff.

(3) Die h.M. nimmt daher - ausgehend vom wirtschaftlichen Begriff - Korrekturen vor. Dies ist der sog. individuelle oder persönliche Schadenseinschlag.

drei Fallgruppen

Vom BGH sind hier folgende *drei Fallgruppen* entwickelt worden:[343]   *163*

Angebotene Leistung ist für Erwerber obj. unbrauchbar

(a) Die angebotene Leistung ist für den Erwerber nicht oder doch nicht in vollem Umfang zu dem vertraglich vorausgesetzten Zweck oder in anderer zumutbarer Weise verwendbar.

> **Bsp.:** *Verkauf eines Ackergauls (zu einem objektiv angemessenen Preis) als „erfahrenes Turnierpferd" an einen passionierten Sportreiter.*

Erwerber wird zu vermögensschädigenden Maßnahmen genötigt

(b) Der Erwerber wird durch die eingegangene Verpflichtung *zu vermögensschädigenden Maßnahmen genötigt.*

> **Bsp.:** *Teppichfall (vgl. oben). Danach wäre T wegen Betrugs strafbar.*

Erwerber verfügt nicht mehr über Mittel zur angemessenen Lebensführung

(c) Der Erwerber kann durch die eingegangene Verpflichtung nicht mehr über die Mittel verfügen, die zur *ordnungsgemäßen Erfüllung seiner Verbindlichkeiten* oder sonst für eine seinen persönlichen Verhältnissen angemessene Lebensführung unerlässlich sind.

> **Bsp.:** *O kann wegen des Teppichkaufs nur noch seine „notdürftigen Bedürfnisse"[344] erfüllen.*

In den beiden letzten Fallgruppen ist die wirtschaftliche Bewegungsfreiheit des Opfers ganz besonders eingeschränkt.

Natürlich muss der Täter in allen drei Fällen mit Vorsatz bezüglich der besonderen persönlichen Verhältnisse handeln.

Die h.L. stimmt der Rspr. im ersten Fall uneingeschränkt zu[345]; Fall 2 und 3 sind aber auf Kritik gestoßen:[346] Der Betrug setze nach seinem Deliktscharakter eine *unbewusste Selbstschädigung* voraus.

Daran fehle es, wenn das Opfer sich über die vermögensschädigende Wirkung seiner Vermögensverfügung im Klaren sei. Zwar könne eine Einschränkung der wirtschaftlichen Bewegungsfreiheit einen Vermögensschaden darstellen; das Opfer sei sich gerade dieses Risikos aber in der Regel bewusst, und damit liege kein Schaden i.S.d. § 263 I vor.

> Lösung zum obigen Teppichfall: *164*
>
> (1.) T hat den O durch die Vorspiegelung eines einmaligen Sonderpreises zum Abschluss eines Kaufvertrags (= Eingehungsbetrug) veranlasst. Zu prüfen ist, ob mit dem Kauf des Teppichs ein Vermögensschaden eingetreten ist. Fraglich ist dies deshalb, weil O für seinen Kaufpreis ein objektiv gleichwertiges Produkt erhalten hat.
>
> (2.) Nach h.M. kann sich ein Vermögensschaden aber auch aufgrund eines „individuellen Schadenseinschlags" ergeben:
>
> (a) Dies kommt einmal dann in Betracht, wenn O den Teppich aufgrund seiner persönlichen Verhältnisse nicht oder nicht in vollem Umfang verwenden kann. Dafür sind hier jedoch keine Anhaltspunkte gegeben.

---

[343]   BGHSt 16, 321 - 330 = **juris**byhemmer; („Melkmaschinenfall") unbedingt lesen, da Klassiker!

[344]   Originalton BGHSt 16, 321 - 330 (328) = **juris**byhemmer.

[345]   Wessels, BT-2, Rn. 547; Krey, BT-2, Rn. 464, 459; Sch-Sch-Cramer, § 263, Rn. 121 ff.

[346]   SK-Samson, § 263, Rn. 158.

(b) Ein Vermögensschaden könnte sich aber nach der Rspr. auch aus der Beeinträchtigung der *wirtschaftlichen Bewegungsfreiheit* ergeben. O ist hier zu vermögensschädigenden Maßnahmen gezwungen (Kreditaufnahme) und in einer angemessenen persönlichen Wirtschafts- und Lebensführung beeinträchtigt. Damit liegt nach der Rspr. ein Schaden vor.

(c) Nach der h.L.[347] setzt der Betrug jedoch eine *unbewusste Selbstschädigung* voraus. Dem Opfer müsse der vermögensschädigende Charakter seiner Verfügung verborgen bleiben. Ansonsten entfiele der Charakter des Betrugs als unbewusstes Selbstschädigungsdelikt. Im vorliegenden Fall bedeutet dies: O hat beim Kauf des Teppichs bewusst die finanziellen Schwierigkeiten in Kauf genommen; so ist *dieser Nachteil* noch kein Vermögensschaden i.S.d. § 263 I.

(d) Eine Mindermeinung in der Lit.[348] bejaht dennoch einen Vermögensschaden aufgrund der sog. *wirtschaftlichen Zweckverfehlungslehre*: Der Schaden ergebe sich daraus, dass der Kauf des Teppichs seinen wirtschaftlichen Zweck verfehlt habe: O hatte das erhebliche Vermögensopfer auf sich genommen, um einen besonders günstigen Kauf (Sonderangebot) zu tätigen. Ihm blieb verborgen, dass er diesen Zweck (Nutzung des Sonderangebots) nicht erreichen konnte. Insoweit liegt eine unbewusste Selbstschädigung und damit ein Vermögensschaden vor.

165

Nach h.M.[349] ist dagegen die Zweckverfehlungslehre nur auf unentgeltliche Leistungen, nicht jedoch auf Austauschverträge anwendbar.

Nach der h.L. hat sich T damit nicht nach § 263 I strafbar gemacht.

> **hemmer-Methode: Die von der Rspr. entwickelten drei Fälle, bei denen trotz gleichwertiger Gegenleistung aufgrund der persönlichen Verhältnisse des Getäuschten ein Vermögensschaden anzunehmen ist, sollten Sie kennen. Die einzelnen Literaturansichten in der Klausur parat zu haben, ist indessen kaum möglich. Merken Sie sich nur die grundlegenden Kritikpunkte und fertigen Sie daraus eine argumentativ überzeugende Lösung.**

ee) Soziale Zweckverfehlung

Soziale Zweckverfehlung

Problematisch sind auch die Fälle, in denen das Opfer durch eine Täuschung zu einer unentgeltlichen Leistung veranlasst wird (z.B. Spende an eine gemeinnützige Organisation, staatliche Subventionen an einen Unternehmer, usw.).

166

> *Fall:* T sammelt für das DRK. Er trägt in die Spendenliste eine besonders hohe Zahlung des A ein, die in Wahrheit gar nicht erfolgt ist. Die Nachbarn des A wollen hinter dessen Spendeneifer nicht zurückstehen und spenden daher viel mehr, als sie sonst gegeben hätten.
>
> *Strafbarkeit des T gem. § 263?*

Problematisch ist allein die Frage des Vermögensschadens. Schließlich wussten die Getäuschten, dass ihre Spende ohne Gegenleistung erfolgte (Problem der *„bewussten Selbstschädigung"*).

(a) Die Rspr.[350] nimmt zum Teil einen Vermögensschaden an, da die Spender keinen Gegenwert für ihre Leistung erhalten. Es kommt nach dieser Ansicht lediglich darauf an, dass das Opfer seine unentgeltliche Leistung aufgrund einer Täuschung erbracht hat. Ein Vermögensschaden liege immer schon in der Unentgeltlichkeit der Leistung. Diese Ansicht dehnt die Grenzen der Strafbarkeit viel zu weit aus. Denn jeder veranlasste Motivirrtum des Spenders führt damit zum Betrug.[351]

---

[347] Sch-Sch-Cramer, § 263, Rn. 41 m.w.N.; Krey, BT-2, Rn. 468; Haft, S. 215; a.A. RGSt 70, 256; BGHSt 19, 56.

[348] Krey, BT-2, Rn. 464 m.w.N.

[349] Haft, S. 215.

[350] RGSt 53, 225; BayObLG, NJW 1952, 798.

[351] SK-Samson/Günther, § 263, Rn. 152.

(b) Nach der h.L.[352] lässt sich der Vermögensschaden allein mit der Unentgeltlichkeit nicht begründen. Der Betrug setze nach seinem Deliktscharakter eine *unbewusste Selbstschädigung*[353] voraus.

Dennoch könne aber auf der Grundlage der *Zweckverfehlungslehre*[354] ein Vermögensschaden vorliegen:

Zwar wisse bei einer unentgeltlichen Leistung der Verfügende von vornherein, dass er keine Gegenleistung erhalte. In seiner Vorstellung stehe jedoch dem Verlust des Geldwerts die Erreichung des karitativen Zwecks gegenüber.

Es sei also zu berücksichtigen, dass in der Regel mit Leistungen ohne Gegenleistung bestimmte Motive und Zwecke verfolgt werden. Nicht alle diese Zwecke könnten jedoch schützenswert sein. Ein relevanter Vermögensschaden i.S.d. § 263 I liege nur dann vor, wenn mit der unentgeltlichen Leistung verbundene objektivierbare *sozial relevante Zwecksetzungen* enttäuscht würden.[355] Unbeachtlich seien im Gegensatz dazu bloße *Affektionsinteressen* und andere Zielvorstellungen.

Hier haben die Nachbarn aus dem reinen Affektionsinteresse heraus gehandelt, dem A in seiner Freigebigkeit nicht nachzustehen. Nach Ansicht der Literatur ist T daher nicht strafbar.

Anders, wenn T die Spende für seine private Verwendung einbehält, oder wenn ein Bettler eine nicht bestehende persönliche Notlage vorspiegelt. Hier liegen relevante Zweckverfehlungen und damit ein Vermögensschaden vor.

167

Kein Schaden liegt nach der h.L. aber vor, wenn der Spender den lästigen Bettler nur loswerden will und ihm das Bestehen oder Nichtbestehen einer Notlage völlig egal ist. Denn hier war die Täuschung nicht kausal für die Vermögensverfügung.

hemmer-Methode: Wie Sie sehen, stellen sich i.R.d. Betrugs sehr viele Einzelprobleme. Zweifellos ist der Betrug neben dem Diebstahl das zentrale Vermögensdelikt. Es ist daher für Sie besonders wichtig, zum einen den Aufbau des Betrugs genau verstanden zu haben. Wegen der hohen Examensrelevanz müssen Ihnen aber auch die Einzelprobleme zumindest in den Grundzügen geläufig sein.

168

Bei *Austauschverträgen* ist die Zweckverfehlungslehre nach der h.M. von vornherein nicht anwendbar.[356] Erhält das Opfer für seine Leistung eine wirtschaftlich gleichwertige Gegenleistung, so erscheint ein mit der eigenen Leistung verfolgter wirtschaftlicher oder sozialer Zweck darüber hinaus nicht mehr schutzwürdig. § 263 I schützt das Vermögen in seinem Gesamtbestand, nicht aber in seiner Zusammensetzung.

Bsp.: T bietet Künstlerpostkarten zum Preis von 5 € zum Verkauf an. Dies entspricht ihrem Verkehrswert. Um den Absatz zu fördern, behauptet T, die Karten seien von Contergangeschädigten „mit dem Mund gemalt" worden, weswegen der Erlös zum größten Teil den Contergangeschädigten zugute komme.

169

Beachten Sie: Einen gesetzlich geregelten Sonderfall der sozialen Zweckverfehlung findet man im Bereich des Subventionsbetrugs i.R.d. § 264. Diese Vorschrift ist dann insoweit Spezialvorschrift zu § 263.

170

Problematisch ist in diesem Zusammenhang auch, ob ein Vermögensschaden vorliegt, wenn das Geld zu *rechtswidrigen oder unsittlichen Zwecken* eingesetzt wird:

---

[352] Sch-Sch-Cramer, § 263, Rn. 101 ff. m.w.N.

[353] OLG Düsseldorf, NJW 1988, 922 - 924; Sch-Sch-Cramer, Rn. 41 m.w.N.

[354] SK-Samson, § 263, Rn. 154.

[355] Sch-Sch-Cramer, § 263, Rn. 101 ff.

[356] Wessels, BT-2, Rn. 556 ff.; a.A. Krey, BT-2, Rn. 464; siehe oben Rn. 165.

Fall: O liegt mit B in Streit. T täuscht dem O vor, den B gegen Zahlung von 50 € „zusammenzuschlagen". O gibt dem T daraufhin das Geld.

Auch im vorliegenden Fall wurde das Vermögensopfer des O durch die Täuschung des T zu einer *wirtschaftlich sinnlosen Ausgabe.* Es kommt hier nicht darauf an, ob der wirtschaftlich verfolgte Zweck von der Rechtsordnung gebilligt wird. Strafwürdig ist hier nicht etwa, dass der T seinen vorgetäuschten Plan nicht ausgeführt hat, sondern allein die Tatsache, dass T den O in betrügerischer Weise um 50 € geprellt hat. Da O dem T den Besitz am Geld übertrug, handelt es sich auch nach dem juristisch-ökonomischen Vermögensbegriff um strafrechtlich schützenswertes Vermögen (vgl. Rn. 151 ff.). T hat sich daher gem. § 263 I strafbar gemacht.

ff) Schadensvertiefung und Sicherungsbetrug

Sog. Sicherungsbetrug

Nach h.M.[357] kann ein Vermögensschaden auch im Falle eines sog. *Sicherungsbetrugs* vorliegen. Charakteristisch ist hier, dass sich der Täter einen bereits durch eine strafbare Tat (z.B. nach den §§ 242, 246, 266) erlangten Vorteil durch eine Täuschung sichert. Durch die Täuschung selbst wird damit ein bereits eingetretener Schaden lediglich „vertieft" und gefestigt.

171

Diese *„Schadensvertiefung"* stellt nach h.M. einen eigenen Vermögensschaden dar. Im Ergebnis wird der Täter jedoch aus Konkurrenzgründen nicht aus § 263 bestraft: Der Sicherungsbetrug stellt eine *mitbestrafte Nachtat* dar.

Beachten Sie: Die Problematik des „Sicherungsbetrugs" i.R.d. § 263 I entspricht der „wiederholten Zueignung" im Rahmen der §§ 242, 246: Dort entscheidet sich die h.M. jedoch zugunsten einer „Tatbestandslösung".

> *Bsp.: T hat sich im Supermarkt des O unbemerkt eine Packung Zigaretten eingesteckt (= § 242 I). Das Nichtbezahlen derselben an der Kasse stellt als Sicherungsbetrug eine mitbestrafte Nachtat dar.*

hemmer-Methode: Der objektive Tatbestand des Betrugs bietet regelmäßig die Gelegenheit, eine schulmäßige Subsumtion vorzuführen. Entscheidend ist hier vor allem, dass das Problem des Falles beim jeweils richtigen Tatbestandsmerkmal diskutiert wird. Die meisten Probleme birgt der Vermögensschaden in sich. Deshalb wird das Vorliegen eines Vermögensschadens sehr häufig mit einigem Begründungsaufwand verbunden sein. Hier ist dann vor allem eine konsequente Argumentation gefragt, welche die Grundsätze der Rspr. und der h.L. berücksichtigt.

4. Subjektiver Tatbestand

> **Prüfungsschema zum subjektiven Tatbestand des § 263 I**
>
> **1. Vorsatz bzgl. aller obj. Tatbestandsmerkmale**
>
> **2. Absicht, sich oder einem Dritten einen rechtswidrigen Vermögensvorteil zu verschaffen**
>
>   **a)** Vermögensvorteil
>
>   **b)** Absicht bzgl. **a)**
>
>   **c)** Rechtswidrigkeit des erstrebten Vermögensvorteils
>
>   **d)** Stoffgleichheit zwischen Vermögensschaden und (erstrebtem) Vermögensvorteil
>
>   **e)** Zumindest dolus eventualis bzgl. **c)** und **d)**

---

[357] RGSt 59, 130; 63, 192; c; Sch-Sch-Cramer, § 263, Rn. 184; Krey, BT-2, Rn. 489 m.w.N.

a) Bereicherungsabsicht

Der Betrug ist (ebenso wie der Diebstahl) ein Delikt mit „überschießender Innentendenz": Im subjektiven Tatbestand ist neben dem Vorsatz des Täters, der sich auf alle Merkmale des objektiven Tatbestands beziehen muss, zudem die *Absicht, sich oder einem Dritten einen rechtswidrigen Vermögensvorteil zu verschaffen*, erforderlich. Der Begriff der Absicht ist im technischen Sinne zu verstehen, d.h. der Täter muss dolus directus 1. Grades aufweisen. Ausreichend ist allerdings insoweit, dass die Erlangung des Vorteils vom Täter nur als notwendiges Zwischenziel angestrebt wird. Ein Eintritt des Vermögensvorteils muss nicht erfolgen.

b) Rechtswidrigkeit des erstrebten Vorteils

Der erstrebte Vorteil muss objektiv rechtswidrig sein.

172

Diese Voraussetzung ist dann erfüllt, wenn der Täter keinen fälligen einredefreien Anspruch bezogen auf den angestrebten Vorteil besitzt.[358] Soweit das Opfer durch die Täuschung zu einem nachteiligen Vertragsschluss veranlasst wurde, darf gerade nicht auf den Anspruch aus dem durch Täuschung erschlichenen Vertrag zurückgegriffen werden, solange dieser noch anfechtbar (§ 123 BGB) ist. Wenn das vom Täter angestrebte Ergebnis im Einklang mit der materiellen Rechtslage steht, kommt Betrug nicht in Betracht, selbst wenn der Täter im Prozess gefälschte Beweismittel einsetzt um das gewünschte Ergebnis zu erreichen.

> *Bsp.: T hat dem O, der ihm ein Darlehen über 5.000 € gewährt hat, diesen Betrag kurz vor dessen Tod zurückgezahlt. Da T vergaß, sich eine Quittung geben zu lassen, verklagt der gutgläubige Erbe (E) des O den T auf Rückzahlung des Darlehens.*
>
> *T fälscht daraufhin eine Quittung mit der Unterschrift des O und legt diese im Prozess vor. Daraufhin wird die Klage des O abgewiesen.*

Da bei einer rein wirtschaftlichen Betrachtungsweise der Verlust einer unbegründeten, aber wegen der Beweislage aussichtsreichen Forderung einen Schaden darstellt, ist der objektive Tatbestand des Betrugs grundsätzlich erfüllt. Der von T erstrebte Vorteil, Abweisung der Klage, steht jedoch im Einklang mit der materiellen Rechtslage, da der eingeklagte Anspruch bereits gem. § 362 BGB durch Erfüllung erloschen war. Damit war die von T erstrebte Bereicherung nicht rechtswidrig.

c) Stoffgleichheit

Stoffgleichheit

Der erstrebte Vermögensvorteil muss *stoffgleich* zum Vermögensschaden sein[359], d.h. er muss gewissermaßen die „Kehrseite des Schadens" darstellen. Erforderlich ist, dass der erstrebte Vermögensvorteil ebenso wie der Vermögensschaden unmittelbar durch ein und dieselbe Vermögensverfügung vermittelt wird. Es ist deshalb immer zu prüfen, zu wessen Gunsten der Betrug begangen wird.

173

„Provisionsvertreterfall"

> *Fall: Der auf Provisionsbasis arbeitende Verlagsangestellte T veranlasst den gutgläubigen O aufgrund falscher Angaben dazu, eine Fachzeitschrift zu abonnieren. Diese ist jedoch für die Zwecke des O unbrauchbar. Nachdem T bei seinem Verlag die Zahlung der Provision beantragt hat, wird diese an ihn ausgezahlt. Strafbarkeit des T nach § 263 I?*

---

358   Vgl. BGHSt 20, 136 - 138 = **juris**byhemmer.

359   BGHSt 34, 379 - 392 (391) = **juris**byhemmer; BGHST 21, 384 - 386 = **juris**byhemmer; Fischer, § 263, Rn. 187; Wessels, BT-2, Rn. 585.

Lösung:

Der objektive Tatbestand des § 263 I liegt vor: O hat einen Vermögensschaden erlitten, da die Zeitschrift für ihn nach seinen individuellen Verhältnissen unbrauchbar war (= individueller Schadenseinschlag). Zu prüfen ist, ob T auch subjektiv mit Bereicherungsabsicht gehandelt hat.

(1.) In Betracht kommt ein eigennütziger Betrug zugunsten des T. Hier
müsste der von T für sich erstrebte Vermögensvorteil stoffgleich zu dem
von O erlittenen Vermögensschaden sein. T beabsichtigte, durch den Abschluss des Vertrags Provisionszahlungen von seiner Verlagsfirma zu erhalten. Der Vermögensschaden des O liegt jedoch in seiner Verpflichtung,
den Abonnementpreis zahlen zu müssen, ohne dafür einen brauchbaren
wirtschaftlichen Gegenwert zu erhalten. Dieser Vermögensschaden ist
nicht die Kehrseite der Provisionszahlungen an T.

(2.) Es liegt dagegen ein fremdnütziger Betrug zugunsten des Verlags vor:
Dieser hat mit Abschluss des Liefervertrags einen Zahlungsanspruch er-
langt, der unmittelbar die Kehrseite des von O erlittenen Schadens ist. Zu
prüfen ist, ob T auch die Absicht hatte, die Verlagsfirma zu bereichern.
Absicht ist hier *im technischen Sinne*[360] als ziel- und zweckgerichtetes
Wollen zu verstehen.

Ausreichend ist hier, dass der Abschluss des Kaufvertrags für T ein *not-*
wendiges Zwischenziel zur Erreichung seines Provisionsanspruchs war,
er muss also nicht das Hauptmotiv gewesen sein. Damit hat T mit Bereicherungsabsicht zugunsten eines Dritten gehandelt.

T hat sich eines fremdnützigen Betrugs zugunsten der Verlagsfirma und
zu Lasten des O strafbar gemacht. Darüber hinaus hat er sich wegen Betrugs zu Lasten des Verlags hinsichtlich der ihm nicht zustehenden Provi-
sion strafbar gemacht. Beide Betrugstatbestände stehen zueinander in
Tatmehrheit. Denn insoweit sind verschiedene Vermögensgegenstände
(einerseits bei O, andererseits beim Verlag) betroffen.

d) Bedingter Vorsatz hinsichtlich der Rechtswidrigkeit und Stoffgleichheit

Bereicherungsabsicht

Da es sich bei der Rechtswidrigkeit und der Stoffgleichheit des erstrebten Vorteils um objektive Tatbestandsmerkmale handelt, die wegen ihres Bezugs zur erstrebten Bereicherung erst im subjektiven Tatbestand
geprüft werden, genügt für diese Merkmale der bedingte Vorsatz des
Täters. Ein Irrtum über die Rechtswidrigkeit des Vermögensvorteils ist
ein Tatbestandsirrtum, § 16 I S. 1.[361]

174

> **Bsp.:** Vgl. Darlehensfall oben Rn. 172. T hat das Darlehen noch nicht an
> O zurückgezahlt, geht aber aufgrund einer Verwechslung mit absoluter
> Sicherheit davon aus und fälscht daraufhin die Quittung. Die Klage des O
> wird deshalb erneut abgewiesen.

Der von T erstrebte Vorteil - Abweisung der Klage - steht diesmal nicht im
Einklang mit der materiellen Rechtslage und ist damit rechtswidrig. Da er
aber davon ausgeht, die Schulden bereits zurückgezahlt zu haben, fehlt
es ihm am Vorsatz bezogen auf dieses objektive Tatbestandsmerkmal
(§ 16 I S. 1).

Stellt sich der Täter hingegen irrig vor, er erstrebe einen rechtswidrigen
Vorteil, obwohl ihm tatsächlich objektiv der angestrebte Vermögenswert
zusteht, kommt eine Strafbarkeit wegen untauglichen Betrugsversuchs
nach §§ 263 I, II, 23 I, 12 II in Betracht.

---

360   Krey, BT-2, Rn. 494.
361   Krey, BT-2, Rn. 501 m.w.N.

5. § 263 V: Gewerbsmäßiger Bandenbetrug

§ 263 V stellt einen Qualifikationstatbestand zu § 263 I dar für die Fälle, in denen ein Bandenmitglied gewerbsmäßig betrügt (die beiden Merkmale müssen kumulativ vorliegen, vgl. oben, Rn. 115). Bei der Auslegung der Begriffe „Bandenmitgliedschaft" und „Gewerbsmäßigkeit" bestehen keine Besonderheiten zu den insoweit wortgleichen Merkmalen in den §§ 242 ff. Zu achten ist darauf, dass sich die Bande zur fortgesetzten Begehung gerade der in § 263 V genannten Vermögensdelikte verbunden haben muss.

174a

6. § 263 III: Besonders schwere Fälle des Betrugs

§ 263 III enthält Regelbeispiele, die als besondere Strafzumessungsregeln im Anschluss an die Schuld zu prüfen sind (s.o. Rn. 115).

174b

Die Nr. 1 erfasst alle Fälle, bei denen der Täter entweder gewerbsmäßig handelt oder als Mitglied einer Bande. Fallen beide Merkmale zusammen, ist die Qualifikation des Abs. 5 erfüllt und geht vor.

In Nr. 2 sind zwei Fälle genannt. Der Erste stellt darauf ab, ob objektiv ein Vermögensverlust größeren Ausmaßes herbeigeführt wurde. Der Zweite lässt bereits die Absicht genügen, fortgesetzt das Vermögen einer Vielzahl von Menschen zu gefährden.

Nr. 3 und Nr. 4 dürften keine Probleme mit sich bringen.

Nr. 5 erfasst den „Versicherungsbetrug" als besonders schweren Fall. Früher war unter diesem Namen in § 265 a.F. selbständig eine Vorbereitungshandlung zum Betrug (als Verbrechen!) strafbar. Das jetzige Regelbeispiel erfasst hingegen nur eine bestimmte Konstellation des Betrugs, bei dem bestimmte Vorbereitungshandlungen wie z.B. eine Brandlegung vorausgegangen sind. Handlungen im Vorfeld des eigentlichen Betrugs werden seit 1998 unter der Begrifflichkeit „Versicherungsmissbrauch" von § 265 erfasst (näher dazu Rn. 189).

Beachten Sie, dass ein solcher aufgrund ausdrücklicher Subsidiarität hinter einer Strafbarkeit wegen (versuchten) Betrugs zurücktritt.

II. Computerbetrug, § 263a

Computerbetrug

Sinn und Zweck des § 263a[362] ist die Schließung von Strafbarkeitslücken, die durch die verstärkte Verwendung von elektronischer Datenverarbeitung im modernen Wirtschaftsleben entstanden sind. So werden viele betrügerische Verhaltensweisen wegen der „Ersetzung" des Menschen durch Computer nicht mehr von § 263 erfasst: Ein Computer kann nicht getäuscht werden, da eine Täuschung i.S.d. § 263 immer eine Einwirkung auf den Intellekt eines anderen voraussetzt. Ebenso scheiden in diesem Fall ein Irrtum und eine Vermögensverfügung aus, da auch hier nur auf natürliche Personen abgestellt werden kann.[363]

175

„EDV-spezifische" Tatbestandsmerkmale

In § 263a werden demnach - im Vergleich mit § 263 - auch die Tatbestandsmerkmale Täuschungshandlung, Irrtum und Vermögensverfügung durch „EDV-spezifische" Tatbestandsmerkmale ersetzt.

---

[362] In das StGB eingefügt durch das 2. WiKG vom 15.5.1986.

[363] Zum Verhältnis zwischen Betrug und Computerbetrug, wenn EC-Karte und PIN durch Täuschung erlangt werden, vgl. BGH, Beschluss vom 16.07.2015 – 2 StR 15 = **Life&Law 02/2016, 106 – 112 = juris**byhemmer.

Übersicht zu § 263a

I. Tatbestand

    1. Objektiver Tatbestand

        a) Beeinflussung des Ergebnisses eines Datenverarbeitungs-vorgangs

        b) durch

            aa) unrichtige Gestaltung des Programms,

            bb) Verwendung unrichtiger oder unvollständiger Daten,

            cc) unbefugte Verwendung von Daten oder

            dd) sonstige unbefugte Einwirkung auf den Ablauf

        c) dadurch Vermögensschaden

    2. Subjektiver Tatbestand

        a) Vorsatz

        b) Bereicherungsabsicht (vgl. die Darstellung zu § 263)

II. Rechtswidrigkeit

III. Schuld

IV. Evtl. Regelbeispiel, §§ 263a II, 263 III

V. Evtl. Antragserfordernis, §§ 263a II, 263 IV, 247, 248a

---

1. Tathandlungen

Tathandlungen

An die Stelle der Betrugsmerkmale Täuschung, Irrtum und Vermögensverfügung treten i.R.d. § 263a vier Tatbestandsvarianten.   *176*

Die „Beeinflussung des Ergebnisses eines Datenverarbeitungsvorgangs" erfolgt demnach entweder

Sog. Programm-Manipulation

a) durch *unrichtige Gestaltung des Programms (sog. Programm-Manipulation).* Eine solche ist anzunehmen, wenn das Ergebnis eines Datenverarbeitungsvorganges modifiziert wird (objektive Betrachtungsweise).

Es reicht insoweit nicht aus, dass das Programm lediglich gegen den Willen des Verfügungsberechtigten variiert wird, ohne dass das Ergebnis sich ändert.[364]

> **Bsp.:** *T bewirkt durch eine entsprechende Computermanipulation, dass auf von ihm eingerichtete Konten Rentenbeträge für nicht existierende Personen überwiesen werden.*

Sog. Input-Manipulation

b) oder durch *Verwendung unrichtiger oder unvollständiger Daten (sog. Input-Manipulation).* Unter Daten versteht man durch Zeichen oder kontinuierliche Funktionen dargestellte Informationen, kurz also kodierte Informationen.[365] Diese Informationen müssen entweder unrichtig sein, also der Wirklichkeit nicht entsprechen, oder unvollständig sein, also die Wirklichkeit deshalb falsch wiedergeben, weil relevante Informationen weggelassen werden.[366]

---

[364] Hilgendorf, Grundfälle zum Computerstrafrecht, JuS 1997, 130 - 136 (131 m.w.N.). Auf den Willen des Systembetreibers will hingegen Sch-Sch-Cramer, § 263a, Rn. 6, abstellen (subjektive Betrachtungsweise).

[365] Sch-Sch-Cramer, § 263a, Rn. 7; § 202a, Rn. 3 m.w.N.

[366] SK-Günther, § 263a, Rn. 15; Sch-Sch-Cramer, § 263a, Rn. 7; Fischer, § 263a, Rn. 7.

> **Life&Law:** Die Beantragung eines Mahn- und Vollstreckungs-
> bescheids im automatisierten Mahnverfahren auf Grundlage ei-
> ner fingierten, tatsächlich nicht bestehenden Forderung stellt
> eine Verwendung unrichtiger Daten im Sinne des § 263a I
> Var. 2 StGB dar.[367]

Unbefugte Verwendung von Daten

c) oder durch *unbefugte Verwendung von Daten*.

Umstritten ist hier vor allem, was unter dem Merkmal „unbefugt" zu verstehen ist. Siehe dazu sogleich den Beispielsfall.

Sonst unbefugte Einwirkung

d) oder durch *sonst unbefugte Einwirkung auf den Ablauf*. Hier sollen vor allem unbekannte Manipulationstechniken erfasst werden; § 263a I Var. 4 hat damit den Charakter eines restriktiv auszulegen-den Auffangtatbestands innerhalb dieser Vorschrift.[368]

> **Life&Law:** Auch über das Internet können Täter an Vermögen
> gelangen. Eine Möglichkeit ist das sog. „Phishing". Der Begriff
> setzt sich zusammen aus den englischen Begriffen „**P**assword"
> und „**F**ishing". Damit werden Aktivitäten bezeichnet, bei denen
> der Täter mittels gefälschter E-Mails versucht, vertrauliche Iden-
> tifikationsdaten wie beispielsweise Kennwörter für online geführte
> Konten zu erschleichen.
>
> Dabei kommt eine Strafbarkeit sowohl beim Erlangen der Daten
> wie auch bei deren Nutzung in Betracht. Zu denken ist insbeson-
> dere an die §§ 202a ff., 269 und 263a I Var. 3. Ein Computerbe-
> trug ist dabei aufgrund des täuschungsäquivalenten Verhaltens
> nach richtiger Auffassung zu bejahen.[369]

hemmer-Methode: "Klassiker" i.R.v. § 263a sind vor allem zwei Fall-konstellationen: Missbrauch von Geldspielautomaten und unbefugte Verwendung von Codekarten an Geldautomaten. Beide Fallkonstellati-onen betreffen die 3. oder 4. Handlungsvariante des § 263a. Schwierig-keiten bereitet bei beiden Begehungsmöglichkeiten das Merkmal „un-befugt".

Fall: A hatte von einem Unbekannten illegal ein Computerprogramm er-worben, mit dem er den Spielverlauf des Geldspielautomaten „Triomint-Jacky-Jackpot" berechnen konnte. Dies geschah folgendermaßen: Zu-nächst führte A einige Probespiele durch, um Daten zu erlangen, die er in einen mitgebrachten Computer eingab.

177

Der Computer konnte dann anhand des illegal erworbenen Programms errechnen, wie die Chancen des A standen. Die so gewonnenen Erkennt-nisse nutzte A, indem er bei günstigem Spielstand die sogenannte „Risi-kotaste" drückte. Auf diese Weise erlangte er 55 € aus dem Spielautoma-ten.

Strafbarkeit des A?

---

[367] Vgl. BGH, Beschluss vom 19.11.2013 – 4 StR 292/13 = **juris**byhemmer = **Life&Law** 07/2014, 511 - 518.

[368] Fischer, § 263a, Rn. 18; Sch-Sch-Cramer, § 263a, Rn. 12; SK-Günther, § 263a, Rn. 21.

[369] Ausführlich zu diesem Themenbereich „Internet-Phishing"- Strafbarkeit des „Angelns" von Passwörtern? in **Life&Law** 06/2008, 413 - 423.

Lösung:

I. Computerbetrug, § 263a I

(1) A müsste das Ergebnis eines Datenverarbeitungsvorgangs durch eine der vier in § 263a I genannten Verhaltensweisen beeinflusst haben.

Bei dem Spielprogramm handelt es sich um einen Datenverarbeitungsvorgang. A hat diesen auch durch das Drücken der Risikotaste „beeinflusst", denn das Ergebnis des Spiels wäre ansonsten anders ausgefallen.[370]

(a) Als Tathandlung könnte hier § 263a I Var. 3 einschlägig sein, die „unbefugte Verwendung von Daten". Fraglich ist, ob im Drücken der Risikotaste eine „Verwendung" gesehen werden kann. Teilweise wird in der Literatur darauf abgestellt, ob die Daten auch in den Verarbeitungsvorgang *eingeführt* werden.[371] Legt man diesen Maßstab zugrunde, so wäre die 3. Var. des § 263a nicht erfüllt. Dann käme freilich noch § 263a I Var. 4 in Betracht: die „sonstige Einwirkung auf den Ablauf".

Richtigerweise kann man unter Verwenden jedoch auch jede Form der „Benutzung" von Daten verstehen. Es entspricht dem allgemeinen Sprachgebrauch, unter „Verwenden" auch noch das Betätigen der Risikotaste aufgrund der Kenntnis bestimmter Rechenergebnisse zu verstehen.[372]

hemmer-Methode: Selbstverständlich könnten Sie hier auch die 3. Variante verneinen und stattdessen die 4. Variante anwenden. Bei beiden Handlungsvarianten kommt es letztlich auf das Merkmal „unbefugt" an. Nicht empfohlen sei hier die Vorgehensweise des BGH, der offengelassen hat, welche der beiden Modalitäten vorliegt.[373] Dadurch zeigen Sie dem Korrektor, dass Sie den Charakter der 4. Variante als Auffangtatbestand nicht verstanden haben.

(b) § 263a I Var. 3 verlangt jedoch, dass die Verwendung der Daten „unbefugt" erfolgte. Umstritten ist, was darunter zu verstehen ist.

Subjektivierende Auslegung

Nach e.A. kommt es darauf an, ob die Datenverwendung dem ausdrücklichen oder *mutmaßlichen Willen* des Verfügungsberechtigten zuwiderläuft (subjektivierende Auslegung).[374] Legt man diesen Maßstab zugrunde, so ist der Tatbestand des § 263a I Var. 3 erfüllt, da sich A das Computerprogramm gegen den Willen des Automatenaufstellers verschafft hatte.

hemmer-Methode: Die subjektivierende Ansicht muss sich grundsätzlich entgegenhalten lassen, dass dadurch der Anwendungsbereich in verfassungsrechtlich bedenklicher Art und Weise ausgedehnt wird, indem jeglichem Vertragsunrecht mit dem „scharfen Schwert" Strafrecht begegnet würde.[375]

Computerspezifische Auslegung

Eine a.A. will nur Fälle erfasst sehen, bei denen die verwendeten Daten *„computerspezifische"* Vorgänge betreffen.[376] Diese Ansicht ist jedoch schon deshalb abzulehnen, weil sie keine eindeutigen Aussagen darüber zu treffen vermag, welche Vorgänge im Einzelfall „computerspezifisch" sind. Ein derartig enges Begriffsverständnis steht außerdem nicht in Einklang mit der Intention des Gesetzgebers, der mit § 263a I Var. 3 einen Auffangtatbestand zu § 263 schaffen wollte.[377]

---

[370] Ausführlicher zu diesen Merkmalen: Hilgendorf, Grundfälle zum Computerstrafrecht, JuS 1997, 130 - 136 (131).

[371] Vgl. Fischer, § 263a, Rn. 9; Arloth, Computerstrafrecht und Leerspielen von Geldspielautomaten, Jura 1996, 354 - 360 (356).

[372] Vgl. Hilgendorf, Grundfälle zum Computerstrafrecht, JuS 1997, 130 - 136; Ranft, „Leerspielen" von Glücksspielautomaten - BGHSt 40, 331, JuS 1997, 19 - 23 (20).

[373] BGHSt 40, 331 - 336 = **juris**byhemmer.

[374] Z.B. vertreten von Ranft, Zur „betrugsnahen" Auslegung des § 263a StGB, NJW 1994, 2574 - 2580.

[375] Kempny, Überblick zu den Geldkartendelikten, JuS 2007, 1084 - 1088 (1085).

[376] OLG Celle, NStZ 1989, 367; Arloth, Computerstrafrecht und Leerspielen von Geldspielautomaten, Jura 1996, 354 - 360 (357).

[377] Fischer, § 263a Rn. 10a.

Betrugsspezifische Auslegung

Eine dritte Ansicht stellt vor allem auf die Parallelität zu § 263 ab. Eine unbefugte Datenverwendung i.S.v. § 263a I Var. 3 liege daher nur in den Fällen einer *„täuschungsäquivalenten Handlung"* vor (betrugsspezifische Auslegung).[378] Nach dieser Norminterpretation muss stets festgestellt werden, ob die Verwendung der Daten – unterstellt, sie fände gegenüber einer natürlichen Person statt – als (konkludente) Täuschung über Tatsachen i.S.d. § 263 I StGB zu qualifizieren ist.[379]

Life&Law: Der BGH hat sich bereits mehrfach im Rahmen von ec-Karten-Fällen für die Anwendung der betrugsspezifischen Auslegung ausgesprochen.[380] § 263a solle die Strafbarkeitslücke schließen, die dadurch entstanden war, dass der Tatbestand des Betrugs menschliche Entscheidungsprozesse voraussetzt, die bei dem Einsatz von EDV-Anlagen fehlen. Daher sei der Anwendungsbereich der Tatbestandsalternative „unbefugte Verwendung von Daten" durch die Struktur- und Wertgleichheit mit dem Betrugtatbestand bestimmt.

Diese Rechtsprechung sollten Sie unbedingt kennen! Vertretbar ist es natürlich nach wie vor, der subjektivierenden Auslegung zu folgen.[381] Gegen die „betrugsspezifische" Auslegung spricht, dass diese – indem sie auf einem hypothetischen Vergleich beruht – nur scheinbar zu eindeutigen Ergebnissen gelangt. Der Computer ist gerade kein Mensch, und es macht insoweit keinen Sinn, sich vorzustellen, was wäre, wenn dem Täter ein Mensch in vergleichbarer Situation gegenüberstünde.[382]

Da A gegen den Willen des Automatenbetreibers handelte, und diesem auch einen Vermögensschaden zufügte, ist nach der subjektivierenden Auslegung der objektive Tatbestand erfüllt.

Indem der A durch sein Verhalten vorspiegelte, sich nicht illegal Kenntnis von dem Programm verschafft zu haben, ist auch nach der betrugsspezifischen Auslegung eine unbefugte Verwendung von Daten zu bejahen. Der Meinungsstreit kann damit offen bleiben.

(2) Auch der subjektive Tatbestand ist erfüllt, A handelte vorsätzlich und mit rechtswidriger Bereicherungsabsicht.

(3) Die Tat war rechtswidrig und der Täter handelte schuldhaft.

II. Diebstahl, § 242 I

(1) Fraglich ist, ob die Geldstücke, die A dem Automaten entnommen hatte, für diesen noch *fremde* Sachen waren.

178

Die Münzen könnten bereits nach § 929 S. 1 BGB an den A übereignet worden sein. Die Übereignung von Gewinnmünzen an Geldspielautomaten beruht auf einem generellen Übereignungswillen des Automatenbetreibers. Dieser Wille könnte jedoch an bestimmte Bedingungen geknüpft sein.

Entscheidend dürfte im vorliegenden Fall aber sein, dass A den Automat nach außen hin vollkommen ordnungsgemäß bedient hat. Schon aus Gründen der Rechtssicherheit muss man von einem Übereignungswillen des Automatenbetreibers ausgehen.

---

[378] Lackner/Kühl, § 263a, Rn. 13.

[379] Lackner/Kühl, § 263a, Rn. 14a.

[380] BGH, NJW 2002, 905 - 908 = **juris**byhemmer; ausführlich dazu **Life&Law 06/2002, 386 - 392**.

[381] Ausführlich zu den Vor- und Nachteilen der betrugsspezifischen und subjektivierenden Auslegung **Life&Law 06/2002, 386 - 392**.

[382] Im Ergebnis auch Ranft, „Leerspielen" von Glücksspielautomaten - BGHSt 40, 331, JuS 1997, 19 - 23; Hilgendorf, Grundfälle zum Computerstrafrecht, JuS 1997, 130 - 136.

Anhaltspunkte für einen ausnahmsweise fehlenden Übereignungswillen müssten objektiv nach außen hin erkennbar sein. Ansonsten wäre die Annahme einer Bedingung reine Fiktion.[383]

(2) Da die Münzen für A nicht mehr fremd waren, scheidet § 242 I aus.

III. Unterschlagung, § 246 I

Auch eine Unterschlagung der Münzen liegt nicht vor, denn § 246 I setzt wie § 242 I eine *fremde* Sache voraus.

IV. Erschleichen von Leistungen, § 265a Var. 1

(1) Die herrschende Meinung unterscheidet zwischen Warenautomaten und Leistungsautomaten. Nur Leistungsautomaten sollen von § 265a erfasst sein.[384]

Auf der Grundlage dieser Differenzierung ist die Einordnung eines Geldspielautomaten zweifelhaft. Hier kann differenziert werden: Das Spielvergnügen als solches ist eine „Leistung", das bei Gewinn ausgeworfene Geld hingegen „Ware".[385]

(2) Auf die genaue Einordnung kommt es jedoch nicht an, wenn schon andere Merkmale des § 265a nicht erfüllt sind.

Unter „Erschleichen" i.S.v. § 265a Var. 1 wird überwiegend eine ordnungswidrige oder zumindest missbräuchliche Benutzung der technischen Vorrichtungen verstanden.[386] A hatte das Gerät jedoch äußerlich vollkommen ordnungsgemäß bedient.

Ein „Erschleichen" kann daher nicht angenommen werden. Auch fehlt es am subjektiven Tatbestand, es ging dem A nicht darum, das Entgelt nicht zu entrichten, vielmehr wollte er einen möglichst großen Gewinn erzielen.[387]

(3) Daher scheidet § 265a aus.

IV. Im Ergebnis ist A allein nach § 263a I Var. 3 strafbar.

Life&Law: Klausurrelevant ist auch der Fall, dass bei einem Glücksspielautomaten ein Softwarefehler bewusst ausgenutzt wird, um diesen ohne Geldeinsatz leerzuspielen. Das OLG Stuttgart hat hierzu folgendes entschieden:

Der Einsatz überlegenen Sonderwissens ist nur dann strafbar, wenn den Spieler eine (gedachte) Offenbarungspflicht träfe. Das Vorliegen einer solchen wird in Anlehnung an die zur Offenkundigkeit eines Geschäfts- oder Betriebsgeheimnisses nach § 17 UWG entwickelten Grundsätze maßgeblich von der Art der Erlangung und dem Verbreitungsgrad der Kenntnisse, die der Spieler einsetzt, bestimmt. Den Spieler trifft dann keine Offenbarungspflicht, wenn das von ihm eingesetzte Sonderwissen aus allgemein zugänglichen Informationsquellen stammt und damit offenkundig ist.[388]

---

[383] Vgl. Hilgendorf, Grundfälle zum Computerstrafrecht, JuS 1997, 130 - 136.

[384] Kritisch dazu: Fischer, § 265a, Rn. 1a, 10f.; Hilgendorf, Grundfälle zum Computerstrafrecht, JuS 1997, 130 - 136 m.w.N.

[385] So das OLG Celle, NJW 1997, 1518 - 1519.

[386] Lackner/Kühl, § 265a, Rn. 6 ff.

[387] Vgl. Hilgendorf, Grundfälle zum Computerstrafrecht, JuS 1997, 130 - 136 (131).

[388] Vgl. OLG Stuttgart, Urteil vom 12.05.2016 – 4 StR Ss 73/16 = **Life&Law 03/2017, 187 - 191** = jurisbyhemmer.

2. Beeinflussung des Ergebnisses eines Datenverarbeitungsvorgangs

Beeinflussung des Ergebnisses eines Datenverarbeitungsvorgangs

Alle vier Handlungsalternativen setzen die „Beeinflussung des Ergebnisses eines Datenverarbeitungsvorgangs" voraus. Dieses Merkmal tritt sozusagen an die Stelle der irrtumsbedingten Vermögensverfügung beim Betrug.

179

Unter *Datenverarbeitung* sind die technischen Vorgänge zu verstehen, bei denen durch Aufnahme von Daten und ihre Verknüpfung nach Programmen Arbeitsergebnisse erzielt werden. Der Täter muss durch seine Tathandlungen das Ergebnis *beeinflussen*, d.h. für das Verarbeitungsergebnis zumindest mitursächlich geworden sein.

> Bei allen Fällen des „Bankautomatenmissbrauchs" (dazu sogleich unter 5.) kann man hier mit einem Streit punkten, der heute wohl als überholt angesehen werden kann: Früher wurde teilweise vertreten, ein „Beeinflussen eines Datenverarbeitungs*vorgangs*" liege beim Bankautomaten nicht vor, da hier nicht auf einen laufenden Vorgang eingewirkt, vielmehr ein solcher erst „in Gang gesetzt" werde.[389] Dieser Versuch der Restriktion des § 263a wird heute allgemein abgelehnt. Entweder kann man darauf abstellen, dass der betriebsbereite Automat bereits durch die Bank „in Gang gesetzt" wurde, oder man sieht gerade in der Ingangsetzung durch den Täter die „stärkste Form der Beeinflussung".

Unmittelbar vermögensschädigende Wirkung

Hat der Täter auf diese Weise eine „Computerleistung" erzielt, so muss diese, parallel zur Vermögensverfügung, wie bei § 263 *unmittelbar vermögensmindernd wirken*.

> **Life&Law:** Der Tatbestand des § 263a erfordert, dass die Manipulation des Datenverarbeitungsvorgangs unmittelbar eine vermögensrelevante Disposition des Computers verursacht. Die Vermögensminderung muss unmittelbar, d.h. ohne weitere Zwischenhandlung des Täters, des Opfers oder eines Dritten durch den Datenverarbeitungsvorgang selbst eintreten. An der Unmittelbarkeit fehlt es, wenn durch die Manipulation der Datenverarbeitung nur die Voraussetzungen für eine vermögensmindernde Straftat geschaffen werden, z.B. beim Ausschalten oder Überwinden elektronischer Schlösser oder beim Einscannen eines Strichcodes einer vorgeblich ausgewählten Ware, das zur Anzeige eines im Verhältnis zu der tatsächlich ausgewählten Ware geringeren Kaufpreises führt.[390]

3. Vermögensschaden, Bereicherungsabsicht und Stoffgleichheit

Die übrigen Tatbestandsmerkmale des Computerbetrugs entsprechen denen des Betrugs: Auch i.R.d. § 263a muss ein objektiver Vermögensschaden vorliegen, während im subjektiven Tatbestand neben dem Vorsatz die Bereicherungsabsicht und die „Stoffgleichheit" des Vermögensvorteils gegeben sein müssen.

180

4. Konkurrenzen

Soweit der Computerbetrug durch Täuschung einer Kontrollperson erfolgt, tritt § 263a im Wege der Subsidiarität hinter § 263 zurück.[391] Mit den §§ 268, 269, 303a kommt Tateinheit in Betracht.

181

---

[389] Nachweise dazu: Schulz/Tscherwinka, Probleme des Cadekartenmißbrauchs, JA 1991, 119 - 126 (122); Krey, BT-2, Rn. 513b.

[390] Vgl. OLG Hamm, Beschluss vom 08.08.2013 – 5 RVs 56/13 = **juris**byhemmer = **Life&Law 01/2014, 29 - 33**.

[391] Fischer, § 263a, Rn. 38; a.A.: tatbestandliche Exklusivität vertretbar (vgl. SK-Samson, § 263a, Rn.16).

Life&Law: Nach einer in der Literatur verbreiteten Auffassung soll der Diebstahl der ec-Karte als „mitbestrafte Vortat" hinter dem anschließend damit begangenen Computerbetrug zurücktreten.[392]

Dieser Auffassung ist der BGH entgegengetreten.[393] Das Gericht arbeitet heraus, dass bei den genannten Tatbeständen unterschiedliche Rechtsgüter geschützt werden: Beim Diebstahl ist dies das Eigentum und der Gewahrsam an der Scheckkarte, während beim Computerbetrug das Vermögen des kartenausgebenden Geldinstituts das geschützte Rechtsgut ist.

Aus diesem Grund verwirklichten beide Taten eigenständiges, selbständiges Unrecht, so dass der Unwertgehalt der Taten allein durch eine Verurteilung wegen Computerbetrug nur unvollkommen erfasst werde. Der BGH kommt mit dieser Begründung zu einer Bestrafung wegen Diebstahls in Tatmehrheit mit einem Computerbetrug.[394]

5. Probleme im Zusammenhang mit Geldautomaten

Fall 1: A ist als Haushaltshilfe bei der B angestellt. Eines Tages findet A die ec-Karte der B auf dem Schreibtisch. Die vergessliche B hatte auf der Rückseite dieser Karte die dazugehörige Geheimzahl notiert. A will die gute Gelegenheit nutzen, und hebt mit der ec-Karte an einem Geldautomaten 200 € ab. Anschließend legt A, wie sie es von Anfang an geplant hatte, die Karte zurück.[395]

182

Lösung:

I. Diebstahl an der Karte, § 242 I

(1) Der objektive Tatbestand ist erfüllt, da A eine fremde bewegliche Sache der B weggenommen hat.

(2) Fraglich ist, ob A mit Zueignungsabsicht handelte. Auf der Basis der Substanztheorie ist dies auf jeden Fall zu verneinen, da A die Karte von Anfang an zurücklegen wollte. Doch auch die Vereinigungs- bzw. Sachwerttheorien kommen zum selben Ergebnis. Denn die Codekarte stellt – anders als ein Sparbuch – kein Legitimationspapier i.S.v. § 808 BGB dar.

D.h. der erbeutete Geldbetrag kann nicht als in der Karte „verkörpert" angesehen werden. Vielmehr ist die Karte einem „Schlüssel" zum Geld vergleichbar, die Karte selbst wollte sich die A jedoch, wie bereits gesagt, nicht zueignen (= strafloser „furtum usus"). Ein Diebstahl an der Karte scheidet damit aus.

II. Urkundenunterdrückung, § 274 I Nr. 1 und Nr. 2

(1) Eine ec-Karte enthält aufgedruckte Informationen sowie eine Unterschrift des Karteninhabers und damit entsprechende verkörperte Gedankenerklärungen (Perpetuierungsfunktion), die zum Beweis rechtlich erheblicher Tatsachen geeignet und bestimmt sind (Beweisfunktion) und den Aussteller erkennen lassen (Garantiefunktion). Sie ist damit eine „Urkunde" i.S.d. Nr. 1. Die Verfügungsberechtigung über die Karte lag bei B. Die Karte enthält daneben beweiserhebliche Daten (§ 202a II) i.S.v. § 274 I Nr. 2. A hat diese Urkunde mitsamt den auf ihr niedergelegten Daten unterdrückt, indem sie der verfügungsberechtigten B – wenn auch nur vorübergehend – den Gebrauch entzogen hat.[396]

---

392   Vgl. Sch-Sch-Eser § 263 Rn. 16, 41.

393   BGH, NJW 2001, 1508 - 1509 = **juris**byhemmer.

394   Ausführlich zu dieser Entscheidung **Life&Law 07/2001, 485 - 491**.

395   Vgl. BGHSt 35, 152 - 163 = **juris**byhemmer, instruktiv zu den Problemfeldern im Zusammenhang mit dem sog. Bankomatenmissbrauch siehe **Life&Law 11/2003, 810 - 815**.

396   Vgl. Lackner/Kühl, § 274, Rn. 2.

(2) A handelte vorsätzlich. § 274 I Nr. 1 und Nr. 2 setzen daneben noch die Absicht voraus, einem anderen Nachteil zuzufügen.

Hier ist nach h.M. kein dolus directus 1. Grades im technischen Sinne erforderlich, es genügt das sichere Bewusstsein, dass der Nachteil die notwendige Folge der Tat ist.[397]

Der Nachteil der B sollte aber nicht schon aus der Vereitelung der Beweisfunktion der Karte entstehen, sondern erst aus einer weiteren missbräuchlichen Nutzung der Karte.[398] § 274 I Nr. 1 und Nr. 2 greifen daher nicht ein.

III. Datenunterdrückung, § 303a I Alt. 2

(1) Auf der Codekarte befinden sich Daten i.S.d. §§ 303a, 202a II (s.o.). Ein „Unterdrücken" i.S.d. 2. Alt. ist anzunehmen, wenn die Daten dem Zugriff des Berechtigten auf Dauer oder zeitweilig entzogen werden.[399]

Nach richtiger Ansicht stellt die „Rechtswidrigkeit" i.R.v. § 303a ein Tatbestandsmerkmal dar (anders als bei § 303), d.h. ist nicht nur allgemeines Verbrechensmerkmal.[400] Die Rechtswidrigkeit ergibt sich vorliegend daraus, dass die A entgegen dem Willen der B handelte, die über die Daten verfügungsberechtigt war. Der Tatbestand des § 303a I ist damit erfüllt.

(2) A handelte auch vorsätzlich, rechtswidrig und schuldhaft.

IV. Diebstahl am Geld, § 242 I

Fraglich ist zunächst, ob eine *Wegnahme* i.S. eines Gewahrsamsbruches vorlag. Nach allgemeiner Verkehrsauffassung ist jedoch davon auszugehen, dass die Bank einverstanden damit war, dass A das Geld dem Automaten entnahm, denn sie bediente den Automaten insoweit ordnungsgemäß. Aufgrund eines entsprechenden tatbestandausschließenden Einverständnisses scheidet eine Wegnahme und damit ein Diebstahl aus.

V. Unterschlagung am Geld, § 246 I

(1) Hierfür müsste A sich das Geld als eine fremde Sache rechtswidrig zugeeignet haben. Dies könnte dann ausscheiden, wenn die Bank das Geld an A übereignete. Dem ist jedoch entgegen zu halten, dass nach der allgemeinen Verkehrsauffassung die Bank nur an den berechtigten Kontoinhaber das Geld übereignen will. Da diese Bedingung vorliegend nicht eingetreten ist, handelte es sich bei dem Geld um eine fremde Sache. Dieses eignete sich A auch rechtswidrig zu.

(2) A handelte auch vorsätzlich, rechtswidrig und schuldhaft.

VI. Erschleichen von Leistungen, § 265a

Scheitert schon daran, dass Geldautomaten nicht Leistungen gegen „Entgelt" anbieten. Zudem fehlt es am „Erschleichen", die A hatte den Automaten ordnungsmäßig bedient.

VI. Missbrauch von Scheck- und Kreditkarten, § 266b

Täter des § 266b kann nur der berechtigte Karteninhaber sein, weil nur ihm die Möglichkeit „eingeräumt" ist, den Aussteller zur Zahlung zur veranlassen (= Sonderdelikt). A kommt als Täterin damit nicht in Betracht.

---

[397] Fischer, § 274, Rn. 6.

[398] Vgl. Hilgendorf, Grundfälle zum Computerstrafrecht, JuS 1997, 130 - 136 (133); andere Ansicht sicherlich gut vertretbar.

[399] Hilgendorf, Grundfälle zum Computerstrafrecht, JuS 1996, 890 - 894 (891).

[400] Sehr ausführlich dazu die interessanten Ausführungen von Hilgendorf, Grundfälle zum Computerstrafrecht, JuS 1996, 890 - 894 (892).

VII. Computerbetrug, § 263a

(1) Als Tathandlung kommt § 263a I Var. 3 in Betracht. Die A hat durch die Einführung der Codekarte zweifelsfrei Daten verwendet. Fraglich ist, ob dies „unbefugt" geschah.

Die Auslegung dieses Merkmals ist umstritten. Nach einer Ansicht komme es alleine darauf an, dass der Täter bei der Verwendung von Daten dem Willen des Verfügungsberechtigten zuwiderhandelt (sog. „subjektivierende Auslegung").

Dies wäre hier unproblematisch der Fall, die A handelte entgegen dem Willen der Berechtigten B.

Eine andere weit verbreitete Ansicht stellt auf die Ähnlichkeit zu § 263 ab und will daher § 263a „betrugsspezifisch" auslegen. „Unbefugt" wären demnach nur „täuschungsgleiche Handlungen". Nach diesem Maßstab wäre vorliegend wohl entscheidend darauf abzustellen, dass die A – stünde sie einem Menschen gegenüber – konkludent ihre Berechtigung zum Geldabheben vorgespiegelt hätte. Da nach beiden Auffassungen hier davon ausgegangen werden muss, dass die A „unbefugt" handelte, braucht der Meinungsstreit nicht entschieden zu werden.

(2) A müsste auch das Ergebnis eines Datenverarbeitungsvorgangs i.S.v. § 263a I beeinflusst haben. Problematisch könnte hier sein, dass die A den Automaten selbst „in Gang gesetzt" hat, d.h. nicht die vom Wortlaut nahe gelegte Einwirkung auf einen laufenden Betrieb vorlag. Doch hat sich eine derartige Restriktion des § 263a, wie sie früher vorgeschlagen wurde, nicht durchsetzen können. Entweder kann man nämlich in der Betriebsbereitschaft des Automaten einen bereits laufenden Vorgang sehen, oder man stellt darauf ab, dass das „Ingangsetzen" durch die A die „stärkste Form der Beeinflussung" darstellt.

(3) Durch das Beeinflussen des Geldautomaten kam es auch zu einem Vermögensschaden der B.

(4) A handelte vorsätzlich und mit Bereicherungsabsicht.

(5) Da die Tat rechtswidrig und schuldhaft begangen wurde, ist A auch aus § 263a I Var. 3 strafbar. Die ebenfalls mitverwirklichte Unterschlagung am Geld wird hiervon aufgrund der gesetzlich angeordneten Subsidiarität verdrängt.

IX. Die §§ 303a I Alt. 2 und 263a I Var. 3 stehen im Verhältnis der Idealkonkurrenz, § 52.

Fall 2: B überlässt ihre ec-Karte mitsamt der Geheimnummer dem A, damit dieser für sie 50 € von einem Bankautomaten holen kann. A hebt 200 € ab und verwendet das Geld für sich.[401]

183

Lösung:

I. Untreue, § 266 I

Der Missbrauchstatbestand in § 266 I Alt. 1 kommt hier schon deshalb nicht in Betracht, weil dem A keine rechtsgeschäftliche Verfügungsmacht eingeräumt worden ist. Auch der Treubruchtatbestand in § 266 I Alt. 2 scheitert. Denn Voraussetzung einer Untreue wäre eine besondere *Vermögensbetreuungspflicht* des A. Eine solche setzt voraus, dass dem Täter ein nicht unerheblicher Pflichtenkreis eigenverantwortlich zur Wahrnehmung übertragen wurde. Eine solche besondere Pflicht traf A nicht.

---

[401] Vgl. OLG Köln, NJW 1992, 125 - 127 = **juris**byhemmer.

II. Missbrauch von Scheck- und Kreditkarten, § 266b

Die Karte wurde dem A von der B gegeben, man könnte daher von einem „Überlassen" i.S.v. § 266b sprechen. Der Tatbestand ist jedoch ein Sonderdelikt, d.h. tauglicher Täter kann nur der berechtigte Inhaber der Karte selbst sein, dem *der Aussteller* die Karte überlassen hat. § 266b scheidet damit aus.

III. Betrug, § 263 I

Der Sachverhalt bietet keine Anhaltspunkte dafür, dass A die Karte von B durch Täuschung erlangt hatte. § 263 I scheidet damit aus.

IV. § 263a I Var. 3

(1) Der A hat das Ergebnis eines Datenverarbeitungsvorgangs beeinflusst. Früher wurde teilweise vertreten, § 263a scheide in den Fällen aus, in denen der Automat erst in Gang gesetzt wird.

Falls man das „Ingangsetzen" noch nicht darin sehen will, dass die Bank den Automaten betriebsbereit aufgestellt hatte, so muss doch zumindest im Ingangsetzen durch den A die stärkste Form der Beeinflussung gesehen werden (vgl. oben).

(2) Als Tathandlung kommt § 263a I Var. 3 in Betracht, das unbefugte Verwenden von Daten. Fraglich ist allein das Merkmal „unbefugt". Folgt man der „subjektivierenden Auslegung", so ergeben sich keine Probleme. Denn A handelte offensichtlich gegen den Willen der verfügungsberechtigten B. Unter den Vertretern der „betrugsspezifischen Auslegung" herrscht keine Einigkeit. Das OLG Köln hat in einem ähnlichen Fall § 263a mit der Begründung abgelehnt, es liege keine konkludente Täuschung über die Besitzberechtigung des A vor.[402]

Dies überzeugt. Denn A war berechtigt, die PIN als solche zu benutzen. Auf diese ist abzustellen bei der Verwendung der Karte am Automaten. Insoweit hat A also keine täuschungsgleiche Handlung am Automaten vorgenommen. Mangels einer unbefugten Verwendung von Daten scheidet eine Strafbarkeit gemäß § 263a I Var. 3 aus.

V. § 246 I

(1.) A könnte sich jedoch wegen Unterschlagung an 150 € strafbar gemacht haben. Ein taugliches Tatobjekt lag insoweit vor. Denn die Bank übereignet nach allgemeiner Verkehrsauffassung das Geld nicht an denjenigen, der den Automaten bedient, sondern an den berechtigten Kontoinhaber. Das Geld blieb somit für A eine fremde Sache. Eine rechtswidrige Zueignung erfolgte spätestens im Verbrauch des Geldes.

(2.) A handelte auch vorsätzlich, rechtswidrig und schuldhaft.

hemmer-Methode: Die Beispiele zeigen, dass sich die meisten Fallgruppen des § 263a anhand der gleichen Argumentationsmuster lösen lassen. Beachten Sie, dass zumindest dann, wenn der Täter die Karte mittels verbotener Eigenmacht erlangt hat, einhellig § 263a bejaht wird. Größere Erörterungen wären dann nicht angebracht.
Was die anderen jeweils zu prüfenden Delikte angeht (v.a. §§ 242, 246 usw.), so wird von Ihnen meist nicht mehr als eine eigenständige Argumentation verlangt werden. Ein besonderes Problem stellt sich noch bei der Benutzung des Automaten durch den berechtigten Karteninhaber selbst. Hierzu sei auf den Fall i.R.d. Darstellung zu § 266b verwiesen (Rn. 240 ff.).

---

402   OLG Köln, NJW 1992, 125 - 127 (127) = **juris**byhemmer.

> **Life&Law:** Im Kontext mit § 263a hat den BGH zudem beschäftigt, unter welchen Voraussetzungen bei missbräuchlicher Verwendung einer SIM-Karte diese „unbefugt" verwendet wird. Insoweit folgt der BGH dem bei den ec-Karten-Fällen entwickelten betrugsspezifischen Ansatz.[403]

III. Erschleichen von Leistungen, § 265a

Prüfungsschema zu § 265a   *184*

I. **Tatbestand**

   1. Objektiver Tatbestand

      a) Erschleichen

      b) Tatobjekt:

         aa) Leistung eines Automaten
         bb) Leistung eines öffentlichen Zwecken dienenden Telekommunikationsnetzes

         cc) Beförderung durch ein Verkehrsmittel
         dd) Zutritt zu einer Veranstaltung oder einer Einrichtung

      c) Eintritt eines Schadens

   2. Subjektiver Tatbestand

      a) Vorsatz

      b) Absicht, das Entgelt nicht zu entrichten

II. **Rechtswidrigkeit**

III. **Schuld**

IV. **Evtl. Antragserfordernis, §§ 265a III, 247, 248a**

1. Gesetzeszweck

§ 265a ist ein Vermögensdelikt, das als Auffangtatbestand Strafbarkeitslücken im Bagatellkriminalitätsbereich schließt. § 265a gilt im Verhältnis zu den Eigentums- und sonstigen Vermögensdelikten daher nur subsidiär.   *185*

2. Tathandlung

Tathandlung des § 265a ist das „Erschleichen". Ein solches setzt grundsätzlich voraus, dass der Täter bestehende Kontrollmechanismen bzw. Zugangshürden überwindet und dieses Überwinden sich nach außen hin manifestiert.   *186*

Strittig ist allein im Hinblick auf die Variante der Beförderungserschleichung, ob auch insoweit Kontrollmechanismen überwunden werden müssen. Die wohl h.L. bejaht dies mit dem Hinweis auf den Wortlaut und dem Erfordernis eines einheitlichen Verständnisses der Tathandlung im Rahmen des § 265a.

Die Rechtsprechung hingegen lässt es für eine Beförderungserschleichung genügen, wenn der Täter ein Verkehrsmittel unberechtigt benutzt und sich dabei allgemein mit dem Anschein der Ordnungsmäßigkeit umgibt[404].

Für die Ansicht der Rechtsprechung spricht, dass früher Kontrollmaßnahmen selbstverständlich waren und ihr Abbau die kriminalpolitischen Bedürfnisse nicht entfallen lässt.

Ein eindeutig offenes, demonstratives Verhalten schließt den Tatbestand des § 265a aus.[405] Dann ist jedoch an eine Strafbarkeit gemäß § 123 I zu denken.

hemmer-Methode: Nach der Rspr. genügt es nicht, wenn der Täter sich einen Zettel mit der Aufschrift „Ich fahre schwarz" in seine Mütze steckt. Hiermit wird nicht in unmissverständlicher Weise zum Ausdruck gebracht, die Beförderungsbedingungen nicht erfüllen zu wollen.[406]

3. Tatobjekt

§ 265a bezieht sich nur auf entgeltliche Leistungen, Veranstaltungen und Einrichtungen.

187

hemmer-Methode: Dies ergibt sich aus dem subjektiven Merkmal des § 265a, nämlich dass der Täter in der Absicht handeln muss, das Entgelt nicht zu entrichten.

„Einrichtung" ist jede Sachgesamtheit, die der Befriedigung menschlicher Bedürfnisse dienen soll und der Allgemeinheit oder einem größeren Kreis von Personen zur Verfügung steht.

In der Klausur stellt sich regelmäßig die Frage nach dem Automaten i.S.d. ersten Variante.

Nach h.M. gilt die Vorschrift nur für sog. Leistungsautomaten[407] wie z.B. Fernsprech-, Spiel- oder Musikautomaten.

Nicht erfasst werden nach h.M. hingegen Warenautomaten, d.h. Geräte, die Waren, Fahrscheine, Eintrittskarten etc. beinhalten. Hintergrund hierfür ist, dass bei Waren als Vermögensgegenständen keine Strafbarkeitslücken geschlossen werden müssen, da insoweit regelmäßig die §§ 242 ff. greifen.

Eine a.A. bezieht zwar auch die Warenautomaten in § 265a mit ein.[408] Allerdings tritt dann § 265a hinter den §§ 242 ff. aufgrund Subsidiarität zurück.

hemmer-Methode: Beide Auffassungen kommen damit zum gleichen Ergebnis. Vorzugswürdig erscheint allerdings die h.M., also bereits den Begriff „Leistung" eines Automaten teleologisch restriktiv auszulegen.

Fall: Smokey wirft statt 1 €-Stücken ausländische Münzen gleicher Größe und gleichen Gewichts, deren Wert allerdings nur 30 Cent beträgt, in einen Getränkeautomaten, um ein entsprechendes Getränk zu erlangen. Wie hat Smokey sich strafbar gemacht?

---

404   BGH, NStZ 2009, 211 - 212 = **juris**byhemmer = **Life&Law 07/2009, 472 - 476**.

405   Fischer, § 265a, Rn. 6a.

406   Vgl. OLG Köln, Beschluss vom 02.09.2015 – 1 RVs 118/15 = **Life&Law 02/2016, 101 – 105** = **juris**byhemmer.

407   Lackner/Kühl, § 265a, Rn. 2 m.w.N.

408   Fischer, § 265a, Rn. 11.

Lösung:

I. §§ 242 I, 243 I S. 2 Nr. 2

Problematisch ist allein das Merkmal der Wegnahme i.R.d. objektiven Tat-bestands. Smokey müsste den Gewahrsam eines anderen gebrochen und neuen Gewahrsam begründet haben. Der Aufsteller des Automaten hatte Gewahrsam an den in dem Automaten befindlichen Getränken. Allerdings könnte er mit der Entnahme durch Smokey einverstanden gewesen sein, so dass bereits der objektive Tatbestand mangels Wegnahme entfiele.

hemmer-Methode: Zur Wiederholung: Beachten Sie, dass bei Delikten, die ein Handeln gegen oder ohne den Willen des Opfers voraussetzen, dessen Einverständnis bereits tatbestandsausschließend wirkt.

Jedoch ist nach der Verkehrsauffassung davon auszugehen, dass der Au-tomatenaufsteller nur dann mit der Entnahme der Getränke einverstanden ist, wenn der Automat nach außen hin ordnungsgemäß bedient wurde. Dies ist vorliegend nicht geschehen, so dass ein tatbestandsausschließen-des Einverständnis nicht vorliegt. Smokey hat somit eine fremde bewegli-che Sache „weggenommen". Da auch die sonstigen Strafbarkeitsvoraus-setzungen erfüllt sind, hat Smokey sich gem. § 242 I strafbar gemacht.

Zu beachten ist allerdings das Antragserfordernis des § 248a.

Fraglich ist, ob Smokey auch das Regelbeispiel des § 243 I S. 2 Nr. 2 ver-wirklicht hat. Die Manipulation des Automaten könnte einen Diebstahl in einem besonders schweren Fall darstellen. Dann müssten die Automaten-gehäuse Schutzvorrichtungen darstellen, die die Ware gegen Wegnahme besonders sichern und die der Täter durch die Art der Tatbegehung gerade überwunden hat.

Die Ummantelung der Automaten dient neben der Aufnahme von Automa-tenmechanismus und -elektronik auch der Aufnahme und dem Schutz der Ware vor Wegnahme, aber nicht vor Wegnahme schlechthin, sondern nur vor unbefugter Wegnahme.[409]

Smokey hat jedoch das Behältnis und die darin bestehende Sicherung nicht überwunden, sondern er hat die Ware an sich genommen, nachdem der Automat sie durch die dafür vorgesehene Öffnung ausgeworfen hat.

Nur wenn Smokey bei dieser Entnahme besondere Schutzvorrichtungen gegen die Entwendung der Waren ausgeschaltet hätte, wären die Voraussetzungen des § 243 I S. 2 Nr. 2 gegeben. Die Manipulation des Automaten durch Einwurf falscher Münzen ist nicht ausreichend.

II. § 265a

§ 265a scheidet nach e.A. vorliegend aus, weil es sich um einen Waren-automaten handelt.

Nach a.A. ist § 265a zwar gegeben, tritt jedoch im Wege der Subsidiarität hinter §§ 242, 248a zurück.

hemmer-Methode: Geldautomatenmissbrauch durch unbefugtes Ver-wenden fremder Codekarten fällt nicht unter § 265a. Insofern fehlt es an der Entgeltlichkeit sowie am Erschleichen.

---

[409] **Life&Law 05/1999, 297 - 300 (300)**, insbesondere auch zur Annahme des Vorliegens eines Regelbeispiels außerhalb der Voraussetzungen.

4. Eintritt eines Schadens

Fraglich ist, ob § 265a als Vermögensdelikt weiterhin den Eintritt eines Schadens voraussetzt. Explizit ist dies dem Gesetzeswortlaut nicht zu entnehmen, wie etwa im Rahmen von § 263 I. Allerdings erscheint es vorzugswürdig, nach Sinn und Zweck der Vorschrift den Anwendungsbereich dahingehend teleologisch auszulegen, dass ein Vermögensschaden des Betroffenen vorliegen muss.

Relevant ist diese Streitfrage etwa dann, wenn der Inhaber einer Monatsfahrkarte diese zu Hause vergessen hat und die öffentlichen Verkehrsmittel gleichwohl nutzt, obwohl er das Vergessen der Monatsfahrkarte vor dem Einsteigen bemerkt hat. Zwar verstößt es regelmäßig gegen die Allgemeinen Beförderungsbedingungen, in einem solchen Fall keinen Einzelfahrschein zu lösen. Nach vorzugswürdiger Auffassung führt dies jedoch – mangels eines Vermögensschadens bei dem Beförderungsbetrieb – zu keiner Strafbarkeit gemäß § 265a I Var. 3.[410]

5. Subjektiver Tatbestand

Im Rahmen des Vorsatzes ist insbesondere zu beachten, dass dieser auch die Entgeltlichkeit mit umfasst. Ist dies nicht der Fall, so befindet sich der Täter in einem vorsatzausschließenden Tatbestandsirrtum i.S.v. § 16 I S. 1.

188

Darüber hinaus erfordert der subjektive Tatbestand die Absicht des Täters, das Entgelt nicht oder nicht voll zu entrichten.

> **hemmer-Methode:** § 265a wird regelmäßig nicht Klausurschwerpunkt sein. Allerdings ist es eine der wichtigsten Aufgaben im Strafrecht, alle in Betracht kommenden Vorschriften gutachtlich zu prüfen. Die Prüfung von § 265a rundet daher nicht selten im Vermögensstrafrecht ein Gutachten ab.

IV. Versicherungsmissbrauch, § 265

1. Übersicht

§ 265 (Versicherungs*missbrauch*) ist gegenüber dem Betrug als Auffangtatbestand konzipiert, was sich aus der ausdrücklichen (= formellen) Subsidiaritätsklausel ergibt. Insoweit sollen Strafbarkeitslücken zum Schutze der Versicherungen gefüllt werden.

189

Insbesondere ist zu beachten, dass § 265 bereits vollendet ist, wenn etwa eine versicherte Sache zerstört wird, um sich oder einem Dritten Leistungen aus der Versicherung zu verschaffen. Damit kommt es zu einer erheblichen Vorverlagerung der Strafbarkeit gegenüber einer Strafbarkeit wegen (versuchten) Betrugs. Ein solcher kommt erst in Betracht, wenn die Schadensanzeige abgeschickt wurde.

---

[410] Vgl. OLG Koblenz, **Life&Law 03/2000**, 183 - 187.

> **Prüfungsschema zu § 265**
>
> **I. Tatbestand**
>
>   **1. Objektiver Tatbestand**
>
>   **a)** Tatobjekt
>
>   Sache, die in einer der bezeichneten Weisen versichert ist
>
>   **b)** Tathandlung
>   beschädigen, zerstören, Brauchbarkeit beeinträchtigen,
>   beiseite schaffen, einem anderen überlassen
>
>   **2. Subjektiver Tatbestand**
>
>   **a)** Vorsatz
>
>   **b)** Absicht, sich oder einem Dritten Leistungen aus der Versi-
>   cherung zu verschaffen
>
> **II. Rechtswidrigkeit**
>
> **III. Schuld**

2. Objektiver Tatbestand

a) Tatobjekt ist eine versicherte Sache.   *190*

Die Sache ist versichert, wenn der Versicherungsvertrag formell gültig ist; die zeitweilige Befreiung des Versicherers von seiner Zahlungspflicht, etwa wegen Verzugs des Versicherungsnehmers, beseitigt die Versicherung nicht.

Die Arten der möglichen Versicherungen sind in § 265 abschließend umschrieben. Wichtig ist in diesem Zusammenhang, dass § 265 wegen des eindeutigen Wortlauts („versicherte Sache") nur für Sachversicherungen (z.B. Kaskoversicherung) nicht jedoch für Haftpflichtversicherungen Anwendung finden kann. Zu beachten ist, dass nunmehr fast alle Unglücksfälle erfasst sind, gegen die man eine Sache versichern kann.

b) Die Tathandlungen der Beschädigung und Zerstörung sind dem § 303 entlehnt und dürften keine weiteren Schwierigkeiten bereiten. Selbstverständlich sind nach wie vor die Fälle erfasst, bei denen eine Sache *durch Brandlegung* zerstört oder beschädigt wird.

Die Brauchbarkeit einer Sache ist beeinträchtigt, wenn das durch die Versicherung geschützte Maß der Brauchbarkeit herabgesetzt ist. Beiseite geschafft ist eine Sache, wenn sie der Verfügungsmöglichkeit des Berechtigten räumlich entzogen ist.

Die „Überlassung an einen anderen" dürfte insbesondere bei Fällen der organisierten Autoschieberei wichtig werden.

3. Subjektiver Tatbestand

a) Voraussetzung ist zunächst Vorsatz hinsichtlich der Merkmale des   *191*
objektiven Tatbestandes.

b) Darüber hinaus ist die Absicht erforderlich, sich oder einem Dritten   *192*
Leistungen aus der Versicherung zu verschaffen (sog. überschießende Innentendenz).

Dem Täter muss es also auf die Versicherungsleistung ankommen, wenngleich die Leistung nicht sein Endziel zu sein braucht.

Bsp.: V ist hoffnungslos überschuldet. Sein Sohn S weiß, dass V seinen Maserati gegen Feuergefahr versichert hat. Um seinem Vater zu helfen, zündet er das Auto eines Tages ohne dessen Wissen an.

193

Strafbarkeit des S?

Lösung:

(1.) Strafbarkeit nach §§ 263 II, 22, 23 I?

Eine Strafbarkeit wegen versuchten Betrugs scheidet zumindest mangels unmittelbaren Ansetzens zur Tatbestandsverwirklichung aus. Das bloße In-Brand-Setzen des Autos stellt keine Täuschungshandlung dar.

(2.) Strafbarkeit nach § 265?

(a) S hat den objektiven Tatbestand des § 265 I erfüllt, indem er mit dem Auto eine gegen Beschädigung versicherte Sache in Brand gesetzt und damit zerstört hat.

(b) S handelte vorsätzlich. Er müsste zudem die Absicht gehabt haben, sich oder einem Dritten Leistungen aus der Versicherung zu verschaffen.

194

Dies ist der Fall, da es dem S darauf ankam, dass sein Vater das Geld für das versicherte Auto erhält.

c) Die Tat war rechtswidrig und der Täter handelte schuldhaft.

(3.) Daneben hat S auch § 306 I Nr. 4 verwirklicht.

(4.) Fraglich ist das Konkurrenzverhältnis von § 265 zu § 306 I Nr. 4. Da § 265 nicht darauf abstellt, ob es sich um eine fremde oder eigene Sache handelt, die zerstört wurde, ist zur Klarstellung des mitverwirklichten Brandstiftungsdelikts Tateinheit (§ 52) anzunehmen. § 303 hingegen tritt hinter § 306 I zurück (Gesetzeskonkurrenz in Form der Spezialität).

195

4. Konkurrenzen

Konkurrenzen

Unproblematisch ist das Verhältnis zum Betrug: § 265 tritt wegen der ausdrücklichen gesetzlichen Subsidiaritätsklausel zurück, falls es später noch zur Täuschung über einen unberechtigten Versicherungsanspruch kommt.

196

hemmer-Methode: Regelmäßig wird der (versuchte) Betrug durch eine spätere Tat im materiellen Sinne verwirklicht. Damit die Subsidiaritätsklausel des § 265 I a.E. nicht faktisch leerläuft, wird der Begriff vom BGH daher prozessual verstanden. Unter den Tat-Begriff des § 265 I fallen demzufolge alle Teile eines einheitlichen Lebensvorganges einer prozessualen Tat im Sinne von § 264 StPO.[411]

Im Verhältnis zu den §§ 303 ff., 306 ff. ist Tateinheit anzunehmen. Dies folgt zum einen daraus, dass sich die Subsidiaritätsklausel ausdrücklich nur auf § 263 bezieht. Zum anderen ist die Klarstellung im Tenor erforderlich, dass der Täter eine *fremde* Sache beschädigt oder zerstört hat.

---

[411]   Vgl. BGHSt 45, 214.

V. Sportwettbetrug und Manipulation von berufssportlichen Wettbewerben

Sinn und Zweck

Mit dem Änderungsgesetz vom 09.03.2017 wurden die §§ 265c-265e in das Strafgesetzbuch eingefügt sowie § 5 um Nr. 10a erweitert.[412] Systematisch sind die neuen Straftatbestände an die Straftaten gegen den Wettbewerb gemäß den §§ 298 ff. bzw. §§ 331 ff. angelehnt. Die eingeführten Vorschriften sollen die Integrität des Sports als Allgemeinrechtsgut sowie das Vermögen als Individualrechtsgut schützen.

hemmer-Methode: Die Details hinsichtlich der Auslegung der §§ 265-265e dürften kaum prüfungsrelevant sein. Spezifisches Wissen ist insoweit nicht erforderlich, so dass von einer Darstellung insoweit abgesehen wird.[413]

Verhältnis zu § 263 – sog. Wettbetrug

Zu beachten ist, dass auch nach der Einführung der §§ 265c-265e die Rechtsprechung hinsichtlich des Wettbetrugs gem. § 263 weiterhin relevant bleibt. Wenn ein solcher Betrug gewerbs- und bandenmäßig begangen wird, kommt eine Strafbarkeit gemäß § 263 V mit einem Strafmaß von einem Jahr bis zu zehn Jahren in Betracht. Damit ist eine doppelt so hohe maximale Höchststrafe wie bei § 265e denkbar. In der Klausursituation kommt es somit auch nach Einführung der §§ 265c-265e vor allem auf die Prüfung von § 263 an.

hemmer-Methode: Danach ist bei Wetten mit festen Quoten grundsätzlich bereits mit dem Abschluss des Wettvertrags ein vollendeter Betrug zum Nachteil des Wettanbieters gegeben. Der Schaden der getäuschten Wettanbieter ergibt sich daraus, dass die von ihnen gegenüber den Wettenden eingegangene – infolge der Manipulationen mit einem erhöhten Realisierungsrisiko behaftete – Verpflichtung zur Auszahlung des vereinbarten Wettgewinns objektiv nicht mehr durch den Anspruch auf den Wetteinsatz gedeckt ist.[414]

VI. Erpressung, § 253[415]

Erpressung

Die Erpressung, § 253, ist ein ähnlich wie der Betrug, § 263, konstruiertes *Vermögensdelikt* i.e.S. Auch § 253 schützt das Vermögen als Ganzes. Während aber § 263 das Vermögen gegen durch Täuschung erschlichene Vermögensschädigungen schützen will, betrifft die Erpressung Vermögensverschiebungen, die durch *Gewalt oder Drohungen erzwungen* werden. Umstritten ist, ob i.R.d. § 253 eine Vermögensverfügung erforderlich ist. Dieses Problem wird i.R.d. § 255, bei dem diese Streitfrage häufiger auftaucht, abgehandelt. Bejaht man diese Frage mit der herrschenden Meinung, so kann man sich beim Aufbau des Erpressungstatbestands am Betrugsaufbau orientieren.

1. Unterschied zwischen § 253 und § 255

§ 255 unterscheidet sich von § 253 dadurch, dass bei § 255 das Erpressungsmittel intensiver ausgestaltet sein muss. § 253 ist wie die Nötigung, § 240 ein sog. offener Tatbestand, d.h. die Rechtswidrigkeit ist ausnahmsweise nicht indiziert, sondern muss gem. § 253 II positiv festgestellt werden (vgl. zu der Verwerflichkeitsprüfung die Ausführungen zu § 240 II im Skript Strafrecht BT II, Rn. 127 ff.).

197

---

[412]   Siehe dazu das entsprechendes Plenarprotokoll 18/221 vom 9.3.2017, S. 22250 ff.

[413]   Ausführlich zu den Auslegungsproblemen der §§ 265c-265e vgl. Berberich/Bernhart, Sportwettbetrug und Manipulation von berufssportlichen Wettbewerben, **Life&Law 07/2017, 506 – 514** = **juris**byhemmer.

[414]   Vgl. BGH, Urteil vom 20.12.2012 – 4 StR 55/12 = **Life&Law08/2013, 588 – 594** = **juris**byhemmer.

[415]   Vgl. zum Ganzen **Life&Law 10/1999, 659 - 666 (664 ff.)**.

Diese Prüfung entfällt wiederum beim Qualifikationstatbestand des § 255, bei dem die Rechtswidrigkeit wie üblich indiziert ist.

2. Abgrenzung zum Betrug

Abgrenzung: Betrug / Erpressung

Interessante und damit klausurrelevante Probleme treten im Rahmen der Erpressung insbesondere bei der Abgrenzung zum Betrug (§ 263) auf.

198

> *Fall 1:*[416] *Agatha (A) hatte mit ihrem Halbschwager Fritz ein Liebesverhältnis unterhalten, aus dem sie ein nichteheliches Kind gebar. Um zu verhindern, dass die Vaterschaft des Fritz bekannt wurde, behauptete sie, der Vater des Kindes sei der im Krieg gefallene Udo.*
>
> *Später behauptete A fälschlicherweise gegenüber Fritz, der Udo sei gar nicht gefallen, sondern nun plötzlich zurückgekehrt und fordere Schweigegeld von ihr, damit er der Familie des Fritz nicht die Wahrheit offenbare. Fritz gab der A das angeblich für Udo bestimmte Schweigegeld, weil er eine Offenbarung durch Udo fürchtete. Strafbarkeit der A?*

Lösung:

Erpressung, § 253?

Die Bestrafung aus § 253 scheitert nicht bereits daran, dass das in Aussicht gestellte Übel (Veröffentlichung der Vaterschaft) nach den Angaben der A bei Unterlassung der Zahlung durch eine *dritte Person* verwirklicht würde. Erforderlich in einer derartigen Drei-Personen-Konstellation ist jedoch, dass der Nötigende vorgibt, Einfluss auf diese dritte Person im Hinblick auf die Verwirklichung des Übels zu haben und diesen Einfluss bei Nichtvornahme der entsprechenden Vermögensverfügung auch geltend zu machen. Daran fehlt es hier, da die A selbst die Rolle der Hilfe Suchenden vorgetäuscht hat. Somit kommt hier nur ein Betrug (§ 263) in Betracht.

hemmer-Methode: Merken Sie sich die Argumentationsstruktur dieses Falles. Schließlich liegt die Annahme des § 253 an sich recht nahe, wird doch nicht nur das durch § 263 allein geschützte Rechtsgut des Vermögens, sondern auch die durch § 253 zusätzlich geschützte Willensfreiheit verletzt. Jedoch fehlt es vorliegend an einer tauglichen „Drohung".

> *Fall 2: A wendet sich an den Politiker P und droht diesem mit der Veröffentlichung kompromittierender Fotos, falls er nicht 30.000 € an ihn ausbezahlt. Tatsächlich ist A gar nicht im Besitz derartiger Fotos. P glaubt jedoch dem A und zahlt aus Angst vor einem Skandal die geforderte Summe. Wie hat A sich strafbar gemacht?*

Lösung:

Unbestritten ist, dass sich A in diesem Fall wegen Erpressung (§ 253) strafbar gemacht hat. Es besteht Einigkeit dahingehend, dass A nicht gleichzeitig wegen Betrugs (§ 263) bestraft werden kann, wenn die Täuschung lediglich dazu dient, die Ausführbarkeit der Drohung vorzuspiegeln, deren Wirkung zu verstärken oder das in Aussicht gestellte Übel in einem besonders grellen Licht erscheinen zu lassen.[417]

Umstritten ist allerdings, ob der Betrug aufgrund des Fehlens einer unbewussten Selbstschädigung bereits *tatbestandlich* ausscheidet (so die wohl h.M.) oder erst auf der *Konkurrenzebene* wegen Konsumtion als Unterfall der Gesetzeskonkurrenz zurücktritt.[418]

---

[416]   Vgl. BGHSt 7, 197 - 198.

[417]   Wessels, BT-2, Rn. 704.

[418]   Sch-Sch-Eser, § 253, Rn. 37.

VII. Räuberische Erpressung, §§ 253, 255[419]

Prüfungsschema zu §§ 253, 255

I. Tatbestand

   1. Objektiver Tatbestand

      a) Erpressungserfolg: Nötigung zu einer Handlung, Duldung oder Unterlassung

      b) Erpressungsmittel: Gewalt gegen eine Person[420] oder Drohungen mit gegenwärtiger Gefahr für Leib oder Leben

      c) Vermögensverfügung (str.)

      d) Zufügung eines Vermögensnachteils[421]

   2. Subjektiver Tatbestand

      a) Vorsatz

      b) Absicht, sich oder einen Dritten zu Unrecht zu bereichern

         aa) Bereicherungsabsicht

         bb) Rechtswidrigkeit der stoffgleichen Bereicherung

         cc) Vorsatz bzgl. **bb)**

II. Rechtswidrigkeit

III. Schuld

Räuberische Erpressung

Eine räuberische Erpressung erfordert Gewalt *gegen eine Person* oder Drohung *mit gegenwärtiger Gefahr für Leib oder Leben.* Hinsichtlich dieser Voraussetzungen kann auf die Ausführungen zum Raub verwiesen werden.

Die Drohung mit einer Gefahr für Leib oder Leben i.S.d. § 255 kann auch zum Nachteil einer Person angedroht werden, die nicht mit dem Nötigungsopfer identisch ist.[422] Fraglich erscheint aber, unter welchen Voraussetzungen eine solche Drohung mit der Gefährdung Dritter in Betracht kommt.

Nach der Rspr. stellt die verbal in Aussicht gestellte Gefahr für einen Dritten dann die Ausübung nötigenden Zwangs auf den Adressaten der Äußerung dar, wenn dieser das dem Dritten drohende Übel auch als eigenes empfindet. Abgestellt wird somit auf psychologische Kriterien. Das Tatbestandsmerkmal der Drohung ist in Dreieckskonstellationen also dann anzunehmen, wenn das Wohl des Dritten irgendeine Bedeutung für den Adressaten der Drohung hat.

Die Literatur verlangt zum Teil das Vorliegen eines Sympathieverhältnisses.[423]

199

---

[419] Vgl. zur räuberischen Erpressung insgesamt Life&Law 12/1999, 799 ff.

[420] Seit der Neufassung des § 253 durch das 6. StrRG wurde die frühere Formulierung „eines anderen" durch „einen Menschen" ersetzt. Der Gesetzeswortlaut wurde vermenschlicht. Bewusster oder unbewusster Nebeneffekt ist, dass z.B. nunmehr juristische Personen als Adressaten der Drohung nicht mehr in Betracht kommen.

[421] Ausreichend ist auch eine bloße Vermögensgefährdung, vgl. **Life&Law 12/1998, 793 - 795**.

[422] BGH, NStZ 1996, 494 = **juris**byhemmer.

[423] Vgl. hierzu Kindhäuser/Wallau, Räuberische Erpressung durch Drohung mit Vergiftung von Lebensmitteln, StV 1999, 379 - 382, sowie BGH, NStZ-RR 2002, 334 = **juris**byhemmer; siehe dazu **Life&Law 01/2003, 38 - 41 (39)**.

Immer im Kontext auch an § 239a denken!

hemmer-Methode: Denken Sie im Zusammenhang mit einer Erpressung immer auch an die Prüfung des erpresserischen Menschenraubs, § 239a! Problematisch ist insoweit das Verhältnis zwischen den §§ 253 ff. und § 239a. Gerade im „Zwei-Personen-Verhältnis" ist zu vermeiden, dass die §§ 253 ff. von § 239a regelmäßig verdrängt werden. Dies bewerkstelligt die Rechtsprechung über eine teleologisch restriktive Auslegung der Tathandlung „Sich-Bemächtigen". Danach liegt ein Sich-Bemächtigen mit Erpressungsabsicht i.S.d. § 239a I HS 1 StGB nur dann vor, wenn der Bemächtigungssituation im Hinblick auf die erstrebte Erpressungshandlung eine eigenständige Bedeutung zukommt; sie erfordert also eine gewisse Stabilität der Beherrschungslage, die der Täter zur Erpressung ausnutzen will.[424]

Abgrenzung: räuberische Erpressung / Raub

Klausurrelevant sind im Bereich der räuberischen Erpressung insbesondere die Abgrenzungsfragen zum Raub.[425]

200

> *Fall: T verspürt das Bedürfnis, eine kleine Spazierfahrt mit einem Polizeiwagen zu unternehmen. Zu diesem Zweck bedroht T den sich in seinem parkenden Wagen ausruhenden Polizisten P mit einer geladenen Pistole und zwingt ihn so zum Verlassen seines Wagens und zur Herausgabe der Schlüssel. Nach der Fahrt parkt T das Auto wie geplant in einer belebten Fußgängerzone.*
>
> *Strafbarkeit des T?*
>
> Lösung:
>
> (1) Strafbarkeit nach §§ 242, 249, 250 II Nr. 1 scheidet mangels Zueignungsabsicht aus: Der T wies den nötigen Enteignungsvorsatz nicht auf.
>
> (2) T könnte sich aber wegen einer schweren räuberischen Erpressung nach §§ 253, 255, 250 II Nr. 1 strafbar gemacht haben.
>
> T hat Personengewalt angewendet, um in den Besitz des Fahrzeugs zu kommen. T hat P dadurch gezwungen, die Entwendung des Wagens zu dulden.
>
> In der Herausgabe des Wagens durch P könnte jedoch auch eine Wegnahme i.S.d. § 249 liegen, so dass keine räuberische Erpressung, sondern der objektive Tatbestand eines Raubes, dessen Strafbarkeit mangels Zueignungsabsicht zu verneinen ist, vorläge. Das Verhältnis zwischen Raub und räuberischer Erpressung ist umstritten:[426]
>
> (a) Nach Ansicht der Rspr.[427] sowie eines Teils der Lit.[428] beinhaltet jede Wegnahme i.S.d. § 249 auch eine Duldung i.S.d. § 255, nämlich die Duldung der Wegnahme. Wenn § 249 erfüllt sei, dann sei notwendigerweise auch § 255 verwirklicht. *§ 249* sei daher *lex specialis*, § 255 trete aus Konkurrenzgründen zurück.
>
> Da die Spezialvorschrift des § 249 im vorliegenden Fall jedoch nicht einschlägig ist, kann auf den Grundtatbestand (§ 255) zurückgegriffen werden.

201

[424] BGH, NStZ 2010, 516 = **juris**byhemmer = **Life&Law 07/2010, 460 - 468** sowie BGH, NStZ 2006, 448 - 449 = **juris**byhemmer = **Life&Law 12/2006, 832 - 836**.

[425] Zur Abgrenzung von Raub und räuberischen Erpressung bezogen auf die erzwungene Preisgabe eines Verstecks siehe BGH, NStZ 2006, 38 = **juris**byhemmer = **Life&Law 03/2006, 192 - 197** sowie BGH, NStZ 2009, 335 - 336 = **juris**byhemmer = **Life&Law 02/2010, 100 - 106**.

[426] Vgl. hierzu **Life&Law 11/1998, 718 - 721 (720); Life&Law 10/1999, 659 - 666 (664 ff.)**.

[427] BGHSt 14, 386 - 391 (387) = **juris**byhemmer; vgl. Nachweise bei Sch-Sch-Eser, § 253, Rn. 7 ff. c.

[428] Schünemann, Raub und Erpressung (3. Teil), JA 1980, 486 - 493 (486 ff.); Graul, Die kriminelle Auswertung eines wertvollen Gemäldes, JuS 1999, 562 - 569 (564); Geilen, Strafrecht - Raub und Erpressung, Jura 1980, 43 - 52 (51 f.).

(b) Die h.L.[429] hingegen nimmt an, dass Raub und räuberische Erpressung im Verhältnis der *Exklusivität* stehen, da § 249 ein Fremdschädigungsdelikt, § 255 ein Selbstschädigungsdelikt sei. § 255 sei dem Betrug nachgebildet und lediglich durch die Nötigung modifiziert. Daher sei bei § 255 - ebenso wie bei § 263 - das ungeschriebene Tatbestandsmerkmal der Vermögensverfügung erforderlich. Die Begriffe Vermögensverfügung und Wegnahme schließen sich jedoch genauso wie im Verhältnis zwischen Betrug (§ 263) und Diebstahl (§ 242) aus.

Für die Abgrenzung zwischen Raub und Erpressung komme es daher auf die innere *Willensrichtung* des Opfers an:[430] Für eine „willentliche" Vermögensverfügung sei entscheidend, dass das genötigte Opfer seinen Gewahrsamsverlust als von seinem Verhalten abhängig ansehe.

hemmer-Methode: Als *Faustregel* gilt: Sagt sich das Opfer „egal, wie ich mich verhalte, ich werde die Sache verlieren", so liegt Raub vor. Sagt sich das Opfer dagegen, „der Täter ist auf meine Mithilfe angewiesen, sonst bekommt er die Sache nicht", so liegt Erpressung vor.

P hatte hier keine Möglichkeit, den T an seiner Spazierfahrt zu hindern. Daher fehlt es an einer Vermögensverfügung. Nach dieser Ansicht kommt nur Raub in Frage. Dieser entfällt aber wegen der fehlenden Zueignungsabsicht, denn T hatte keinen auf dauerhafte Enteignung gerichteten Vorsatz.

Die *Rspr.* ist bei ihrer Einstufung des § 249 als lex specialis zu §§ 253, 255 als Grundtatbestand *kriminalpolitisch* motiviert. Stünden die Tatbestände im Exklusivitätsverhältnis, so käme es in Fällen einer Wegnahme mittels *vis absoluta* ohne Zueignungsabsicht zu einer Strafbarkeitslücke.

Die Rspr. beruft sich auf den Wortlaut des § 253, der auch die abgenötigte Duldung der Wegnahme erfasst. Für das Erfordernis einer Vermögensverfügung sei im Gesetz kein Anhaltspunkt. Der Vergleich mit dem Wortlaut des § 240 weise vielmehr darauf hin, dass hier wie dort sowohl vis compulsiva als auch vis absoluta erfasst seien.

Dagegen lässt sich mit der *h.L.* auf *systematisch-dogmatischer* Grundlage für das Verfügungserfordernis im Rahmen der Erpressungstatbestände argumentieren. Für eine Exklusivität zwischen § 249 und §§ 253, 255 spricht Folgendes:

Die Einordnung der Erpressung als Selbstschädigungsdelikt ergibt sich aus ihrer strukturellen Parallelität zum Betrug, von dem sie sich nur durch das Mittel (Zwang statt Täuschung) unterscheidet.

Die Betrachtung der §§ 253, 255 als Grundtatbestand ist vor dem Hintergrund bedenklich, dass ohne das abgrenzende Verfügungserfordernis ein systemfremder „kleiner Raub" geschaffen würde: Denn jeder Diebstahl, der mit einfachen Nötigungsmitteln verwirklicht wird, würde demnach konsequenterweise von § 253 erfasst. Ein erhöhtes Strafmaß ist aber erst bei qualifizierten Nötigungsmitteln vorgesehen.

Insofern droht – folgt man der Rspr. – eine Nivellierung des strafrechtlichen Vermögensschutzes mit seinen gesetzlich vorgegebenen Wertungsstufen: Die Wegnahme einer wertlosen Sache und der Gebrauchsdiebstahl (lat.: furtum usus) sind vom Gesetzgeber bewusst nur im Ausnahmefall (vgl. § 248b) unter Strafe gestellt worden. Diese gesetzlichen Privilegierungen würden unterlaufen, indem bei Hinzutreten qualifizierter Nötigungsmittel der Täter gem. § 255 gleich einem Räuber bestraft würde, obwohl ihm die Zueignungsabsicht gerade fehlte.

---

[429] Wessels, BT-2, Rn. 710 ff.; Krey, BT-2, Rn. 304; Eifert, Eine private „Pfändungsaktion", JuS 1993, 1032 - 1040 (1035 f.); Rengier, Die "harmonische" Abgrenzung des Raubes von der räuberischen Erpressung entsprechend dem Verhältnis von Diebstahl und Betrug, JuS 1981, 654 - 662; Otto, Zu Umfang und Grenzen der räuberischen Erpressung und des Raubes, JZ 1984, 143 - 145 (144); Tenckhoff, JR 1984, 489 (491); Lackner/Kühl, § 253 Rn. 3; LK-Herdegen, § 253 Rn. 9 ff.

[430] Sch-Sch-Eser, § 253, Rn. 8; Krey, BT-2, Rn. 300.

Darüber hinaus würde bei Zugrundelegung eines Spezialitätsverhältnisses § 249 angesichts des identischen Strafmaßes der Vorschriften im Regelfall materiell leerlaufen. In formaler Hinsicht lässt sich letztlich mit der h.L. argumentieren, dass es im StGB einmalig wäre, dass ein Grunddelikt (§ 255) hinsichtlich seiner Rechtsfolgen auf eine Spezialvorschrift (§ 249) zurückverwiese („gleich einem Räuber").

Aus den genannten Gründen ist der h.L. zu folgen (a.A. vertretbar). Es kommt damit nach h.L. lediglich eine Strafbarkeit wegen § 240 und § 248b in Betracht.

> **hemmer-Methode: Bedeutung gewinnt dieser Streit insbesondere in den Fällen, in denen § 249 mangels Zueignungsabsicht nicht verwirklicht wird oder im Falle einer durch vis absoluta abgenötigten Forderung. Nach der Literatur bleibt dann nur Raum für §§ 240, 248b, 223 ff.**
> **Nur in diesen Konstellationen ist auch eine ausführliche Streitdarstellung erforderlich. Die eigentliche Zielsetzung des BGH ist klar: Er will in Fällen wie dem vorliegenden ein sachgerechtes Strafmaß erzielen. Unter dem Gesichtspunkt der Praktikabilität ist die Ansicht des BGH vorzugswürdig, unter dem Gesichtspunkt der Dogmatik jedoch die h.L.**

(3) T könnte sich nach *§ 316a* („Räuberischer Angriff auf Kraftfahrer", bitte lesen!) strafbar gemacht haben.

204

Zum *Verüben eines Angriffs* gehört jede feindselige Handlung gegen eines der in § 316a genannten Rechtsgüter. T hat im vorliegenden Fall den P mit Drohungen gegen Leib und Leben genötigt, sein Fahrzeug zu verlassen. Ein Angriff i.S.d. § 316a liegt demnach vor.

Der Täter muss darüber hinaus *die besonderen Verhältnisse des Straßenverkehrs* ausnutzen. Wegen der hohen Strafdrohung wird dieses Merkmal restriktiv ausgelegt: Die Tat muss in enger Beziehung zur Benutzung des Fahrzeugs als Verkehrsmittel stehen, d.h. es ist ein räumlicher und zeitlicher Zusammenhang zwischen dem Angriff und der Benutzung erforderlich.[431]

Bei haltenden oder parkenden Fahrzeugen kommt es darauf an, ob überhaupt noch die besonderen Verhältnisse des Straßenverkehrs ausgenutzt wurden. Da P jedenfalls nicht aus verkehrsbedingten Gründen angehalten hatte und schon einige Zeit seit der Benutzung vergangen war, muss hier die erforderliche enge Beziehung zum fließenden Verkehr abgelehnt werden. T hat sich daher nicht gem. § 316a strafbar gemacht.

(4) Somit hat sich T allein wegen Nötigung in Tateinheit mit dem unbefugten Gebrauch eines Fahrzeugs (Antragsdelikt, § 248b III) strafbar gemacht, §§ 240, 248b, 52.

> **Life&Law**: Eine Erpressung kann auch dadurch begangen werden, dass der Täter das Tatopfer durch Drohung oder Gewalt dazu veranlasst, auf die Geltendmachung einer Forderung zu verzichten. Nach BGH soll dies allerdings dann nicht der Fall sein, wenn es sich um eine nicht realisierbare Forderung handelt, etwa weil der Täter über keinerlei Vermögen verfügt und auch in Zukunft damit nicht zu rechnen ist. Eine Strafbarkeit wegen Erpressung scheidet dann aus. Allerdings wird regelmäßig eine Strafbarkeit wegen Betrugs im Vorfeld zu bejahen sein.[432]

---

[431] BGHSt 33, 378 - 382 = **juris**byhemmer; BGHSt 25, 315 - 317 = **juris**byhemmer; Wessels, BT-2, Rn. 384 ff.

[432] Siehe dazu BGH, NStZ 2007, 95 - 96 = **juris**byhemmer, besprochen in **Life&Law 2007, Heft 5, 319 - 325**. Instruktiv zur räuberischen Erpressung auch **Life&Law 2008, Heft 4, 244 - 249**.

VIII. Begünstigung, § 257[433]

1. Übersicht

Schutzgut

Schutzgut ist nach allgemeiner Ansicht das *Individualinteresse* des Eigentümers an der Wiederherstellung des rechtmäßigen Zustands.[434]

205

Darüber hinaus sollen nach h.M. auch *Allgemeininteressen* betroffen sein, weil die Restitutionsvereitelung einen Angriff auf die Rechtspflege darstelle.[435]

Kein reines Vermögensdelikt

Die Begünstigung ist *kein reines Vermögensdelikt*, denn zum einen muss der Vorteil aus der Vortat kein Vermögensvorteil sein (z.B. Kindesentziehung durch die Mutter aus Affektionsinteresse), zum anderen muss die Vortat selbst kein Vermögensdelikt sein.[436]

2. Vortat

Vortat

Vortat i.S.d. § 257 kann nur eine bereits begangene Tat sein. Sie muss den objektiven und subjektiven Tatbestand eines Strafgesetzes erfüllen, rechtswidrig sein (§ 11 I Nr. 5) und dem Vortäter einen Vorteil verschafft haben, dessen Sicherung Gegenstand der Begünstigung ist. Abgrenzungsschwierigkeiten zur Vortatbeteiligung tauchen stets dann auf, wenn die Vortat noch nicht vollständig abgeschlossen ist.

206

> *Fall: A entwendet große und sperrige Schrottstücke von einem Schrottlager und versteckt sie 20 m entfernt. B holt den Schrott am nächsten Tag ab. Strafbarkeit des B?*
>
> B könnte dem A Beihilfe zu dessen Diebstahl geleistet haben, §§ 242, 27.
>
> (1.) Die rechtswidrige Haupttat des A ist vollendet, aber wegen der Sperrigkeit der Diebesbeute noch nicht beendet. Fraglich ist, ob eine Teilnahme zwischen Vollendung und Beendigung möglich ist (*sukzessive Beihilfe*): Eine Mindermeinung lehnt dies ab, da der Gehilfenbeitrag den Erfolg mitverursacht haben müsse.[437] Dies könne nach Vollendung nicht mehr der Fall sein.
>
> Nach der h.M. ist die Erfolgsverursachung für Beihilfe nicht erforderlich; es ist daher Beihilfe auch zwischen Vollendung und Beendigung möglich.[438]
>
> (2.) Folgt man der h.M., so ist fraglich, wie man Beihilfe zum Diebstahl von der Begünstigung abgrenzen kann. Vor Vollendung kommen nur §§ 242, 27 in Frage, nach Beendigung nur § 257 (allgemeine Ansicht).
>
> (a) Für die Zeit *zwischen Vollendung und Beendigung* grenzt die Rspr. nach der Vorstellung und *Willensrichtung* des Gehilfen ab:[439] Wolle dieser die Beendigung fördern, liege Beihilfe, wolle er den Vorteil sichern, so liege Begünstigung vor.

---

[433]   Instruktiv u.a. auch zur Begünstigung der Beitrag von **Berberich/Löper, Anschlussdelikte – Begünstigung, Strafvereitelung und Hehlerei in Life&Law 07/2014, 534 – 542.**

[434]   Wessels, BT-2, Rn. 802.

[435]   BGHSt 24, 166 - 168 (167) = **juris**byhemmer; a.A. SK-Samson, § 257, Rn. 4.

[436]   Sch-Sch-Stree, § 257, Rn. 5.

[437]   SK-Samson, § 257, Rn. 26; § 27, Rn. 18.

[438]   BGHSt 6, 248 - 251 (251).

[439]   BGHSt 4, 132 - 134 (133).

(b) Eine Mindermeinung will in diesen Fällen immer nach §§ 242, 27 strafen.[440] Denn es könne keinen Unterschied machen, ob der sukzessive Gehilfe zusätzlich zur Beihilfe noch die Sicherung eines Vermögensvorteils anstrebe.

(c) Vorzugswürdig erscheint die Auffassung der h.M. Eine Abgrenzung nach dem inneren Vorstellungsbild des Handelnden erscheint sachgerecht. Vorliegend holte B erst am nächsten Tag die Schrottstücke ab. Dies spricht dafür, dass bereits zuvor der Diebstahl beendet war. Somit kommt allein eine Strafbarkeit wegen Begünstigung und nicht wegen Beihilfe zum Diebstahl des A in Betracht.[441]

3. Tathandlung

Der Sicherungserfolg der Hilfeleistung ist nicht erforderlich, sie muss nur Zweck der Handlung sein (vgl. Wortlaut). Es genügt, dass die Hilfeleistung *objektiv geeignet* ist, die Vorteile zu sichern.[442]

Die Ansicht, der rein subjektive Wille des Täters, die Vorteile zu sichern, reiche aus[443], dehnt den Tatbestand unangemessen aus, da sie auch völlig ungefährliche Handlungen bestraft.

Vorteile der Tat

207

Die Begünstigungshandlung muss sich auf „Vorteile" der Vortat beziehen. Unter „Vorteile" sind nicht nur Vermögensvorteile zu verstehen, sondern jede Besserstellung des Vortäters. Die Vorteile müssen dabei unmittelbar durch die Straftat erlangt sein.[444]

> **Life&Law**: Vorteile der Tat i.S.d. Begünstigung nach § 257 I StGB sind nicht nur die Früchte der Vortat, sondern sie umfassen vielmehr auch den (vorab) an einen Tatbeteiligten gezahlten Tatlohn. Das Erfordernis, dass bei der Begünstigung der Vorteil unmittelbar durch die Vortat erlangt sein muss, dient dazu, Ersatzvorteile (Vorteilssurrogate) auszuklammern; bei der Entlohnung für die Tatbeteiligung handelt es sich jedoch nicht um einen derartigen Ersatzvorteil, sondern vielmehr um einen unmittelbaren Vorteil der Tat.[445]

Beispiele für Begünstigungshandlungen:

Falsche Angaben über den Aufenthaltsort erbeuteter Sachen, Umlackieren eines Kraftfahrzeugs, Mitwirken beim Absatz der Beute (hier ist häufig auch § 259 einschlägig).

Fall:[446] T entriss einem Geldboten mit Gewalt zwei Geldbomben, die 15.000 € enthielten. Auf seiner Flucht wurde er von Z verfolgt. Dieser beobachtete, wie T die Geldbomben in ein Gebüsch nahe der Straße verbarg und sich dann entfernte.

Z nahm die Geldbomben an sich und übergab sie der Polizei, die das Versteck alsdann observierte. T hatte in der Zwischenzeit seine Frau gebeten, die Geldbomben für ihn aus dem Gebüsch zu holen. Als F im Gebüsch vergeblich nach den Geldbomben suchte, wurde sie von der Polizei festgenommen.

---

440   Sch-Sch-Stree, § 257, Rn. 8.

441   Instruktives Fallbeispiel bei **Life&Law 10/2005, 679 - 686.**

442   H.M., BGHSt 4, 122 - 125; Sch-Sch-Stree, § 257, Rn. 15.

443   Welzel, Das Deutsche Strafrecht, 394.

444   BGHSt 24, 166.

445   Siehe dazu BGH, Beschluss vom 03.11.2011 – 2 StR 302/11 = **juris**byhemmer = **Life&Law 12/2012, 880 - 887**.

446   Vgl. BGH, NJW 1985, 814 = **juris**byhemmer.

§ 257 ist, was den zeitlichen Anwendungsbereich angeht, einschlägig, da durch das Ablegen der Beute der Rechtsgutsangriff abgeschlossen wurde und der Raub als Vortat damit beendet ist.[447] Daher ergeben sich auch keine Abgrenzungsschwierigkeiten zur sukzessiven Beihilfe. Allerdings setzt § 257 StGB voraus, dass der Vortäter den durch seine Tat erlangten Vorteil noch innehat.[448] Dies ist vorliegend gerade nicht der Fall. Eine Bestrafung wegen (untauglichen) Versuchs einer Begünstigung scheidet schon deshalb aus, weil dieser nicht mit Strafe bedroht ist.

4. Subjektiver Tatbestand

Subjektiver Tatbestand

Für den Vorsatz genügt - wie meist - dolus eventualis.

208

Der Vorteil, auf den sich die Absicht bezieht, muss *unmittelbar* aus der Vortat erwachsen sein.

Allerdings geht die h.M. aufgrund der Tatsache, dass § 257 von „Vorteilen der Vortat" und nicht wie § 259 von 'erlangten Sache' spricht, davon aus, dass eine Sachidentität nicht zwingend erforderlich ist.

> **Bsp.:** *T hat von O 5.000 € mittels eines Betrugs erschwindelt. Er zahlt dieses Geld auf ein Bankkonto ein. B legt dieses Geld für ihn in Wertpapieren an.*

Hier ist trotz fehlender Sachidentität eine Absicht des B, dem T *die Vorteile der Tat zu sichern*, zu bejahen. Der geldwerte Vorteil bleibt auch dann bestehen, wenn er sich durch eine Gutschrift auf einem Bankkonto realisiert.

Der angestrebte Sicherungserfolg muss nicht eintreten, es genügt insoweit, dass der Täter ihn beabsichtigt *(überschießende Innentendenz)*.

5. Die Strafbarkeit von Vortatbeteiligten

Strafbarkeit von Vortatbeteiligten

Bei der Strafbarkeit der Vortatbeteiligten ist zu differenzieren:

209

Selbstbegünstigung

Erforderlich i.R.d. § 257 ist, dass die Hilfeleistung einem anderen geleistet wird. Die sog. *Selbstbegünstigung* ist also bereits gar nicht *tatbestandsmäßig*.

Tatbestandsmäßig, aber straflos handelt der eine Fremdbegünstigung verwirklichende Vortatbeteiligte, der wegen dieser Beteiligung *strafbar* ist (vgl. Abs. 3). Dieser Vorschrift liegt der konkurrenzrechtliche Gedanke der mitbestraften Nachtat zugrunde. Eine Ausnahme wird durch den § 257 III S. 2 konstituiert. Danach kann ein Vortatbeteiligter, der auf Unbeteiligte einwirkt, *Anstifter* einer Begünstigung sein, die ihm selbst zugutekommt.

> **Fall:** *Die Brüder A und B stehlen aus dem Haus ihres Vaters Bargeld in Höhe von 5.000 €. Nachdem sie die Beute geteilt haben, wird B geschnappt. Beim polizeilichen Verhör macht er falsche Angaben hinsichtlich des ihm bekannten Beuteverstecks des A. Danach bittet er den C, der ebenfalls das Beuteversteck des A kennt, doch auch falsche Angaben vor der Polizei zu machen. C kommt diesem Wunsch nach.*
>
> *Strafbarkeit des B aus § 257, wenn der Vater keinerlei Strafanträge stellt?*

[447]　Vgl. BGH a.a.O.

[448]　BGHSt 24, 166 - 168 = **juris**byhemmer; BGH, Beschluss vom 6. Mai 1982 - 2 StR 191/82.

1. B könnte sich dadurch, dass er falsche Angaben hinsichtlich des Beuteverstecks des A gemacht hat, aus § 257 strafbar gemacht haben. Eine rechtswidrige Vortat i.S.d. § 11 I Nr. 5 liegt vor. Die Angabe eines falschen Beuteverstecks ist objektiv geeignet, dem A die durch den Diebstahl erlangten Vorteile dagegen zu sichern, dass sie ihm zugunsten des Verletzten entzogen werden, so dass eine Hilfeleistung i.S.d. Vorschrift vorliegt. B handelte auch mit der Absicht, dem A die Vorteile der rechtswidrigen Tat zu sichern.

Fraglich könnte die *Strafbarkeit* des B aus § 257 deswegen sein, weil er Mittäter des Diebstahls (§ 242) und damit Vortatbeteiligter war. Allerdings kann er mangels Strafantrags des Vaters wegen § 247 nicht aus der Vortat strafrechtlich belangt werden. Die h.M. lässt jedoch für das Eingreifen der Ausschlusswirkung des § 257 III S. 1 genügen, dass eine grundsätzliche Strafbarkeit wegen der Vortat gegeben ist.[449] Die Tatsache, dass die Vortatbeteiligung mangels Antrags oder aufgrund Verjährung nicht verfolgbar sei, ändere am Eingreifen dieses Privilegs nichts.

2. B könnte sich dadurch, dass er den C gebeten hat, ebenfalls falsche Angaben über das Beuteversteck zu machen, wegen Anstiftung zur Begünstigung (§§ 257, 26) strafbar gemacht haben. Von einer rechtswidrigen Haupttat des C kann hier ausgegangen werden, so dass B durch seine Bitte den Tatentschluss zur Begehung einer Begünstigung hervorgerufen hat. Da C nicht an der Vortat beteiligt war, kann wegen § 257 III S. 2 der Strafausschluss des § 257 III S. 1 nicht eingreifen.

Da hier jedoch die Vortat ein absolutes Antragsdelikt war (§ 247), kann B nur dann aus § 257 strafrechtlich belangt werden, wenn der Vater einen entsprechenden Antrag stellt (§ 257 IV).[450] Dies ist jedoch unterblieben.

IX. Hehlerei, § 259

1. Übersicht

Schutzgut

Schutzgut der Hehlerei ist das *Vermögen*.[451]   210

Strafgrund ist die Aufrechterhaltung der durch die Vortat geschaffenen rechtswidrigen Vermögenslage (*Perpetuierungstheorie*).

Tatobjekt sind nur Sachen, nicht Forderungen und Rechte. Das deutsche Strafrecht kennt keine sog. „Werthehlerei".

hemmer-Methode: Anders ist es etwa beim Tatbestand der Geldwäsche, § 261. Hier kann jeder Gegenstand Tatobjekt sein, also auch Forderungen.

Prüfungsschema zu § 259

I. Tatbestand

  1. Objektiver Tatbestand

    a) Hehlereiobjekt:

      aa) Sache,

      bb) die ein anderer gestohlen oder sonst durch eine gegen fremdes Vermögen gerichtete rechtswidrige Tat (Vortat) erlangt hat

    b) Tathandlung

      aa) Ankaufen oder sonst sich oder einem Dritten Verschaffen,

      bb) Absetzen oder

      cc) Absatzhilfe

---

[449] Vgl. Sch-Sch-Stree, § 257, Rn. 31.

[450] Vgl. Sch-Sch-Stree, § 257, Rn. 37.

[451] Instruktiv u.a. auch zur Hehlerei der Beitrag von **Berberich/Löper, Anschlussdelikte – Begünstigung, Strafvereitelung und Hehlerei in Life&Law 07/2014, 534 ff.**

> 2. **Subjektiver Tatbestand**
>
>   a) Vorsatz
>
>   b) Absicht, sich oder einen Dritten zu bereichern
>
> II. **Rechtswidrigkeit**
>
> III. **Schuld/evtl. Strafantragserfordernis, §§ 259 II, 247, 248a**

2. Vollendete Vortat

Vortat

Neben der Diebstahlsalternative ist die zweite Vortatalternative des §259 I recht allgemein gehalten: Gegen fremdes Vermögen gerichtet ist jede Tat, die durch Verletzung von Vermögensinteressen zu einer rechtswidrigen Vermögenslage führt (z.B. §§ 242, 263, 292, 257). Dies müssen nicht unbedingt Vermögensdelikte sein (z.B. auch §§ 267, 257, 240).[452] Die Rechtswidrigkeit der Lage muss bei Vornahme der Hehlereihandlung noch fortbestehen.[453]

211

> **Bsp.:** *O hat T ein wertvolles Buch geliehen. T veräußert dieses Buch an den gutgläubigen G für 150 €. G wiederum veräußert das Buch an H, der Kenntnis von den gesamten Vorfällen hat.*
>
> Zwar hat T an dem Buch eine veruntreuende Unterschlagung (§ 246 II) begangen. Da G an diesem Buch gem. §§ 929, 932 BGB gutgläubig Eigentum erworben hat, wurde die rechtswidrige Besitzlage jedoch beseitigt. Aus diesem Grund kann der bösgläubige H nicht wegen Hehlerei bestraft werden.

> **Life&Law:** Der BGH hat festgestellt, dass ein Versicherungsmissbrauch gem. § 265 als Vortat einer Hehlerei nicht in Betracht kommt.[454] Denn allein dadurch, dass der Eigentümer einer versicherten Sache diese beiseiteschafft, um einen Versicherungsfall vorzutäuschen, hat er den Gegenstand nicht „erlangt" i.S.d. § 259 I. Zudem ist allein durch dieses Verhalten noch nicht ein rechtswidriger Vermögenszustand eingetreten, der durch eine Hehlereihandlung aufrechterhalten werden könnte.

Abgrenzung: Vortat/Hehlerei

Die Sachhehlerei ist eine *Anschlusstat*, d.h. die Sacherlangung durch den Vortäter muss vor der Hehlereihandlung erfolgen.

212

Strittig ist hierbei, wie Vortat und Hehlerei voneinander abzugrenzen sind. Die h.M. verlangt, dass die Vortat bereits *vollendet* ist.

> **Fall:** *Max hat Milli eine CD geliehen. Milli lässt Ali, der die Eigentumsverhältnisse an der CD kennt, kommen und bietet ihm die CD zum Kauf an. Ali nimmt erfreut an.*
>
> *Strafbarkeit des Ali nach § 259 I?*
>
> I. Objektiver Tatbestand
>
> Ali hat von Milli eine Sache angekauft. Milli müsste die CD durch eine gegen fremdes Vermögen gerichtete rechtswidrige Vortat erlangt haben.
>
> Jedenfalls durch die Weitergabe der CD hat sich Milli als Eigentümerin der CD geriert, d.h. sich die CD zugeeignet. Milli hat sich somit gem. § 246 II strafbar gemacht.

---

452   Wessels, BT-2, Rn. 830 f.

453   SK-Samson, § 259, Rn. 11.

454   BGH, NStZ 2005, 447 - 448 = **juris**byhemmer = **Life&Law 10/2005, 679 - 686.**

Allerdings ist fraglich, ob die Unterschlagung als taugliche Vortat bereits vor der Entgegennahme durch Ali vollendet war. Es ist umstritten, ob die Hehlerei vor Vollendung der Vortat möglich ist.

(a) Nach *einer Mindermeinung*[455] kann die Vortat auch in einer Verfügung zugunsten des Hehlers liegen. Damit liegt hier Hehlerei des Ali vor.

(b) Eine *andere Mindermeinung*[456] verlangt, die Vortat müsse beendet sein, ehe Hehlerei möglich sei. Danach wäre vorliegend die Strafbarkeit des Ali nach § 259 I wohl zu verneinen. Zu einer Bestrafung käme man nur gem. §§ 246 I, 27 (i.V.m. § 28 II).

(c) Die h.M.[457] geht einen Mittelweg und fordert die *Vollendung* der Vortat. Für die herrschende Meinung spricht der eindeutige Wortlaut („gestohlen *hat*", „erlangt *hat*").

Aber auch mit der h.M. kommt man zu einer Bestrafung des A, da Milli eine vollendete Unterschlagung begangen hat: Nach ganz h.M. hat Milli die Unterschlagung nicht erst mit der Weitergabe der CD, sondern bereits mit der Verkaufsofferte vollendet. Bereits darin hat sich ihr Zueignungswillen manifestiert. Eine taugliche Vortat liegt damit vor.

II. Ali handelte vorsätzlich und mit der nötigen Bereicherungsabsicht, die Tat war rechtswidrig und schuldhaft. Ali hat sich gem. § 259 I strafbar gemacht. Zu beachten ist das Strafantragserfordernis nach §§ 259 II, 248a.

3. Keine Ersatzhehlerei

Erlangung

Die gehehlte Sache muss unmittelbar durch die Vortat erlangt sein, es muss also eine *Identität zwischen erlangter und gehehlter Sache* bestehen. Es gibt *keine Ersatzhehlerei*, d.h. nur mittelbar durch eine Vortat erlangte Sachen genügen für § 259 I nicht. Zur Verdeutlichung folgende Fälle:

213

Fall 1: A entwendet B einen 500 €-Schein. Er kauft von dem Geld bei C eine Handtasche und schenkt diese der voll informierten F. Strafbarkeit der F?

214

Lösung zu Fall 1:

F könnte sich gem. § 259 I strafbar gemacht haben. Dann müsste sie sich eine Sache verschafft haben, die ein anderer gestohlen oder sonst durch eine gegen fremdes Vermögen gerichtete rechtswidrige Tat erlangt hat.

(1) Die Vortat von A könnte im Diebstahl des Scheins liegen. Es fehlt aber an der Identität zwischen erlangter Sache (Schein) und gehehlter Sache (Tasche). Es fehlt somit an der notwendigen Unmittelbarkeitsbeziehung.

Dieses Erfordernis ergibt sich schon aufgrund des Wortlauts („*Sache*, die ein anderer *gestohlen* hat"): Gestohlen ist nur das Geld, nicht die Tasche. Zudem ergibt sich diese Voraussetzung auch aus dem Schutzzweck der *Perpetuierung*: Strafgrund ist die Aufrechterhaltung der rechtswidrigen Vermögenslage, Zwischenakte unterbrechen diesen Zusammenhang.[458]

hemmer-Methode: Merken Sie sich unbedingt die einschlägigen Sound-Worte: „keine Ersatzhehlerei", „Unmittelbarkeitserfordernis" und „Perpetuierung". Prägen Sie sich aber auch die wesentlichen Argumente ein. Nur dann können Sie die Problematik richtig verstehen und jederzeit wieder herleiten.

[455]   Sch-Sch-Stree, § 259, Rn. 15.

[456]   Fischer, § 259, Rn. 8.

[457]   Wessels, BT-2, Rn. 832; BGHSt 13, 403 - 407; Krey, BT-2, Rn. 581 ff.

[458]   Krey, BT-2, Rn. 572 f.

(2) Vortat könnte aber ein Betrug gegenüber C gewesen sein. A spiegelte C vor, Eigentümer des Geldscheins zu sein und erregte daher bei C einen entsprechenden Irrtum, aufgrund dessen C die Tasche übereignete. Gem. §§ 929 S. 1, 932 I S. 1 BGB hat C aber Eigentum am Schein erlangt.

Der Diebstahl steht gem. § 935 II BGB nicht entgegen. Fraglich ist, ob C dennoch einen Vermögensschaden erlitten hat. Damit ist das Problem der sog. *Makeltheorie* angesprochen. Während Vertreter dieser Ansicht auch beim gutgläubigen Erwerb einer nicht dem Veräußerer gehörenden Sache einen Vermögensschaden bejahen, verneint die herrschende Lehre dies mit stichhaltigen Argumenten.[459] Mangels Vortat ist F demgemäß nicht gem. § 259 I strafbar.

hemmer-Methode: In der Klausur sollten Sie natürlich das Problem der Makeltheorie, wie unter Rn. 158 ausgeführt, ordentlich diskutieren. Eine nochmalige ausführliche Diskussion unterbleibt hier nur aus Platzgründen. Sie sehen aber schon, dass § 259 sich hervorragend für eine Examensklausur eignet: Denn im Rahmen des objektiven Tatbestands müssen Sie innerhalb einer Schachtelprüfung die Vortat prüfen, die für sich gesehen viele Einzelprobleme aufweisen kann.

Fall 2: Die lebenslustige A entwendet dem zudringlichen B seinen goldenen Ehering und verkauft den Ring dem gutgläubigen C für 500 €. A verwendet das Geld wie folgt: *215*

a) Sie kauft bei D ein Skateboard und schenkt es ihrem Freund F1.

b) F2 erhält das Wechselgeld vom Skateboardkauf.

c) Dem F3 gibt sie einen der zehn von C erhaltenen 50 €-Scheine.

d) F4 und A gehen zusammen in eine Modeboutique. Hier kauft A dem F4 eine Lederjacke nach dessen Wahl.

F1 - F4 hatten Kenntnis von der Herkunft des Geldes. Haben sie sich gem. § 259 I strafbar gemacht?

Lösung zu Fall 2:

Zu a) Der Diebstahl des Rings scheidet als Vortat aus, insofern handelt es sich hier nur um eine straflose Ersatzhehlerei. Vortat könnte ein Betrug gegenüber C gewesen sein.

C hat der A irrtumsbedingt 500 € übereignet (Vermögensverfügung), aber am Ring gem. § 935 I BGB kein Eigentum erworben (Vermögensschaden). Damit liegt ein Betrug gegenüber C vor.

Geld (von C erlangt) und Skateboard (gehehlt) sind aber nicht identisch. Daher ist der Betrug gegenüber C keine taugliche Vortat. Vortat könnte hingegen ein Betrug gegenüber D sein. D hat aber Eigentum am Geld der A erlangt, da diese ihrerseits Eigentümerin der 500 € war. Es liegt also *kein Betrug gegenüber D* vor. F1 ist mangels Vortat nicht strafbar gem. § 259 I.

Zu b) Das Wechselgeld ist für F2 nicht identisch mit den aus dem Betrug gegenüber C erlangten Geldscheinen. Somit ist auch hier eine straflose Ersatzhehlerei anzunehmen.

Eine Mindermeinung[460] bejaht bei *Geld* jedoch ausnahmsweise die Strafbarkeit der Ersatzhehlerei. Dieses Ergebnis wird auf die *Wertsummentheorie* gestützt: Letztlich komme es bei dem Geld nicht auf den einzelnen Schein, sondern allein auf den verkörperten Wert an. Zwischen gestohlenem und gewechseltem Geld bestehe insofern eine „materielle Identität".

459   Vgl. die ausführliche Diskussion i.R.d. Betrugs, Rn. 156.

460   Vgl. die Nachweise bei Krey, BT-2, Rn. 574.

Die ganz h.M. lehnt die Wertsummentheorie jedenfalls i.R.d. § 259 I ab. Der Wortlaut widerspricht dieser Theorie. Dort ist gerade von der „gestohlenen Sache" die Rede. Die Wertsummentheorie führt demzufolge zu einer Strafbarkeitserweiterung, die aufgrund des in Art. 103 II GG statuierten Analogieverbots unzulässig ist.[461]

hemmer-Methode: Das Problem der Wertsummentheorie haben wir schon beim Diebstahl kennen gelernt (vgl. oben Rn. 26). Dort führt die Wertsummentheorie jedoch zu einer Einschränkung der Strafbarkeit, so dass sich aus Art. 103 II GG kein Gegenargument ergibt. Es handelt sich dort um eine Analogie zugunsten des Täters.

Daher gibt es in der hier vorliegenden Fallkonstellation nach der h.M. keine taugliche Vortat. Ein Betrug gegenüber D liegt nicht vor. F2 ist straffrei.

Zu c) F3 hat einen der Scheine erhalten, die C der A gegeben hat. Dieser Schein stammt also aus dem Betrug gegenüber C, der damit Vortat für die Hehlerei ist. F3 hat sich gem. § 259 I strafbar gemacht.

Zu d) F4 könnte hier Absatzhilfe begangen haben. Dafür genügt es aber nicht, dass der Täter den Vortäter begleitet und sich eine Sache als Geschenk aussucht. Denn der Täter hat in diesem Fall keinerlei Einflussmöglichkeit auf die Verwendung des Geldes, diese liegt allein beim Vortäter (anders, wenn A dem F4 das Geld zum Kauf gegeben hätte).[462] Daher ist keine Strafbarkeit des F4 gem. § 259 I StGB festzustellen.

hemmer-Methode: Gehen Sie in der Klausur systematisch vor: Machen Sie sich zunächst klar, welche Taten der Vortäter begangen hat. Dann prüfen Sie, ob die Sachen aus der Vortat identisch sind mit den gehehlten.

4. Vortat eines anderen

Die gehehlte Sache muss gerade ein anderer gestohlen oder sonst erlangt haben. Hehler können daher nicht der Alleintäter oder der Mittäter der Vortat sein. Fraglich ist indessen, was für den Teilnehmer, also Anstifter bzw. Gehilfen der Vortat, gilt.

Fall 3: Albert und Alma verdienen sich ihren Lebensunterhalt durch Straftaten. So brechen sie gemeinsam zur Nachtzeit in Läden ein, wobei Albert die Kasse ausräumt, während Alma Schmiere steht. Dafür gibt Albert ihr jeweils 25 € von der meist mehrere tausend Euro umfassenden Beute. Strafbarkeit von Alma nach § 259 I?

Alma ist Diebstahlsgehilfin gem. §§ 242 I, 27. Wegen ihres geringen Tatbeitrags ist sie nicht Mittäterin i.S.v. § 25 II. Fraglich ist, ob Alma als Vortatsgehilfin Hehlerin sein kann.

216

Während eine Mindermeinung danach differenziert, ob der Teilnehmer der Vortat es gerade auf die Beute abgesehen hat und in diesem Falle § 259 I verneint, bejaht die ganz h.M., dass der Teilnehmer der Vortat Hehler sein kann.[463] Alma ist daher auch strafbar wegen Hehlerei.

5. Tathandlungen

Begehungsformen

Alle Begehungsformen setzen das *einverständliche Zusammenwirken* zwischen Vortäter und Hehler voraus. Hintergrund hierfür ist, dass Strafgrund für die Hehlerei u.a. das sog. „Anreizinteresse" ist. Gemeint ist damit die Absatzbereitschaft von Hintermännern, welche kriminalpolitisch dazu führt, dass viele Vermögensstraftaten überhaupt erst begangen werden.

217

---

[461] Krey, BT-2, Rn. 575.

[462] Sch-Sch-Stree, § 259, Rn. 39; a.A. BGHSt 10, 1 - 3 = **juris**byhemmer.

[463] Vgl. Fischer, § 259, Rn. 31.

> **Life&Law:** Das zur Erfüllung des Tatbestands der Hehlerei erforderliche einvernehmliche Handeln zwischen Vortäter und Hehler liegt auch in Fällen vor, in denen das Einverständnis des Vortäters auf einer Täuschung beruht.[464]

Es gibt von Gesetzes wegen *vier* Begehungsvarianten:

a) Ankaufen

Ankaufen

Das Ankaufen ist, wie sich schon aus dem Wortlaut ergibt[465], ein Unterfall des Sich-Verschaffens und hat damit keine eigenständige Bedeutung.

218

b) Sich-Verschaffen

Sich-Verschaffen

Sich-Verschaffen bedeutet nach ganz h.M. die Übernahme tatsächlicher Verfügungsgewalt zu eigenen Zwecken im Wege des abgeleiteten Erwerbs, des einverständlichen Zusammenwirkens mit dem Vortäter oder dem sonstigen Vorbesitzer.

219

Der Vortäter muss jede Möglichkeit verlieren, auf die Sache einzuwirken. Im Falle einer Mitverfügungsbefugnis von Vortäter und Erwerber liegt Hehlerei nur vor, wenn beide Teile übereinkommen, dass jeder für sich allein, der Erwerber also unabhängig vom Willen des Vortäters, über die Sache verfügen kann.[466]

Dazu folgende Fälle:

> **Fall 1:** Dieb D gibt seinem ahnungslosen Freund T gestohlene Autoreifen zur Aufbewahrung. Später erfährt T, dass die Reifen gestohlen sind. T veräußert daraufhin die Reifen und verbraucht den Erlös für sich. Strafbarkeit des T?

Lösung zu Fall 1:

Vortat ist der Diebstahl des D. T hatte die Reifen von D aber nicht zu eigenen Zwecken erhalten. Als T sie selbständig veräußerte, fehlte es am einverständlichen Zusammenwirken mit D. Daher liegt keine Hehlerei, wohl aber eine Unterschlagung (§ 246 I) vor.[467]

> **Fall 2:** T hat Nahrungsmittel gestohlen und bietet sie seinem eingeweihten Freund F zum Abendessen an. Strafbarkeit des F nach § 259 I?

Lösung zu Fall 2:

Fraglich ist, ob der *Mitverzehr* als Erlangung von Verfügungsgewalt anzusehen ist.

Nach einer Ansicht ist dies zu bejahen, denn das In-Sich-Bringen sei eine typische Form des Sich-Verschaffens.[468] Diese Ansicht ist aber abzulehnen. Denn nicht der Gast, sondern der Gastgeber entscheidet in der Regel darüber, was und wie viel zum gemeinsamen Verzehr bereitgestellt wird.[469] Daher liegt keine Strafbarkeit des F gem. § 259 I vor.

---

[464] Vgl. BGH, Urteil vom 10.10.2018 – 2 StR 564/17 = **Life&Law 09/2019, 610 - 614** = **juris**byhemmer.

[465] BGHSt 5, 47 – 52 (49); Sch-Sch-Stree, § 259, Rn. 30.

[466] BGHSt 35, 172 - 178 (176) = **juris**byhemmer; **Life&Law 01/2000, 41 - 42**.

[467] Eine veruntreuende Unterschlagung gem. § 246 II dürfte daran scheitern, dass das „Anvertrauen" der Reifen von D an T den Interessen des Eigentümers zuwider laufen, vgl. hierzu Fischer, § 246 Rn. 16.

[468] Welzel, Das Deutsche Strafrecht, 397.

[469] BGH, GA 1963, 211; Fischer, § 259, Rn. 12

Vertretbar wäre hier auch eine andere Auffassung. Jedenfalls im Zeitpunkt des Verzehrs hatte F eigene Verfügungsgewalt über die jeweilige Ware erlangt. Im Verzehr liegt ein Sich-Zueignen i.S.v. §§ 246, 292 und es ist jedenfalls nahe liegend, dann auch ein Sich-Verschaffen i.S.v. § 259 anzunehmen. Andernfalls würde quasi die Dauer der Verfügungsmöglichkeit über das Vorliegen des Tatbestandsmerkmals entscheiden.[470] Selbst wenn man allerdings dieser Gegenansicht folgt, dürfte es wohl an einer vermögensbezogenen Bereicherungsabsicht i.S.d. § 259 I fehlen. Im Ergebnis verbliebe es dann bei einer Straflosigkeit des F gem. § 259 I.

Fall 3: H droht dem Dieb D mit einer Strafanzeige, wenn er ihm nicht den gestohlenen Teppich für 250 € veräußert. D kommt dieser Forderung nach.

Lösung zu Fall 3:

Abnötigen

Fraglich könnte hier das Erfordernis des *einvernehmlichen Zusammenwirkens* zwischen Vortäter und Hehler sein, da H die Sache nur mit Hilfe einer Erpressung des D erlangt hat. Nach früherer h.M. scheiterte der einvernehmliche abgeleitete Erwerb nicht bereits daran, dass der Täter die Willensentschließung des Vorbesitzers durch Täuschung oder Drohung beeinflusst.[471] Als Argument dafür wurde ein Vergleich mit § 123 BGB angeführt: auch dort sei die abgenötigte Willenserklärung noch eine „gewollte" Erklärung.

Indes hat der BGH klargestellt, dass eine Nötigung des Vortäters kein „Sich-Verschaffen" i.S.v. § 259 darstellt.[472] Dafür sprechen im Wesentlichen zwei Überlegungen: Zum einen fehlt es hier an der besonderen Gefährlichkeit, die von einem Hehler typischerweise dadurch ausgeht, dass er dem Dieb die gefahrlose Verwertung seiner Beute ermöglicht, d.h. einen ständigen Anreiz zur Begehung weiterer Taten schafft.

Zum anderen ist unstreitig, dass die Wegnahme einer gestohlenen Sache, d.h. der Diebstahl oder Raub, kein „Sich-Verschaffen" darstellt. Es wäre daher widersinnig, wenn man denjenigen, der die Sache „nur" abnötigt (*vis compulsiva*), schwerer bestrafen würde als denjenigen, der sie unter Anwendung von Gewalt in Form von *vis absoluta* an sich bringt.

Sachbetrug

Diese Rechtsprechung hat viel Zuspruch gefunden. Offen bleibt jedoch, ob das Erfordernis des abgeleiteten Erwerbs zukünftig auch dann von der Rechtsprechung abgelehnt werden wird, wenn der Täter anstelle von *Nötigung* oder *Erpressung* die Sache durch (Sach-)*Betrug* erlangt. Auch hier dürfte konsequenterweise ein „einvernehmliches Zusammenwirken" abzulehnen sein.[473]

hemmer-Methode: Es handelt sich hier um ein Problem, das sich besonders gut zur Notendifferenzierung in eine Standardklausur einbauen lässt. Viele Bearbeiter werden gar nicht an § 259 denken. Will der Klausurersteller darüber hinaus zu eigenständigem Denken zwingen, so bringt er den Fall nicht in der bekannten Variante der Nötigung, sondern des (Sach-)Betrugs.

c) Absetzen und Absetzenhelfen

Absetzen und Absetzenhelfen

Absetzen ist die selbständige rechtsgeschäftliche Verwertung der Sache im Fremdinteresse (des Vortäters), Absetzenhelfen die unselbständige Unterstützung des Vortäters hierbei.

220

aa) Absatzerfolg erforderlich?

Strittig ist, ob beim Absetzen der *Absatzerfolg* eingetreten sein muss.

221

---

[470]   Sch-Sch-Stree, § 259, Rn. 24 m.w.N.

[471]   Sch-Sch-Stree, § 259, Rn. 42.

[472]   BGH, JZ 1996, 1133 - 1135 = **juris**byhemmer.

[473]   So auch Hruschka, Zum Kriterium des Hilfeleistens im Rahmen des Hehlereitatbestandes, JZ 1993, 1135; Krey, BT-2, Rn. 587a.

Fall: A gibt ein gestohlenes Fahrrad an B, damit dieser es für Rechnung des A selbständig veräußert. B beginnt mit der Suche nach Kunden. Bevor er Erfolg hat, beschlagnahmt die Polizei das Rad.

Strafbarkeit des B nach § 259 I?

Lösung:

B wollte das Rad selbständig im Fremdinteresse veräußern, also absetzen. Er ist zwar tätig geworden, der Erfolg ist aber nicht eingetreten.

(a) Nach der h.L.[474] ist der Erfolg erforderlich, da das Absetzen bzw. die Absatzhilfe quasi die Kehrseite des Verschaffens sei. Beim Verschaffen sei der Erfolg nach allgemeiner Ansicht für die Vollendung erforderlich.

Ließe man für das Absetzen bereits dessen Versuch ausreichen, so bedeute es eine dem Analogieverbot aus Art. 103 II GG widersprechende Missachtung der Auslegungsschranke „möglicher Wortsinn des Gesetzes".[475]

(b) Dagegen nahm die frühere Rspr.[476] an, dass die bloße Handlung genüge. § 259 a.F. sprach von einem *„Mitwirken beim Absatz"*, wofür die h.M. eine auf den Absatz hinzielende Tätigkeit genügen ließ.[477] Der Gesetzgeber habe mit der Neufassung des § 259 I *(„Absetzen"* bzw. *„Absetzen-Helfen"*) lediglich klarstellen wollen, dass sowohl selbständige, als auch unselbständige Absatzbemühungen den Tatbestand des § 259 I erfüllen. Den Eintritt eines Absatzerfolgs habe der Gesetzgeber damit gerade nicht statuieren wollen. Denn während der Absatzbemühungen bleibt die rechtswidrige Besitzlage mit Hilfe des Täters aufrechterhalten („perpetuiert"), während beim Sich-Verschaffen der Täter erst ab Erfolgseintritt an der Perpetuierung teilhat.

(c) Mittlerweile hat sich die Rspr. gewandelt und hält die Argumente der h.L. für überzeugend. Für das Erfordernis eines Absatzerfolges spricht bereits der eindeutige Gesetzeswortlaut. Zudem ist anderenfalls ein Versuch des Absetzens quasi nicht möglich, was insbesondere den „Absatz-Helfer" i.S.d. § 259 I, welchem schon die Strafrahmenverschiebung des § 27 II S. 2 nicht zugutekommt, unangemessen benachteiligt.[478]

Nach der Rspr. und h.L. hat sich B daher nur wegen versuchter Hehlerei gem. §§ 259 I Var. 2, 22, 23 I strafbar gemacht.

bb) „Absatzhilfe" zur Schließung von Strafbarkeitslücken

Das Problem der *Absatzhilfe* stellt sich in Konstellationen wie der folgenden:

222

Fall: A stiehlt einen wertvollen Ring. B vermittelt den bösgläubigen Interessenten C, der den Ring von A kauft.

Strafbarkeit von C und B?

Lösung:

C hat den Tatbestand des § 259 I durch ein Sich-Verschaffen (bzw. Ankaufen als Unterfall) erfüllt.

Fraglich ist die Strafbarkeit des B:

---

474 Sch-Sch-Stree, § 259, Rn. 38 m.w.N.

475 Krey, BT-2, Rn. 592.

476 BGHSt 26, 358 = **juris**byhemmer; BGHSt 27, 45 - 52 = **juris**byhemmer; Fischer, § 259, Rn. 18 f. m.w.N.

477 BGHSt 22, 206 - 209.

478 Vgl. BGH, Anfragebeschluss vom 14.05.2013 – 3 StR 69/13 = **juris**byhemmer = **Life&Law 01/2014, 24 – 28.**

B hat keine Verfügungsmacht über den Ring erhalten und ihn sich damit nicht verschafft. Er hat ihn auch nicht abgesetzt, denn seine Vermittlungstätigkeit war nur unselbständig. Eine Beihilfe zur Hehlerei des A gem. §§ 259 I , 27 scheidet aus, da A als *Vortäter nicht sein eigener Hehler* sein kann (kein „anderer" als Vortäter) und es daher an der für die akzessorische Teilnahme nötigen Haupttat fehlt.

Beihilfe zum Diebstahl des A liegt nicht vor, da dieser längst beendet war, als B tätig wurde.

Diese Strafbarkeitslücke schließt das Merkmal der Absatzhilfe: B hat den Vortäter A unselbständig bei der Veräußerung unterstützt. B ist damit strafbar gem. § 259 I Var. 3 (nicht: §§ 259 I Var. 2, 27).

hemmer-Methode: Ordnen Sie das Merkmal der Absatzhilfe richtig ein: Es ist geschaffen worden, weil der Vortäter nicht Hehler sein kann und weil das Absetzen Selbständigkeit erfordert. Daher ist quasi die Beihilfe zur Hehlerei tatbestandlich verselbständigt. Unterscheiden Sie die drei Fälle:
Selbständiges Absetzen (§ 259 I Var. 2), Beihilfe zum Absetzen des Hehlers (§§ 259 I Var. 2, 27), Beihilfe zum Absetzen des Vortäters (§ 259 I Var. 3 - Absatzhilfe).
Da § 259 I Var. 3 allein die bestehende Strafbarkeitslücke schließen soll, ist Variante 3 nur dann einschlägig, wenn sonst keine Strafbarkeit (etwa wegen Beihilfe zum Absetzen) bejaht werden kann.

6. Subjektiver Tatbestand

Subjektiver Tatbestand

Neben dem Vorsatz muss der Täter die Absicht haben, sich oder einen Dritten zu bereichern. Nach Ansicht des *BGH kann der Vortäter nicht der Dritte sein.*[479] Als Argument wird der Wortlaut des § 259 angeführt, der bezogen auf den Vortäter von einem „anderen" und nicht von einem „Dritten" spricht. Außerdem sei für Bereicherungsstreben zugunsten des Vortäters § 257 abschließend.[480]

Beachten Sie: Anders als bei § 263 ist nach ganz h.M. die *Rechtswidrigkeit* des erstrebten Vermögensvorteils *nicht* notwendig.[481]

223

224

Auch *Stoffgleichheit* zwischen Hehlereigegenstand und Vorteil ist *nicht* erforderlich, denn es kann keinen Unterschied machen, ob z.B. der Absatzgehilfe seine Belohnung aus der Deliktsbeute oder aus sonstigen Mitteln erstrebt.[482]

Life&Law: Beim Erwerb gestohlener Waren über eine Internet-Auktion (z.B. ebay) ist auch bei einem deutlich unter dem regulären Neupreis liegenden Zuschlag nicht ohne weiteres der Rückschluss gerechtfertigt, der Ersteigerer nehme billigend in Kauf, dass es sich um Diebesgut handele.[483]

hemmer-Methode: Setzen Sie beim Lernen die richtigen Schwerpunkte! § 259 ist ein beliebtes Delikt, da es leicht in jeden Sachverhalt mit Vermögensdelikten zur Abrundung des Falles eingebaut werden kann. Belasten Sie sich aber auch hier nicht mit Spezialwissen. Es ist arbeitsökonomischer und erfolgversprechender, wenn Sie die Schlagwörter und die grundlegenden Probleme lernen.

---

[479] BGH, NStZ 1995, 595 = **juris**byhemmer.

[480] BGH a.a.O.

[481] SK-Samson, § 259 Rn. 38; a.A. nur Arzt, Die Hehlerei als Vermögensdelikt, NStZ 1981, 10 - 15 (12).

[482] Sch-Sch-Stree, § 259, Rn. 49; anders Fischer, § 259, Rn. 28 ohne Begründung, aber m.w.N., Arzt, Die Hehlerei als Vermögensdelikt, NStZ 1981, 10 - 15 (13).

[483] So zu Recht das LG Karlsruhe, StV 2008, 362 - 364 = **juris**byhemmer, besprochen in **Life&Law 03/2008, 179 - 183**.

7. Hehlereiqualifikationen

§ 260 I enthält eine Hehlereiqualifikation für den Fall der Gewerbsmäßigkeit bzw. Bandenmitgliedschaft.[484] Beide Qualifikationsmerkmale sind als besondere persönliche Merkmale i.S.d. § 28 II anerkannt.[485]

§ 260a enthält eine weitere Qualifikation für den Fall des Zusammentreffens von Gewerbsmäßigkeit und Bandenmitgliedschaft.

X. Geldwäsche, § 261

1. Einführung

Ursprüngliche Konzeption

Seiner ursprünglichen Konzeption nach diente § 261 der Bekämpfung der organisierten Kriminalität, indem das Einschleusen von Vermögensgegenständen, die aus unerlaubten Drogengeschäften, aus Verbrechen oder aus von einem Mitglied einer kriminellen Vereinigung begangenen Vergehen stammen, in den legalen Finanz- und Wirtschaftskreislauf unter Strafe gestellt wurde.[486]

Ausweitung auf schwerwiegende Kriminalität

Dieses Ziel wurde in der Folge auf die Bekämpfung anderer schwerwiegender Kriminalität ausgeweitet, ohne dass im Einzelfall ein Bezug zur organisierten Kriminalität bestehen muss.

Referentenentwurf zur Verbesserung der Bekämpfung der Geldwäsche

Entsprechend eines Referentenentwurfs des Bundesministeriums der Justiz und für Verbraucherschutz gilt die Geldwäsche als ein bedeutendes Problem auf nationaler, europäischer und globaler Ebene. Sie schadet der Integrität, Stabilität und dem Ansehen der Finanzbranche und gefährdet den europäischen Binnenmarkt sowie die innere Sicherheit der Bundesrepublik Deutschland und der Europäischen Union. Daher soll das strafrechtliche Regelwerk zur Bekämpfung der Geldwäsche verbessert werden.[487]

hemmer-Methode: Geplant ist, dass die vorgeschlagenen Änderungen bis zum 03.12.2020 in nationales Recht umzusetzen sind. Im Folgenden werden bereits die geplanten Neuerungen behandelt.

2. Tatbestand

Aufbaumäßig ist die Geldwäsche an den Tatbestand der Hehlerei angelehnt, also ein typisches Anschlussdelikt.

Prüfungsschema zu § 261

I. Tatbestand

  1. Objektiver Tatbestand

    a) Tatobjekt

      aa) Tatertrag, Tatprodukt oder ein an dessen Stelle getretener anderer Vermögenswert

      bb) bei Auslandstaten: § 261 VII

    b) Tathandlung

      aa) Aufzählung in § 261 I S. 1 Nr. 1-4

      bb) Weitere Tathandlungen in § 261 II

---

[484] Vgl. hierzu die obigen Ausführungen zu § 243 I S. 2 Nr. 3 (Rn. 29) und § 244 I Nr. 2 (Rn. 39).

[485] Krey, BT-2, Rn. 605.

[486] Vgl. Bundestagsdrucksache 12/989, S. 26 f.; Bundestagsdrucksache 12/3533, S. 10 f.

[487] Abrufbar unter https://www.bmjv.de/SharedDocs/Gesetzgebungsverfahren/Dokumente/RefE_Geldwaesche_Bekämpfung.

> **c)** Tatbestandsausschluss: Wenn ein Dritter zuvor den Vermö-
> gensgegenstand erlangt hat, ohne hierdurch eine Straftat zu
> begehen
>
> **2. Subjektiver Tatbestand**
>
> Vorsatz i.S.v. § 15

hemmer-Methode: Nach bisheriger Fassung von § 261 steht auch ein leichtfertiges Handeln unter Strafe, vgl. § 261 V. Hiervon nimmt der Gesetzgeber nunmehr bewusst Abstand. Die mit der Änderung einhergehende Ausweitung der Norm macht es aus Gründen der Eingrenzung und Ausgewogenheit der Strafandrohung notwendig, die weiteren Voraussetzungen der Regelung zu präzisieren und einzuschränken.

a) Vortat

Alle Straftaten taugliche Vortat

Nach der geplanten Neufassung sollen alle Straftaten taugliche Vortaten sein. Damit wird der Anwendungsbereich der Vorschrift deutlich erweitert. Ziel ist es, damit die strafrechtliche Bekämpfung der Geldwäsche zu verbessern.

hemmer-Methode: Für die Klausursituation bedeutet dies, dass der Geldwäschetatbestand deutlich häufiger verwirklicht sein kann. Es bleibt abzuwarten, wie die Prüfungsämter hierauf reagieren. Gut möglich erscheint es, dass der Tatbestand der Geldwäsche regelmäßig von der Bearbeitung ausgeschlossen wird. Jedenfalls sollte man sich einmal mit § 261 befassen, um die Vorschrift, sollte sie nicht ausgeschlossen sein, nicht zu übersehen.

Besonderheit für Strafverteidiger

Eine Besonderheit gilt für Strafverteidiger: Nimmt ein solcher ein Honorar für seine Tätigkeit an, handelt er in den Fällen von § 261 I S. 1 Nr. 3 und 4 nur dann vorsätzlich, wenn er zu dem Zeitpunkt der Annahme des Honorars sichere Kenntnis (dolus directus 2. Grades) von dessen Herkunft hatte, vgl. § 261 I S. 3.

Hintergrund für diese Besonderheit ist vor allem die Wahrung der Berufsfreiheit des Strafverteidigers, Art. 12 I GG. Die Gefahr einer möglichen Strafbarkeit würde die professionelle Arbeit des Strafverteidigers erheblich erschweren oder unmöglich machen. Zudem müsste ein Beschuldigter damit rechnen, dass sein Verteidiger das Mandat im Interesse des Selbstschutzes niederlegt. Eine Zerstörung des Vertrauensverhältnisses Anwalt/Mandant wäre die Folge. Schließlich hätte ein „Berufsverbrecher" nur noch die Möglichkeit, sich von einem Pflichtverteidiger verteidigen zu lassen.[488]

Vortäter

Die Vortat muss nicht die Tat eines anderen sein. Jedoch sieht § 261 VI vor, dass derjenige, der wegen Beteiligung an der Vortat strafbar ist, nach § 216 I-V nur dann bestraft wird, wenn er den Vermögensgegenstand in den Verkehr bringt und dabei dessen rechtswidrige Herkunft verschleiert.

Tatbestandsausschluss

Eine Strafbarkeit ist dann ausgeschlossen, wenn ein Dritter zuvor den Vermögensgegenstand erlangt hat, ohne hierdurch eine Straftat zu begehen. Dieser Ausschluss ist erforderlich, weil sonst eine nahezu uferlose „Kontamination" weiter Teile des allgemeinen Wirtschaftskreislaufs droht.

---

[488] BVerfG, NJW 2004, 1305 - 1313 = **juris**byhemmer = **Life&Law 07/2004, 475 - 481**. Mit Beschluss vom 28.07.2015 hat das BVerfG dies nun auch hinsichtlich des Vereitelungs- und Gefährdungstatbestands § 261 I S. 1 klargestellt, vgl. 2 BvR 2558/14 (u.a.).

b) Tatobjekt

Tatertrag, Tatprodukt oder ein an dessen Stelle getretener Vermögensgegenstand

Als Tatobjekt der Geldwäsche kommt jeder Tatertrag, jedes Tatprodukt oder ein an dessen Stelle getretener Vermögensgegenstand in Betracht. Der Bereich möglicher Tatobjekte ist damit denkbar weit und erfasst auch virtuelle Werte (wie z.B. Krypto-Währungen). Als Tatobjekt werden insbesondere auch Surrogate – anders als bei der Hehlerei, § 259 I („erlangt hat") – erfasst.

c) Tathandlungen

§ 261 I Nr. 1-3, II

Die möglichen Tathandlungen werden neu systematisiert. Neben den klassischen Tathandlungen, die in § 261 I S. 1 Nr. 1-3 aufgezählt sind, kommen auch Verschleierungshandlungen gem. § 261 II als taugliche Tathandlung in Betracht.

hemmer-Methode: Gerade bei Verschleierungshandlungen wird häufig auch eine Verwirklichung der §§ 257, 258 in Betracht kommen. Es bleibt abzuwarten, wie die Rechtsprechung hiermit konkurrenzrechtlich umgeht.

d) Subjektiver Tatbestand

Vorsatz

Die Geldwäsche erfordert Vorsatz, wobei dolus eventualis ausreichend ist. Nimmt ein Strafverteidiger ein Honorar an, ist an die in § 261 I S. 3 geregelte Besonderheit zu denken. In den Fällen von § 261 I S. 1 Nr. 3 und 4 handelt er demnach nur dann vorsätzlich, wenn er zu dem Zeitpunkt der Annahme des Honorars sichere Kenntnis von dessen Herkunft hatte.

hemmer-Methode: In der Praxis lassen sich deshalb Strafverteidiger ihr Honorar in bestimmten Fällen (z.B. Wirtschaftskriminalität) vorab bezahlen. Der geleistete Geldbetrag sollte den gesamten Verfahrensgang abdecken, da sonst der Strafverteidiger später wegen der Gefahr einer Geldwäschestrafbarkeit gegebenenfalls kein Honorar mehr annehmen kann.

3. Sonstiges

§ 261 IV: Qualifikation

§ 261 IV beinhaltet eine Qualifikation, wenn die Tat von einem Verpflichteten nach § 2 des Geldwäschegesetzes begangen wird. In diesen Fällen kommt eine Freiheitsstrafe von drei Monaten bis zu fünf Jahren in Betracht. Das Qualifikationsmerkmal knüpft an eine besondere persönliche Eigenschaft an, so dass bei Tatbeteiligten an § 28 II zu denken ist.

§ 261 V: besonders schwere Fälle

Nach § 261 V kommt ein besonders schwerer Fall regelmäßig dann in Betracht, wenn der Täter gewerbsmäßig handelt oder als Mitglied einer Bande, die sich zur fortgesetzten Begehung von Geldwäsche verbunden hat. Da es sich hier um eine besondere Strafzumessung handelt, ist diese nach der Schuld zu prüfen. Soweit besondere persönliche Eigenschaften in Rede stehen, ist an § 28 II analog (zugunsten des Tatbeteiligten) zu denken.

Anpassungen in der StPO sowie bei § 76a (selbständige Einziehung etwa von Taterträgen)

Zudem werden aufgrund des erheblich ausgeweiteten Anwendungsbereichs des Geldwäschestraftatbestandes auch die daran anknüpfenden strafprozessualen Eingriffsbefugnisse der §§ 100a, 100b StPO und § 100g StPO neu austariert sowie die ebenfalls an die Geldwäschestrafbarkeit anknüpfende selbstständige Einziehung (§ 76a) modifiziert und zugleich an die neue Terminologie angepasst.

Wirtschaftsstrafkammer zuständig, soweit besondere Kenntnisse erforderlich

Schließlich soll § 261 in den Katalog des § 74c I S. 1 Nr. 6a GVG aufgenommen werden, der die Zuständigkeit der Wirtschaftsstrafkammern begründet, soweit zur Beurteilung des Falles besondere Kenntnisse des Wirtschaftslebens erforderlich sind.

4. Konkurrenzen

§ 261 steht zu den §§ 257, 258, 259, 263, 266 und 267 regelmäßig im Verhältnis der Tateinheit (§ 52).

Die Beziehung der einzelnen Begehungsformen zueinander ist nicht abschließend geklärt. Werden im Rahmen eines natürlichen Handlungsablaufes mehrere Varianten des ersten Absatzes gleichzeitig verwirklicht, so handelt es sich nach vorzugswürdiger Ansicht lediglich um *eine* Tat.[489]

hemmer-Methode: Indem der Gesetzgeber den Anwendungsbereich der Geldwäsche erweitert hat, ist damit zu rechnen, dass die Rechtsprechung sich mit den einzelnen Konkurrenzverhältnissen näher auseinandersetzen muss. Für die Klausursituation genügt es regelmäßig, wenn Sie im Einzelfall plausibel argumentieren.

XI. Untreue, § 266

Prüfungsschema zu § 266

I. Tatbestand

  1. Objektiver Tatbestand

    a) Erste Alternative: Missbrauchstatbestand

      aa) Befugnis, über fremdes Vermögen zu verfügen oder zu verpflichten

      bb) Missbrauch der Befugnis

      cc) Zufügung eines Vermögensnachteils beim Geschädigten

      dd) (h.M.:) Vermögensbetreuungspflicht ggü. Geschädigtem

    b) Zweite Alternative: Treubruchstatbestand

      aa) Pflicht, fremde Vermögensinteressen wahrzunehmen

      bb) Verletzung dieser Pflicht

      cc) Zufügung eines Vermögensnachteils beim Geschädigten

      dd) Vermögensbetreuungspflicht ggü. Geschädigtem

  2. Subjektiver Tatbestand: Vorsatz

II. Rechtswidrigkeit

III. Schuld

IV. Evtl. Strafantragserfordernis, §§ 266 II, 247, 248a oder Eingreifen eines Regelbeispiels, §§ 266 II, 263 III, 243 II

---

[489] Lackner, § 261, Rn. 19.

1. Übersicht

Untreue

Geschütztes *Rechtsgut* ist das *Vermögen,* nicht das Vertrauensverhältnis zwischen Täter und Opfer.[490]

225

§ 266 I enthält *zwei Alternativen:* den Missbrauchs- und den Treubruchstatbestand. Der Missbrauchstatbestand beruht stets auf einer *rechtlich* begründeten Position, der Treubruchstatbestand lässt auch ein rein *tatsächliches* Treueverhältnis als Grundlage genügen.

226

Sonderdelikt

Die Tat ist ein *Sonderdelikt*, d.h. Täter kann nur sein, wer selbst vermögensbetreuungspflichtig ist.[491] Sowohl Missbrauchs- als auch Treubruchstatbestand erfordern diese Vermögensbetreuungspflicht (h.M., siehe dazu unten).

227

Wen keine Pflicht trifft, der kann nur Teilnehmer sein. Für ihn gilt nach herrschender Meinung § 28 I.[492]

Insbesondere für den Treubruchstatbestand besteht wegen dessen weiter Formulierung die Gefahr der Ausuferung. Daher ist im Zweifel eine restriktive Auslegung geboten. Umstritten ist das Verhältnis der Tatbestandsalternativen von § 266 I.

228

Strittig: Verhältnis Missbrauchs-/Treubruchstatbestand

Die h.M. sieht den Missbrauchstatbestand als lex specialis zum Treubruchstatbestand an[493], wohingegen die Gegenansicht[494] zwei selbständige Tatbestände annimmt. Die systematische Beschreibung des Verhältnisses der beiden Tatbestandsalternativen ist nur eine andere Fragestellung hinsichtlich des Streites, ob auch der Missbrauchstatbestand eine besondere Vermögensbetreuungspflicht voraussetzt.

Der Wortlaut des § 266 I ist insofern nicht zwingend, als der die besondere Pflicht umschreibende Satzteil („... und dadurch dem, dessen Vermögensinteressen er zu betreuen hat ...") der Treubruchsalternative unmittelbar nachfolgt, und sich nicht ausdrücklich auch auf die Missbrauchsalternative bezieht.

Dennoch wird von der h.M. *bei beiden* Begehungsmöglichkeiten eine besondere Vermögensbetreuungspflicht verlangt. Konsequenz ist, dass die Missbrauchsalternative als spezieller Fall des Treuebruchs eigentlich überflüssig ist (näher dazu: Rn. 231).

hemmer-Methode: In der Klausur ist immer der Missbrauchs- vor dem Treubruchstatbestand zu prüfen.

2. Missbrauchstatbestand

a) Anwendungsbereich

Missbrauchstatbestand

Der Missbrauchstatbestand kann nur in der Form des rechtsgeschäftlichen oder hoheitlichen Handelns verwirklicht werden. Rein tatsächliche Handlungen genügen insoweit nicht.

229

Voraussetzung für die Missbrauchshandlung ist, dass das *rechtliche Können im Außenverhältnis weiter* reicht *als das rechtliche Dürfen im Innenverhältnis*. Der Täter muss bewusst sein

---

[490]   SK-Samson/Günther, § 266, Rn. 2.

[491]   Wessels, BT-2, Rn. 752.

[492]   Nachweise bei SK-Samson/Günther, § 266, Rn. 51.

[493]   Wessels, BT-2, Rn. 749.

[494]   Sch-Sch-Lenckner, § 266 Rn. 2.

Dürfen im Rahmen seines Könnens überschreiten. Klassisches Beispiel hierfür ist der Prokurist (vgl. §§ 49 I, 50 I HGB). Das rein tatsächliche Können genügt hingegen nicht, da hier keine rechtliche Befugnis vorliegt.

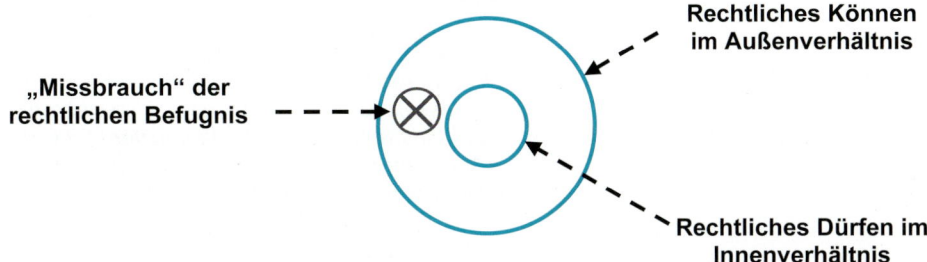

„Missbrauch" i.S.d. § 266 I Alt. 1

Rechtliches Können im Außenverhältnis

„Missbrauch" der rechtlichen Befugnis

Rechtliches Dürfen im Innenverhältnis

> **hemmer-Methode: Insoweit besteht eine Parallele zum zivilrechtlichen Institut des „Missbrauchs der Vertretungsmacht". Auch dort werden Rechtsbeziehungen beschrieben, durch die einem Beteiligten ein rechtliches Können (Außenverhältnis) gewährt wird, welches über das rechtliche Dürfen (Innenverhältnis) hinausgeht. Bei der Anwendung der 1. Alt. des § 266 muss also stets das Außenverhältnis mit dem Innenverhältnis verglichen werden.**

b) Verpflichtungs- und Verfügungsbefugnis

Verpflichtungs- und Verfügungsbefugnis

Die i.R.d. Missbrauchstatbestands erforderliche Befugnis, über fremdes Vermögen zu verfügen oder einen anderen zu verpflichten, ist zu bejahen, wenn Vorschriften des BGB, die eine Vertretungsmacht einräumen (z.B. §§ 164 ff., 1626, 2205 BGB), einschlägig sind.

Grundsätzlich fällt auch der Betreuer i.S.d. §§ 1896 ff. BGB unter den Missbrauchstatbestand, da er kraft Gesetzes (§ 1902 BGB) befugt ist, über fremdes Vermögen zu verfügen.[495]

Nicht ausreichend ist, dass sich die Rechtsmacht, über fremdes Vermögen zu verfügen, aus den Gutglaubensvorschriften (§§ 932 ff. BGB, 366 f. HGB) ergibt.

230

c) Vermögensbetreuungspflicht

Vermögensbetreuungspflicht

Strittig ist, ob neben die Verfügungsbefugnis noch die *Vermögensbetreuungspflicht* treten muss, oder ob diese nur für die Treubruchsalternative gilt.

231

H.M.: gilt auch für den Missbrauchstatbestand

Die h.M.[496] nimmt an, dass die Vermögensbetreuungspflicht auch für den Missbrauchstatbestand gilt. Dadurch werde der Gefahr der Ausuferung begegnet und der Anwendungsbereich begrenzt. Die Konsequenz davon ist, dass der *Missbrauch ein Spezialfall des Treuebruchs* wird.

495 Fischer, § 266, Rn. 15 f.

496 BGHSt 24, 386 - 390 = **juris**byhemmer; Wessels, BT-2, Rn. 750; Lackner/Kühl, § 266, Rn. 4.

Gegenstand der Vermögens-
betreuungspflicht

Gegenstand der nach h.M. erforderlichen Vermögensbetreuungspflicht ist die Geschäftsbesorgung für einen anderen in einer nicht
ganz unbedeutenden Angelegenheit mit einem Aufgabenkreis von einigem Gewicht und einem gewissen Grad an Verantwortlichkeit.[497]
Maßstab für diese Prüfung ist also das Maß an *Selbständigkeit*, Be-
wegungsspielraum und Entscheidungsfreiheit, das dem Betreuungs-
pflichtigen zusteht.

Die rechtsgeschäftlich begründete Vermögensbetreuungspflicht
muss eine wesentliche Vertragspflicht, gleichsam eine *Hauptpflicht*
sein.

232

> *Bsp. 1: O will sein Jurastudium abbrechen. Er macht daher im Seminar*
> *einen Aushang, in dem er seinen Kommilitonen K bevollmächtigt, den*
> *„Wessels" zu verkaufen, den er sowieso nie gemocht hat. Dem K trägt O*
> *auf, das unbenutzte Buch (Neuwert: 20 €) nicht unter 7,50 € zu verkaufen.*
> *Als T von X ein Angebot für 4 € erhält, verkauft und übereignet er das Buch*
> *an X, weil er keine Lust zu weiteren Verhandlungen hat.*

Ein Missbrauch i.S.v. § 266 I Alt. 1 kann bejaht werden: K hatte die ihm
durch Rechtsgeschäft eingeräumte Befugnis, über das Vermögen des O
zu verfügen (die Rechtsmacht im Außenverhältnis ergibt sich aus
§ 171 BGB)[498], missbraucht, indem er die im Innenverhältnis bestehenden
Grenzen überschritten hat.

Folgt man der h.M. und verlangt auch beim Missbrauchstatbestand eine
besondere Vermögensbetreuungspflicht, so scheitert eine Strafbarkeit des
K jedoch daran, dass diesen keine solche Pflicht traf. Denn K war nur mit
unbedeutenden Angelegenheiten betraut, auch fehlte es an der für die besondere Pflicht erforderlichen Eigenverantwortlichkeit.

> *Bsp. 2: A kauft im Kaufhaus des O Waren im Wert von 200 €. Er bezahlt*
> *dabei mit seiner Kreditkarte, obwohl er weiß, dass das Kreditkarteninstitut*
> *das Geld von ihm nicht einziehen können wird, da er vorhat, sein Konto zu*
> *schließen und sich ins Ausland abzusetzen. Strafbarkeit des A gemäß*
> *§ 266?*

Durch die Benutzung der Kreditkarte wurde dem A die Möglichkeit eingeräumt, das Kreditkarteninstitut zu verpflichten, die entstandene Forderung
zu begleichen.

Diese weitgehende Möglichkeit im Außenverhältnis war im Innenverhältnis
dadurch beschränkt, dass A die Karte nur einsetzen durfte, wenn auch ein
Rückgriff gegen ihn im Innenverhältnis realisierbar ist. In dieser Ausnutzung des rechtlichen Könnens nach außen unter Überschreitung des
rechtlichen Dürfens im Innenverhältnis liegt ein „Missbrauch" i.S.v.
§ 266 I Alt. 1.

Wenn man mit der h.M. auch hier eine besondere Vermögensbetreuungspflicht verlangt, ist zu klären, ob eine solche vorliegt. Die Frage war früher
umstritten.[499] Richtigerweise wird hier überwiegend eine besondere Vermögensbetreuungspflicht abgelehnt, da die Bank die Vermögensinteressen des Kunden wahrnimmt und nicht umgekehrt. Die allgemeine Pflicht
zur Vertragstreue reicht nicht aus.

hemmer-Methode: In den dargestellten Fallgestaltungen wurde die
Frage, ob auch die Missbrauchsalternative eine besondere Vermögens-
betreuungspflicht verlangt, praktisch relevant. Beachten Sie, dass im
Beispiel 2 unproblematisch § 266b verwirklicht ist. Der Gesetzgeber
wollte durch Einfügung von § 266b gerade Strafbarkeitslücken (wie im
Beispiel 2) schließen und verzichtete deshalb bei § 266b explizit auf das
Kriterium der Vermögensbetreuungspflicht. Im Umkehrschluss wird da-
raus klar, dass bei § 266 I Alt. 1 eine solche nach dem Willen des Ge-
setzgebers vorauszusetzen ist. Sonst wäre die nachträgliche Einfügung
des § 266b zur Schließung von Strafbarkeitslücken sinnlos.

---

[497]   Vgl. BGHSt 33, 244 - 252 (250) = **juris**byhemmer.

[498]   Zwar handelt es sich bei den §§ 170 ff. BGB um Rechtsscheinstatbestände, dennoch werden die Fälle strafrechtlich wie eine von Anfang an wirk-
        sam erteilte unbeschränkte Vollmacht behandelt, vgl. Sch-Sch-Lenckner, § 266, Rn.4 (str.).

[499]   Vgl. Krey, BT-2, Rn. 556.

Besonderheit: gesetzliche Vermögensbetreuungspflicht

Beachten Sie: Eine Vermögensbetreuungspflicht kann nicht nur kraft Rechtsgeschäft entstehen. Die Rechtsprechung hat klargestellt, dass ein solches besonderes Näheverhältnis auch kraft Gesetzes bestehen kann. In solchen Fällen kommt es dann gerade nicht darauf an, dass ein eigenständiger Entscheidungsspielraum besteht bzw. die Vermögensbetreuung gerade eine Hauptpflicht ist. Vielmehr reicht dann zur Bejahung einer Vermögensbetreuungspflicht aus, dass der Gesetzgeber eine entsprechende Pflichtenstellung bejaht hat.

Wichtigstes Beispiel ist hierfür die Pflicht des Vermieters von Wohnraum, die gezahlte Mietkaution gesondert und verzinslich anzulegen im Sinne des § 551 III BGB. Tut er dies nicht, kommt grundsätzlich eine Strafbarkeit wegen Untreue in Betracht[500].

3. Treubruchtatbestand

Treubruch

Der Treubruchtatbestand setzt voraus, dass der Täter die ihm kraft Gesetzes, behördlichen Auftrags, Rechtsgeschäfts oder aufgrund eines faktischen Treueverhältnisses obliegende Pflicht zur Wahrnehmung fremder Vermögensinteressen verletzt.

233

Nach Ansicht der Rspr. und h.L.[501] ist die Verletzung der Pflicht, fremde Vermögensinteressen wahrzunehmen, in beiden Alternativen des § 266 gleich auszulegen, so dass keine unterschiedlichen Anforderungen an die Vermögensbetreuungspflicht gestellt werden.

Weitgehend besteht Einigkeit hinsichtlich der Voraussetzung, dass die Vermögensbetreuungspflicht den *typischen und wesentlichen Inhalt des Treueverhältnisses* bilden muss, also dessen Hauptgegenstand und keine bloße Nebenpflicht.[502] Die h.L.[503] betont darüber hinaus als wichtiges Indiz für die Vermögensbetreuungspflicht den Entscheidungsspielraum des Verpflichteten und das Maß seiner Selbständigkeit.

Fall[504]: Der Mieter M (Wohnraummiete) hat ein Mietkautionskonto angelegt und seinem Vermieter verpfändet. Dem Vermieter V gelingt es, gesetzeswidrig einen Teilbetrag während der Mietvertragsdauer abzuheben und für eigene Zwecke zu verwenden.

234

Strafbarkeit gem. § 266 I?

Lösung:

(1) V könnte den Missbrauchstatbestand verwirklicht haben. V war aber nicht befugt, rechtsgeschäftlich über das Vermögen des M zu verfügen Daher liegt kein Missbrauch vor.

(2) V könnte aber den Treubruchtatbestand erfüllt haben. Erforderlich dafür ist eine Vermögensbetreuungspflicht. Eine solche kann rechtsgeschäftlich eingeräumt werden. Erforderlich hierfür ist in diesem Fall, dass die Vermögensbetreuung eine Hauptpflicht ist und dem Vermögensbetreuenden ein eigenständiger Entscheidungsspielraum zusteht.

Dies ist vorliegend nicht der Fall. Jedoch kann eine Vermögensbetreuungspflicht auch kraft Gesetzes entstehen. Gemäß § 551 III BGB besteht eine besondere Pflicht des Vermieters hinsichtlich der Mietkaution bei Wohnraummietverträgen. Demzufolge ist im vorliegenden Fall eine Vermögensbetreuungspflicht des Vermieters zu bejahen.

---

[500]   Siehe hierzu BGH, NJW 2008, 1827 - 1830 = **juris**byhemmer = **Life&Law 08/2008, 531 - 536**.

[501]   Vgl. die Nachweise bei Krey, BT- 2, Rn. 542.

[502]   Wessels, BT-2, Rn. 769.

[503]   Vgl. Nachweise bei Wessels, BT-2, Rn. 771.

[504]   Vgl. BGH St 41, 224 - 231 = **juris**byhemmer.

(3) Dadurch entstand bei M ein Vermögensnachteil. Der objektive Tatbestand des § 266 I ist damit erfüllt.

(4) V handelte vorsätzlich, rechtswidrig und schuldhaft.

(5) V hat sich gemäß § 266 I strafbar gemacht.

> **Life&Law:** Im Falle der Beendigung des Betreuungsverhältnisses (§§ 1896 ff. BGB) durch den Tod des Betreuten gehört die Abwicklung des Betreuungsverhältnisses mit den Rechtsnachfolgern zu dem von der Treuepflicht des § 266 I Alt. 2 umfassten Tätigkeitsbereichs des Betreuers.[505]

Nichtige Rechtsgeschäfte

Ist das Rechtsgeschäft, das die Pflicht begründen soll, *nichtig*, so ist zu unterscheiden:[506] Liegen lediglich Formfehler vor, so ist jedenfalls ein tatsächliches Treueverhältnis vorhanden.

235

Wenn das Rechtsgeschäft aber aus Gründen rechtlicher Missbilligung nichtig ist (z.B. § 138 BGB), so ist umstritten, ob § 266 eingreift.

> **Bsp.:** *T erhält von O 5.000,- € mit dem Auftrag, für O von diesem Geld Falschgeld zu besorgen. T sagt zu, entschließt sich dann aber später, das Geld für eigene Zwecke zu verbrauchen. Strafbarkeit aus § 266?*

In Betracht kommt der Treubruchtatbestand, § 266 I Alt. 2. Es könnte ein faktisches Treueverhältnis vorliegen. Nach h.M. steht dem grds. nicht entgegen, dass die Vereinbarung gegen die §§ 146 ff. verstößt und damit zivilrechtlich unwirksam war (§§ 134, 138 BGB).[507] Argument: Auch unter Verbrechern darf es keinen straffreien Raum geben. Eine a.A. hält § 266 von vornherein für ausgeschlossen.[508] Argument: Es ist nicht Aufgabe des Strafrechts, zur „Ganoventreue" anzuhalten. Vorliegend kann der Streit dahinstehen, da T jedenfalls keine Vermögensbetreuungspflicht im Sinne von § 266 innehat. Möglich ist damit allein eine Strafbarkeit gemäß § 246 II.

hemmer-Methode: Achten Sie auf die Parallele zum Streit über den Vermögensbegriff beim Betrug.

Die Pflichtverletzung kann in einem *Tun* oder *Unterlassen* liegen (z.B. Täter unterlässt die Wahrnehmung der Chance zur Vermögensmehrung[509]). In Bezug auf die Unterlassung ist der Treuebruch ein *echtes Unterlassungsdelikt;* § 13 findet nach h.M. keine Anwendung.[510]

236

4. Sonstiges

Nachteil

Unter *Nachteil* ist dasselbe zu verstehen wie unter dem Vermögensschaden in § 263.[511] Es ist allerdings die Identität zwischen dem zu schützenden und dem verletzten Interesse erforderlich.[512]

237

Subjektiver Tatbestand

Für den subjektiven Tatbestand genügt der dolus eventualis, eine besondere Absicht ist nicht notwendig.

238

---

[505] **Life&Law 08/1999, 513 - 521**. Siehe zum Untreuevorsatz BGH, NStZ 2007, 704 - 705 = **juris**byhemmer, besprochen in **Life&Law 06/2008, 383 - 386**.

[506] SK-Samson/Günther, § 266, Rn. 35 - 37.

[507] BGHSt 8, 254 - 261, Krey, BT-2, Rn. 563, Fischer, § 266, Rn. 36, m.w.N.

[508] Z.B. Sch-Sch-Lenckner, § 266, Rn. 31.

[509] Sch-Sch-Lenckner, § 266, Rn. 46; Fischer, § 266, Rn. 32.

[510] SK-Samson/Günther, § 266, Rn. 38.

[511] Vgl. hierzu **Life&Law 08/1999, 513 - 521 (521)**.

[512] Wessels, BT-2, Rn. 775.

Scheitert die Verwirklichung des § 266 an der fehlenden Vermögensbetreuungspflicht, so ist stets an die veruntreuende Unterschlagung (§ 246 II) zu denken. Für die *Konkurrenz* zwischen § 266 und § 246 II greift die Subsidiaritätsklausel des § 246 I wohl nicht.

Nach allgemeinen Regeln kann man dennoch einen Fall der Gesetzeskonkurrenz annehmen, sofern beide Delikte auf dieselbe Sache bezogen sind, d.h. § 246 II tritt dann hinter § 266 zurück.

> **Life&Law:** Ein Rechtsanwalt, der Gelder für einen Mandanten in Empfang nimmt und nicht einem Anderkonto zuführt, sondern anderweitig verwendet, ist grundsätzlich der Untreue schuldig.
>
> Dies führt nur dann zu keinem Nachteil i.S.d. § 266, wenn er uneingeschränkt bereit und jederzeit fähig ist, einen entsprechenden Betrag aus eigenen flüssigen Mitteln vollständig auszukehren.[513]

Zum Abschluss folgender Fall: 239

S übereignet dem G zur Sicherheit für eine Darlehensforderung eine Maschine, die in seinem unmittelbaren Besitz verbleibt (§§ 929, 930 BGB). S veräußert daraufhin die Maschine an den gutgläubigen D. Strafbarkeit des S?

Lösung:

(1) S könnte einen Betrug (§ 263) gegenüber D verwirklicht haben. Fraglich ist, ob hier ein Vermögensschaden vorliegt. D hat gem. §§ 929 S. 1, 932 I S. 1 BGB gutgläubig Eigentum an der Maschine erworben. Wirtschaftlich gesehen besteht damit keine Vermögenseinbuße. Auch ist kein gesteigertes Prozessrisiko ersichtlich.[514] Eine Strafbarkeit des S gem. § 263 I scheidet damit aus.

(2) Der Missbrauchstatbestand (§ 266 I Alt. 1) entfällt, weil die Übereignung der Maschine nicht auf einem rechtlichen Können des S beruht, sondern auf dem Gutglaubenserwerb durch D gem. §§ 929, 930, 933 BGB.

(3) Es könnte aber der Treubruchtatbestand (266 I Alt. 2) erfüllt sein. Fraglich ist, ob die Vermögensfürsorgepflicht Hauptinhalt des Sicherungsvertrags ist. Der Sicherungsgeber hat nach ganz h.M. nur die Nebenpflicht, alle Beeinträchtigungen der Rechte des Sicherungsnehmers zu unterlassen. Für Umstände, die eine besondere Pflicht begründen könnten, fehlt es an Anhaltspunkten. S ist daher nicht wegen Untreue strafbar.

(4) S ist allerdings wegen veruntreuender Unterschlagung, § 246 II, strafbar.

XII. Missbrauch von Scheck- und Kreditkarten, § 266b

> **Prüfungsschema zu § 266b**
>
> **I. Tatbestand**
>
>   **1. Objektiver Tatbestand**
>
>   **a)** Missbrauch
>   **b)** der durch die Überlassung einer Scheckkarte oder Kreditkarte eingeräumten Möglichkeit, den Aussteller zu einer Zahlung zu veranlassen
>   **c)** dadurch Vermögensschaden beim Aussteller
>
>   **2. Subjektiver Tatbestand: Vorsatz**

---

[513] Siehe dazu vertiefend **Life&Law 05/2004, 313 - 316**; instruktiv zur Untreue auch BGH, NStZ 2005, 157 - 158 = **juris**byhemmer = **Life&Law 04/2006, 260 - 268** mit background zum Fall „Mannesmann" ab S. 265 ff.

[514] Vgl. Rn. 158.

II. **Rechtswidrigkeit**

III. **Schuld**

IV. **Evtl. Strafantragserfordernis, §§ 266b II, 248a**

---

1. Übersicht

Die Vorschrift wurde 1986 eingeführt, um eine Strafbarkeitslücke beim Einsatz von Zahlungskarten mit Garantiewirkung zu schließen. Schutzgut ist in erster Linie das Vermögen. Nach einer weit verbreiteten Auffassung wird daneben auch die Funktionsfähigkeit des bargeldlosen Zahlungsverkehrs in seiner volkswirtschaftlichen Bedeutung geschützt.[515]

240

Der Tatbestand ist eng an § 266 I Alt. 1 (Missbrauchsalternative bei Untreue) angelehnt, mit einem entscheidenden Unterschied: Auf die untreuespezifische Vermögensbetreuungspflicht wurde verzichtet.

---

2. Missbrauch

Missbrauch

Der Begriff des Missbrauchs ist wie in § 266 I Alt. 1 zu verstehen. Auch hier muss der Täter einen anderen im Außenverhältnis *rechtlich wirksam* binden, wobei er im Innenverhältnis über das hinausgeht, was er darf.[516] Anders ausgedrückt: „Missbrauch" ist die Ausnutzung des rechtlichen Könnens nach außen unter Überschreitung des rechtlichen Dürfens im Innenverhältnis.

241

---

3. Garantiefunktion der Karte im „Drei-Partner-System"

Missbrauchen muss der Täter nach § 266b I die „ihm durch die Überlassung einer Scheckkarte oder einer Kreditkarte eingeräumte Möglichkeit, den Aussteller zu einer Zahlung zu veranlassen".

242

Sonderdelikt

Daraus folgt, dass § 266b (wie auch § 266) ein *Sonderdelikt* ist: Täter kann nur der berechtigte Karteninhaber selbst sein, da nur diesem die rechtliche Möglichkeit eingeräumt ist, den Kartenaussteller im Außenverhältnis zu binden, und dadurch zu einer Zahlung zu veranlassen. Auch hier gilt nach h.M. für Teilnehmer § 28 I, die „Inhabereigenschaft" ist ein besonderes persönliches Merkmal.[517]

Drei-Partner-System

Nach überwiegender Ansicht greift § 266b nur im sogenannten „Drei-Partner-System".[518]

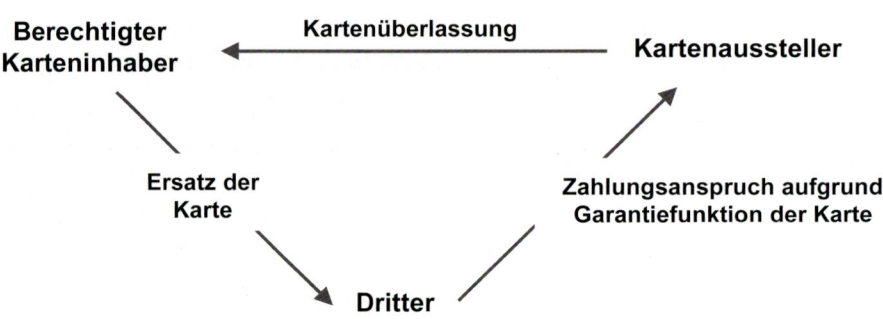

---

[515]   BGH, NStZ 1993, 283 - 284 = **juris**byhemmer; Fischer, § 266b, Rn. 2; anderer Ansicht etwa Krey, BT-2, Rn. 550a: nur „Schutzreflex".

[516]   BGH, NStZ 1992, 278 - 279 (279) = **juris**byhemmer.

[517]   Fischer, § 266b, Rn. 22.

[518]   Anderer Ansicht etwa: Otto, Der Kreditkartenmißbrauch und seine Strafbarkeit nach StGB § 266b, JZ 1992, 1139 - 1140; Ranft, Kreditkartenmissbrauch bei missbräuchlicher Benutzung einer Kundenkarte?, NStZ 1993, 185 - 186.

Dieses lässt sich folgendermaßen beschreiben: Das die Karte ausge-
bende Unternehmen verpflichtet sich gegenüber Vertragsunterneh-
men, deren Forderungen gegen den Kartenbenutzer zu bezahlen,
und zieht diese Beträge dann wiederum – in der Regel monatlich –
vom Karteninhaber ein.[519]

Den Gegensatz dazu bildet das sogenannte „Zwei-Partner-System",
bei dem die Karte dazu benutzt wird, den Aussteller der Karte *selbst*
zu einer Leistung zu veranlassen.

> *Beispiele für „Zwei-Partner-Systeme":* Kundenkarten eines Kaufhau-
> ses, die ein bargeldloses Einkaufen ermöglichen; „Air-Plus-Kreditkarte" ei-
> ner Fluggesellschaft, mit der man bargeldlos Flüge buchen kann.

> § 266b scheidet hier aus, auch wenn der Karteninhaber die Leistungen
> trotz „Minus" auf dem Konto in Anspruch nimmt. Es kommt dann aber
> § 263 (Betrug) bei Einsatz der Karte in Betracht, falls eine konkludente
> Täuschung über die Deckung des Kontos festgestellt werden kann.[520]

Garantiefunktion

Als Grund für die Beschränkung des § 266b auf „Drei-Partner-Sys-
teme" wird zunächst einmal der Wortlaut angeführt. Der Aussteller
muss zu einer *„Zahlung"* veranlasst werden. Im Zwei-Personen-Sys-
tem hingegen wird die Karte nur dazu benutzt, eine *Leistung* vom Aussteller selbst zu erlangen.[521]

Wichtiger noch dürfte der Gesetzeszweck sein: Nur in der Dreiecks-
konstellation liegt die tatbestandsspezifische *Garantiefunktion* vor, die
bei der Verwendung von Scheck- oder Kreditkarten typisch ist. Der
Kartenaussteller garantiert in diesen Fällen dem Vertragspartner, für
Forderungen gegenüber dem Karteninhaber aufzukommen.

Kreditkarten (VISA, American Express, Eurocard, Diners-Club, usw.)
sind insoweit typische Beispiele für Karten mit Garantiefunktion im
Sinne von § 266b.

Problem:
ec-Karten

Bei ec-Karten stellt sich das Problem, ob diese als „Scheckkarten" im
Sinne von § 266b zu verstehen sind. Bis Ende 2001 wurden ec-Karten
als „euro-cheque"-Karten bezeichnet, so dass jedenfalls begrifflich
von einer Scheckkarte auszugehen war. Der Einsatz als Scheckkarte
geschah so, dass ein Scheck ausgestellt wurde und über die ec-Karte
die Unterschrift verifiziert werden konnte. Dann bestand eine Garantie
der Bank bis zu einem Betrag von 400 DM. Dieses System wurde
mittlerweile abgelöst durch das „electronic-cash"-Verfahren.

243

Fraglich ist daher, ob bei ec-Karten überhaupt noch von einer Scheckkarte i.S.v. § 266b gesprochen werden kann. Nach überzeugender
Auffassung ist der Begriff der Scheckkarte dabei im teleologischen
Sinne zu verstehen: Entscheidend ist, ob dem Einsatz der ec-Karte
eine Funktion wie bei einer Scheckkarte, d.h. eine Garantiefunktion
zukommt.[522]

Demnach ist je nach Einzelfall zu differenzieren, ob einer ec-Karte
eine Garantiefunktion zukommt. Zu bejahen ist dies etwa beim Einsatz als Zahlungsmittel in Geschäften, wenn die PIN eingegeben wird
bzw. bei einer anderen Bank als der eigenen Bank Geld abgehoben
wird. In diesen Fällen kommt demzufolge eine Strafbarkeit gem. §
266b in Betracht.

---

[519]   BGHSt 38, 281 - 284 (282) = **juris**byhemmer.

[520]   Die Stimmen in der Literatur, die § 266b auch in „Zwei-Partner-Systemen" angewandt sehen wollen, weisen auf den Widerspruch hin, der bei die-
       sem Ergebnis darin liegt, dass § 263 eine höhere Strafdrohung hat, als § 266b. Vgl. dazu auch Mitsch, Rechtsprechung zum Wirtschaftsstrafrecht
       nach dem 2. WiKG, JZ 1994, 877 - 889 (885).

[521]   BGHSt 38, 281 - 284 (283) = **juris**byhemmer.

[522]   Fischer, § 266b Rn. 5 ff.

hemmer-Methode: Anders liegt der Fall hingegen, wenn die ec-Karte als Zahlungsmittel eingesetzt wird und eine Unterschrift geleistet wird. Hierbei handelt es sich um ein reines Lastschriftverfahren ohne Zahlungsgarantie, so dass eine Strafbarkeit gem. § 266b ausscheidet.

Life&Law: Dieser differenzierenden Ansicht ist auch der BGH gefolgt. Das Gericht hat entschieden, dass § 266b auch die missbräuchliche Verwendung einer Scheckkarte als Codekarte zur Abhebung an Geldautomaten durch den berechtigten Karteninhaber erfasst, wenn eine Abhebung an Geldautomaten fremder Banken erfolgt.[523]

hemmer-Methode: Die Problematik der (materiell) unerlaubten Nutzung einer ec-Karte durch den (formell) berechtigten Karteninhaber wird als grundsätzliches Abgrenzungsproblem zwischen § 263a und § 266b diskutiert. Schlagwörter sind hierbei, ob es sich um „betrugsähnliches" oder eher „untreueähnliches" Unrecht handelt. Es spielt auch eine Rolle, dass § 266b einen geringeren Strafrahmen androht als § 263a, d.h. die Annahme von § 266b im Ergebnis eher günstig für den Täter ist. In einer Klausur genügt eine saubere Subsumtion unter die jeweiligen Normen.

4. Schädigung des Kartenausstellers

Der Begriff der Schädigung ist gleichbedeutend mit der Herbeiführung eines Vermögensschadens i.S.v. § 263. Der Schaden muss gerade unmittelbar durch den Missbrauch verursacht sein.

---

[523] BGH, NJW 2002, 905 - 908 = **juris**byhemmer; ausführlich dazu **Life&Law 06/2002, 386 - 392**.

Schon gewusst? Wiederholen Sie die Fragen und Antworten mit den **hemmer AudioCards**! Optimieren Sie Ihre Lernzeit durch auditives Lernen. Die Wiederholungsfragen der hemmer Hauptskripten werden in den hemmer AudioCards vertont und beantwortet.

Gleichzeitig haben Sie die Möglichkeit, den kompletten Inhalt inklusive Inhaltsverzeichnis per PDF einzusehen und auszudrucken.

Profitieren Sie von unseren **mp-3-fähigen Audio-Dateien**. Fragen und Antworten sind von Profis mit langjähriger Erfahrung erstellt und garantieren, dass die wichtigsten Problemfelder komprimiert vermittelt werden. Die ideale Wiederholung des Skripts!

Machen Sie aus Leerlaufphasen - z.B. im Auto, in der Bahn - Lernphasen!

Interessiert? Näheres unter: **www.hemmer-shop.de.**

WIEDERHOLUNGSFRAGEN   **Randnummer**

Straftaten gegen sonstige Vermögensrechte

Straftaten gegen das Vermögen als Ganzes

Die Zahlen verweisen auf die Randnummern des Skripts

hemmer/wüst Verlag
Unser Lernsystem im Überblick

_Digitale Produkte

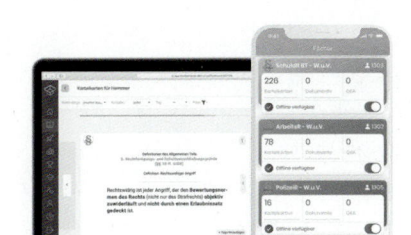

■ HEMMER APP  StudySmarter & hemmer

FÜR SMARTPHONE, TABLET UND PC

Das Frage-Antwort-System der hemmer Hauptskripten, unsere „haupties", digital lernen mit der intelligenten Lernplattform StudySmarter. Behalten Sie mit detaillierten Lernstatistiken Ihren Fortschritt im Blick und lernen Sie mit einem individuellen Lernplan.

Für alle Jurastudierenden bundesweit kostenlos testbar:
„haupties BGB AT I - III" (579 KK) sowie „Definitionen StrafR (279 KK).
Einfach den Code hemmer20 bei der Registrierung eingeben.
Zusätzlich kostenfrei nur für unsere Kursteilnehmenden:
Über 600 Wiederholungs- und Vertiefungsfragen des HK-Materials.
Der exklusive Code ist über die Kursleiter und Kursleiterinnen erhältlich.

■ EBOOKS - ab 9,90 €

DIE HEMMER SKRIPTENREIHE ALS EBOOKS

In den eBooks, die mit unserer hemmer Skriptenreihe identisch sind, werden die für die Prüfung nötigen Zusammenhänge umfassend aufgezeigt und wiederkehrende Argumentationsketten eingeübt. Nutzen Sie die eBooks als Ihre ortsunabhängige Bibliothek. Sie sind klausurorientiert und zahlreiche Beispielsfälle erleichtern das Verständnis. So wird Prüfungswissen auf anspruchsvollem Niveau vermittelt.

■ AUDIOCARDS - ab 19,95 €

AUDITIV - MODERN - EFFEKTIV

Die Wiederholungsfragen der hemmer Hauptskripten werden in den hemmer AudioCards vertont und beantwortet. Gleichzeitig haben Sie die Möglichkeit, den kompletten Inhalt inklusive Inhaltsverzeichnis per PDF einzusehen und auszudrucken. Wir verhelfen Ihnen mit unserem auditiven Lernsystem zu einer optimalen Prüfungsvorbereitung.